Napoleão Bonaparte

Série Biografias **L&PM** POCKET:

Albert Einstein – Laurent Seksik
Andy Warhol – Mériam Korichi
Átila – Éric Deschodt / Prêmio "Coup de coeur en poche" 2006 (França)
Balzac – François Taillandier
Baudelaire – Jean-Baptiste Baronian
Beethoven – Bernard Fauconnier
Billie Holiday – Sylvia Fol
Buda – Sophie Royer
Cézanne – Bernard Fauconnier / Prêmio de biografia da cidade de Hossegor 2007 (França)
Freud – René Major e Chantal Talagrand
Gandhi – Christine Jordis / Prêmio do livro de história da cidade de Courbevoie 2008 (França)
Jesus – Christiane Rancé
Júlio César – Joël Schmidt
Kafka – Gérard-Georges Lemaire
Kerouac – Yves Buin
Leonardo da Vinci – Sophie Chauveau
Lou Andreas-Salomé – Dorian Astor
Luís XVI – Bernard Vincent
Marilyn Monroe – Anne Plantagenet
Michelangelo – Nadine Sautel
Modigliani – Christian Parisot
Napoleão Bonaparte – Pascale Fautrier
Nietzsche – Dorian Astor
Oscar Wilde – Daniel Salvatore Schiffer
Pasolini – René de Ceccatty
Picasso – Gilles Plazy
Rimbaud – Jean-Baptiste Baronian
Shakespeare – Claude Mourthé
Van Gogh – David Haziot / Prêmio da Academia Francesa 2008
Virginia Woolf – Alexandra Lemasson

Pascale Fautrier

Napoleão Bonaparte

Tradução de JULIA DA ROSA SIMÕES

www.lpm.com.br

Coleção **L&PM** POCKET, vol. 1162
Série Biografias/28

Texto de acordo com a nova ortografia.
Título original: *Napoléon Bonaparte*

Primeira edição na Coleção **L&PM** POCKET: fevereiro de 2016
Esta reimpressão: dezembro de 2023

Tradução: Julia da Rosa Simões
Capa e projeto gráfico: Editora Gallimard. *Ilustrações*: pinturas de Jacques-Louis David. Acima: "Napoléon, tête couronnée" (1807, óleo sobre madeira). Fondation Dosne-Thiers, Paris. Abaixo: "Le Premier Consul franchissant les Alpes au col du Grand-Saint-Bernard" (1800, óleo sobre tela). Musée National des Châteaux de Malmaison & Bois-Préau.
Preparação: Patrícia Yurgel
Revisão: Elisângela Rosa dos Santos

CIP-Brasil. Catalogação na Fonte
Sindicato Nacional dos Editores de Livros, RJ

F271n

Fautrier, Pascale,
    Napoleão Bonaparte / Pascale Fautrier; tradução Julia da Rosa Simões. – 1. ed. – Porto Alegre, RS: L&PM, 2023.
    320 p. ; 18 cm.   (Coleção L&PM POCKET, v. 1162)

    Tradução de: *Napoléon Bonaparte*
    ISBN 978-85-254-3097-7

    1. Napoleão I, Imperador dos franceses, 1769-1821. 3. Imperadores - França - Biografia. I. Título. II. Série.

14-08614   CDD: 923.244
                              CDU: 929:32(44)

© Éditions Gallimard 2011

Todos os direitos desta edição reservados a L&PM Editores
Rua Comendador Coruja, 314, loja 9 – Floresta – 90.220-180
Porto Alegre – RS – Brasil / Fone: 51.3225.5777

Pedidos & Depto. comercial: vendas@lpm.com.br
Fale conosco: info@lpm.com.br
www.lpm.com.br

Impresso no Brasil
Primavera de 2023

Sumário

Prólogo / 9

Napoleone Buonaparte, ou como ser corso / 19

A Revolução Francesa: amputação córsica e conversão à nação revolucionária / 82

De Robespierre a Barras, de Toulon ao 13 vendemiário / 154

O general Bonaparte / 183

O 18 brumário de Napoleão Bonaparte / 195

O momento Cromwell, ou as loucuras imperiais: Austerlitz! / 201

Waterloo, triste planície / 235

Epílogo: o messias moderno da política / 279

Anexos

Cronologia / 288

Referências / 297

Notas / 300

Sobre a autora / 319

"A verdade da história provavelmente não será o que aconteceu, mas o que será contado."
EMMANUEL DE LAS CASES
Memorial de Santa Helena[1]*

---

* As notas numeradas encontram-se no final do livro, p. 300. (N.E.)

Prólogo

> "Que romance, porém, minha vida!!!"
> (Napoleão em Santa Helena)
> EMMANUEL DE LAS CASES
> *Memorial de Santa Helena*[1]

Reduzir o destino excepcional de Napoleão Bonaparte à dimensão de uma vida humana como outra qualquer foi nossa aposta aqui – uma aposta arriscada.

De fato, apesar de este símbolo universal do gênio humano, esse "Deus da guerra", segundo Clausewitz, ter fracassado em fundar uma dinastia, foi ele quem definiu a política moderna após a convulsão revolucionária – promoção dos princípios da Revolução Francesa em dogma laico do Estado, soberania nacional, administração centralizada, secularização do regime.

Com seu governo, ele mostrou ao mundo que um país podia viver de maneira duradoura sob outra lei que não a da monarquia absoluta e a dos privilégios hereditários da nobreza (direitos senhoriais e feudais, direitos de impostos, de justiça) e do clero (privilégios eclesiásticos, dízimo). O código civil francês e várias das instituições francesas (Conselho de Estado, prefeituras, Supremo Tribunal de Justiça, Tribunal de Contas, Inspetores da Educação Nacional, Legião de Honra etc.) foram criados por Napoleão e só foram reformados há muito pouco tempo, ou nem isso. Foram adotados e adaptados em todo o mundo.

Nesse aspecto, esse criador de leis continua sendo, para a maioria dos políticos (não apenas os franceses), da extrema esquerda à extrema direita, um modelo estimulante. Tentar reduzi-lo aos limites e à fragilidade de um simples mortal pode parecer um ressentimento das almas medíocres incapazes de conceber a grandeza.

Este, porém, foi o desafio: explicar uma excepcional capacidade de ação, uma fenomenal força efetiva, sem cair na hagiografia ou no ajuste de contas; nem negação nem idolatria.

No entanto, nosso primeiro interlocutor nessa difícil iniciativa, contra o qual tivemos de lutar com pé firme, foi o próprio Napoleão Bonaparte: pois ele não deixou de ser responsável por tornar-se, depois da sua morte, um mito *literário e político*. Banido para os confins do oceano Atlântico em outubro de 1815, toda a sua energia seria a partir de então dedicada – o *Memorial de Santa Helena* o demonstra – a "tomar suas providências para a posteridade".[2] E essa última ação do destituído conquistador não seria a menos importante.

Ela foi inteiramente *política*, no sentido de que ele esperava, com essas memórias ditadas a outro homem (o refinado aristocrata Emmanuel de Las Cases*), influenciar não apenas seu próprio destino (acabar com o exílio no meio do oceano), mas também os acontecimentos franceses e europeus, lançando com grande precisão as bases para aquilo que depois seria chamado de "bonapartismo". É possível dizer que as jornadas de julho de 1830 (Napoleão I estava morto havia nove anos) foram a primeira certidão de nascimento desse novo partido; a segunda, decisiva, foi a tomada do poder por Luís Napoleão Bonaparte, em 1848, seguido pelo golpe de Estado de 2 de dezembro de 1851.

Outro aspecto do *Memorial*, igualmente evidente, apresenta outra faceta desse "destino": sua dimensão *literária*. Emmanuel de Las Cases, o companheiro de exílio, escrevia no lugar do homem que nunca deixou de chamar de imperador, às vezes sob ditado direto. Em 1823, quando compartilhou com o público francês seu monumento, a influência do "mausoléu" do grande homem não se limitou à política. Napoleão Bonaparte tornou-se o "mito literário por excelência"[3], uma força atrativa irresistível para os escritores românticos franceses, a começar pelo mestre de todos, François-René de Chateaubriand, que fora um dos opositores mais virulentos do novo regime. "Depois de Napoleão, nada", escreveria o visconde ultramonarquista nas *Memórias de além-túmulo*[4],

---

* Napoleão também ditou suas memórias a outros companheiros de cativeiro, porém o texto mais significativo é o *Memorial* de Las Cases.

especificando: "Ele será a última das grandes existências individuais; ninguém mais se elevará nas sociedades ínfimas e niveladas".⁵ Seguindo Chateaubriand, os "filhos do século"*, em luto por seu "professor de energia" (de Stendhal a Barrès), encontrariam na epopeia napoleônica, ornamentada em versos e em prosa, a prova enlutada de seu dogma mais essencial: a afirmação do indivíduo.

O cativo de Santa Helena pressentia essa fortuna literária póstuma: "Que romance, porém, minha vida!"⁶, constatava em sua ilha, quase exclusivamente dedicado a repassar, incansável, as cenas do passado. Romântico, ele tinha a aguda consciência, antes de Stendhal (*A vida de Napoleão*, 1817-1818), antes de Chateaubriand (*Vida de Napoleão*, livros XIX a XXIV das *Memórias de além-túmulo*), antes do Hugo da ode "À la colonne de la place Vendôme" e do *Cromwell* (1826-1827), de que sua vida era o "romance" por excelência: ela seria o modelo inigualável de todos os grandes escritores do século, de Balzac a Claudel, de Walter Scott a Dostoiévski, e continuaria sendo um sucesso de vendas no fim do século seguinte.

Mais que isso: o jovem Napoleão Bonaparte quisera ser escritor. Primeiro-cônsul, imperador e depois exilado, continuara querendo**, confirmando o laço particular entre a literatura e a política, típico do romantismo, mas também do governo francês de François I a François Mitterand. Napoleão declarou no *Memorial*, apesar de ter sido responsável pelo exílio dos dois maiores intelectuais de seu tempo: "Os Antigos nos eram muito superiores nesse aspecto [a escrita da História]; e isso porque, neles, os homens de Estado eram homens de letras, e os homens de letras, homens de Estado".⁷ De fato, ao longo de toda a sua vida ele atribuiu grande importância à transcrição por escrito de suas ações, à publicação delas. Sua sólida correspondência, seus discursos, proclamações e demais ordens do dia durante a guerra, os boletins do Grande Exército e, por fim, o *Memorial*

---

* Alusão a Alfred de Musset, *La confession d'un enfant du siècle* [*A confissão de um filho do século*] (1836).

** "'E eles ousaram dizer que eu não sabia escrever!', ele exclamou" [ao acabar de ler em voz alta suas proclamações ao exército da Itália] (*Memorial*, p. 544).

foram os instrumentos mais decisivos de sua arte de governar. Ele inventou a "propaganda", sendo o precursor tanto dos regimes totalitários quanto da hipermidiatização das democracias ocidentais (a preponderância da escrita concedia um lugar de destaque à imagem: atenção dada aos pintores, David, Gros etc.).

Concordando com Madame de Staël, eterna oponente por ele exilada, sabia tanto quanto ela, e melhor ainda, o quanto a literatura (palavra que ela fortaleceu) e o romance, gênero literário nascido com a morte de Napoleão, estavam ligados às convulsões da Revolução Francesa.

O pequeno caporal que se tornou imperador encarna de maneira exemplar e primordial, a seus próprios olhos e aos de todo o século (inclusive do seguinte), as chances do indivíduo em uma sociedade aberta pela vitória da vontade e pela destruição das castas feudais. Pai tutelar do personagem romanesco, ele criou um gênero de *glória* totalmente novo, inteiramente ligado à promessa democrática da Revolução: o do *indivíduo qualquer* que se arroga uma soberania e uma liberdade de ação (uma potência) não garantidas *a priori* pelo nascimento e dignas de um grande relato.

O paradoxo, porém – pois de fato existe um "porém" ("Que romance, *porém*, minha vida!"[8]) –, é que Napoleão Bonaparte, por nascimento e educação, foi um homem do mundo antigo. Toda a sua ação política procurou, aliás, realizar o que ele chamava de *fusão* entre a "aristocracia" e a "democracia": "A democracia eleva a soberania, somente a aristocracia a conserva"[9], ele explicaria a Las Cases.

Chegamos aqui à terceira dimensão do personagem: o alcance religioso do *Romance de Napoleão*.* É o segundo paradoxo: o homem da razão de Estado, o mais naturalmente celebrado hoje, por quem a historiografia se interessa sobremaneira, o gênio administrador do primeiro-cônsul e do imperador, construiu sua prática política sobre uma ambiguidade – nostálgico do caráter sagrado da antiga *legitimidade*,

---

* Essa dimensão religiosa é enfatizada no *Memorial* e, ao mesmo tempo, contradita pela teoria pragmática nele apresentada, segundo a qual o exercício da soberania deve ser uma simples "magistratura".

lúcido a respeito da impossibilidade de restaurá-la como tal, convencido da força inquebrantável da ideia de "soberania popular", Napoleão Bonaparte contribuiu, depois de Robespierre, e nisso foi o herdeiro do jacobino, para fundar espiritualmente a política moderna sobre "as palavras mágicas de liberdade e igualdade".[10]

O mago é ao mesmo tempo supersticioso e racional: nem sua prática de governo nem sua íntima convicção respeitarão a dupla promessa messiânica e revolucionária de igualdade e liberdade – apesar de consagrá-la como horizonte místico da política.

A História é cíclica? – pergunta-se Victor Hugo em *Cromwell*. Na peça de teatro que inaugurou o primeiro romantismo francês, o poeta mostra o Lorde Protetor inglês hesitando em colocar na cabeça a coroa ensanguentada de sua vítima, Carlos I da Inglaterra. A Revolução teria sido apenas uma convulsão passageira, depois da qual a necessidade de calma teria mecanicamente voltado à antiga ordem? Não totalmente, responde de antemão o primeiro-cônsul, cercado pelos regicidas Carnot e Fouché, preparando-se para ser sagrado imperador*; o poder era eterno, mas sua legitimidade evoluía com as crenças: a época tornou necessário convencer o povo de que, primeiro magistrado do Estado, Napoleão I encarnava sua soberania, e não o direito divino. Mas o papa não deixou de ser convocado para a cerimônia da consagração. Legitimidades antigas e novas, melhor precaver-se de todas as religiões: elas não seriam, todas, até mesmo a promessa política nascida com a Revolução Francesa, as múltiplas formas pelas quais a humanidade tanto procurou fundar sua razão de ser?**

---

* Ver também sua análise desse paralelo, que deve ter inspirado *Cromwell* a Hugo (*Memorial*, p. 613).

** "Todas as nossas religiões são evidentemente filhas dos homens [...] a inquietude do homem é tal que ele precisa dessa incerteza e desse maravilhamento que [a religião] lhe apresenta [...]. Dizer de onde venho, o que sou, para onde vou, está acima de minhas ideias, e mesmo assim tudo isso existe" (*Memorial*, p. 783-784).

Ele só acreditava em sua "estrela". A respeito da classe dos novos-ricos e dos "negociantes" que "tirou proveito de seus 25 anos de revolução"[11] e sobre a qual se apoiava seu regime, ele não hesitaria em dizer, em Santa Helena, que ela "é o flagelo, a lepra de uma nação"[12], que ela apenas "demonstrou corrupção e versatilidade" e "perdeu a honra do povo".[13] Ele sem dúvida se sentia bem colocado para afirmar que aqueles que diziam combater pela liberdade só eram animados pela vaidade*: ele pensava nos homens do Diretório, cuja fortuna fizera, e não se colocava entre eles porque não tinha, como eles, contribuído para a queda de Robespierre; esse julgamento também pode ser aplicado à sua "Contrarrevolução de egotista grandioso".[14]

No entanto, seja qual fosse sua aversão pela "canalha" anárquica, como ele chamava os insurgentes do ano II ou os dos Cem Dias, o exilado de Santa Helena se atribuiria o mérito de ter inscrito os "princípios revolucionários" no mármore do Estado: a igualdade cidadã perante a lei sempre reivindicada por nossas constituições democráticas.

Napoleão seria o romancista-profeta de uma nova Bíblia, nossa até os dias de hoje?

Razão a mais para examinar com grande atenção as Ações da vida desse apóstolo de um novo gênero – cuja incredulidade (para com todas as religiões e todos os partidos) foi notória. De resto, também nesse aspecto ele era escritor, ao menos segundo a definição de Roland Barthes: provedor desinteressado de alucinações**, ele foi o "poeta em ação" (François-René de Chateaubriand), o "poeta da política" (Marc

---

* "Ele pensava que a vaidade havia feito a Revolução, não o desejo de liberdade" (Tulard, p. 307). "Os franceses são indiferentes à liberdade, eles não a compreendem nem a amam; a vaidade é sua única paixão, e a igualdade política, que permite a todos ter a esperança de chegar a todas as posições, é o único direito político que eles apreciam" (citado por Stendhal, VN, p. 60).

** "Como produtor de frases, o escritor é mestre de erros; mas ele está imune; ele está consciente do logro; ele é *inspirado*, mas não *alucinado*: ele não confunde o real com a imagem, o leitor faz isso por ele", Roland Barthes, *La Préparation du roman*, I e II (Paris: Seuil-Imec, 2003).

Fumaroli) que entrelaçou por no mínimo dois séculos os destinos da política e da literatura. Chateaubriand tentará anular o *storytelling* grosseiro do saltimbanco-chefe que construiu sua imagem por meio das sutis nuanças da literatura. Contudo, as *Memórias de além-túmulo* não deixaram de contribuir enormemente para erigir o monumento do grande homem. E o novo teatro do mundo, constituído pelo romance realista, nasceu dessa alucinação coletiva ao mesmo tempo literária e política da qual Napoleão foi o arauto e o primeiro herói: o direito supremo de nossas democracias não foi sempre aquele que todos reivindicam, o direito de contar sua própria vida?

Ainda vivemos dessa alucinação. Não se trata sempre, no fundo, de "tornar-se Napoleão" – ou no mínimo de reivindicar esse direito?

O questionamento da igualdade cívica em nome do "direito natural" e da igualdade real abalou o mito político da grande nação igualitária. O cineasta Jean Renoir demonstrou, em seu filme *A grande ilusão*, nos anos 1930, que a grande nação igualitária havia se transformado, em 1914-1918, na grande carnificina igualitária, e o romancista Claude Simon narrou a agonia do mito durante a *drôle de guerre*, em seu romance *La Route des Flandres*. Hoje, a questão é saber se ainda acreditamos na possibilidade efetiva da liberdade, da igualdade e da fraternidade supostamente resultante: ainda somos capazes de desejar uma soberania política compartilhada, que todos sabem não se realizar nem no individualismo consumista mais ou menos pauperizado ao qual as massas "democráticas" parecem devotadas, nem nos quinze minutos de fama que a telerrealidade concede aos mais ou menos anônimos, nem na remota Europa de antigas divisões e de insuficiente funcionamento democrático? Ainda somos capazes de desejar tornarmo-nos "grandes existências individuais", sem aspirar ao governo despótico?

Revisitar o *Romance de Napoleão*, fazer de Napoleão Bonaparte (a quem devolvo, para isso, um nome e um sobrenome) "um homem inteiro, feito de todos os homens"*, é

---

* Última frase de *As palavras* (Jean-Paul Sartre, 1964).

necessária e duplamente a ocasião para colocar à prova, a cada momento da narração, nossa convicção primordial na igualdade e na liberdade das quais ele supostamente foi o salvador.

Haveria uma maneira de narrar entre a heroicização do grande homem fatalmente tirânico (o gênio nem sempre o é, dizem) e a pulverização niilista da "grande ilusão" política? Dos românticos, nostálgicos "filhos do século" que interiorizaram a epopeia napoleônica para transformá-la em lirismo íntimo e melancólico, à proclamação "pós-moderna" do fim das grandes narrativas, a literatura contribuiu para deslegitimar o laço que a prendia à promessa revolucionária. Como desfazer o *double bind* (duplo vínculo) ao qual está preso aquele que por sua vez quer contar a História, entre a esquizofrenia formalista da desfusão sistemática e a rançosíssima e ultrapassada tendência ao fatalismo e aos discursos mágicos de predestinação? Como romper com esse jogo de espelhos perverso ao qual a literatura e a política (a História) estão presas há duzentos anos, obrigando a primeira a ignorar a segunda, ou a fazer-se sua cega propagandista, com algumas raras exceções? Como colocar no centro da cena narrativa a vontade de poder e a aspiração à soberania de um indivíduo excepcional, sem nada perder do desejo político de igualdade? Como conciliar a essência aristocrática do relato com o espírito democrático da literatura pós-revolucionária: como não ceder às sereias do niilismo político sem reativar a grande fatalidade autocrática? Como, por fim, querer triunfar ali onde os maiores e mais venerados de nossos escritores fracassaram?

Preparando-me para contar essa vida maiúscula depois de tantos autores sublimes e ilustres, encaro a seguinte dificuldade – um duplo obstáculo: servilismo ou diálogo de surdos, glorificação redundante do poder ou recusa cética (autista) de deixar as sereias da crença cantarem, correndo o risco de não entender ou compreender mais nada? Napoleão disse: "A imaginação governa o mundo".[15] Quero levar a sério a profissão de fé paradoxal desse político pragmático e realista, indo à fonte dos sonhos que alimentaram sua ambição e sua paixão política, sem cair na armadilha que ele nos preparou: a reivindicação da predestinação ao poder.

O distanciamento crítico que nos autorizaremos decorrerá do próprio método biográfico: trataremos de olhar para essa força e esse poder, incontestáveis em seus resultados, na medida do homem, de especificar as situações externas e internas que puderam favorecê-los.

Combateremos ao longo de todo esse retrato a tentação de explicar *a priori* a grandeza das ações pela grandeza do caráter: essa essencialização tautológica, essa monumentalização mitológica do personagem Napoleão ainda é frequente demais em muitas obras para que seu questionamento não seja necessário, apesar dos progressos decisivos da história acadêmica nesse ponto. E preciso apontar aqui toda a minha dívida para com o historiador e acadêmico Jean Tulard e para com o diretor da Fondation Napoléon, Thierry Lentz, bem como para com aqueles que também apoiaram este livro (Frédéric Masson, François Paoli): sem seus imensos trabalhos, o retrato biográfico que tentamos esboçar aqui, síntese literária sem ambição propriamente historiográfica, simplesmente não seria possível.

Para além dessas obras eruditas, a ênfase literária muitas vezes servirá de álibi (exemplos recentes não faltam) à má-fé política, reproduzindo, em pequena escala, a monumental má-fé de Napoleão Bonaparte: proclamar os princípios com tambores e trombetas, enquanto eles são violados a todo momento no exercício do poder.

Assumiremos aqui a posição contrária desse lirismo rasteiro.

Este relato pretende questionar o mito do chefe nascido para sê-lo, "chamado" por sua suposta superioridade a governar seus semelhantes. Veremos que o panfleto combativo (que existiu) conserva, apesar de invertida, a mesma lógica essencialista aqui contestada: ele era ruim, afirma o panfleto, porque era por natureza um tirano, um homem venal, brutal, cínico etc. Em oposição a isso, analisaremos a formação do caráter de Napoleão Bonaparte e suas evoluções sem prejulgar sua excepcionalidade e sua vocação ao governo, sem tampouco diminuir seus méritos quando eles são incontestáveis. O que faz com que, em dado momento, os homens se deixem governar por um só? É para esse velho problema da aura do "dirigente"* que tentaremos dar aqui não uma resposta, mas elementos para uma apreciação que desejamos a mais desprovida de preconceitos.

O jovem Bonaparte cedo se convenceu de que tinha um destino: contaremos os acasos de sua vida.** Ele foi pouco a pouco se identificando com o Estado francês, a ponto de sacrificar o homem privado que existia dentro de si: restituiremos sua história terrena para tentar compreender o mecanismo desse progressivo *esvaziamento* por meio do qual ele se moldou em ícone moderno.

Por fim, tentaremos desenredar o que decorre, em sua excepcional aventura, para ele próprio e para os outros, da lógica implacável do poder e dos aleatórios efeitos de realidade da crença. Se uma religião parece hoje continuar no "espírito público", como se dizia então, é porque esta associa o poder ao sucesso, velho talismã que volta à moda midiática e que reduz a ética da convicção democrática a uma impotente época que passou. Veremos aqui a casuística do poder reinar e depois fracassar magistralmente, enquanto a fé política em um mundo mais justo, mais igualitário e mais livre segue seu incansável caminho, por vias improváveis.

---

* Thierry Lentz descreve o primeiro-cônsul como uma "espécie de *manager* antes da hora" (Lentz, p. 48).

** "Foi assim com mais de um acontecimento em minha vida, que atribuíram à minha política e que cabia apenas ao acaso" (*Memorial*, p. 823).

Napoleone Buonaparte, ou como ser corso

> "Mal Julien chegou ao chão e o velho Sorel, enxotando-o rudemente à sua frente, empurrou-o na direção de casa. De passagem, olhou tristemente o riacho onde caíra o livro; era de todos o que mais prezava, o Memorial de Santa Helena."
>
> STENDHAL
> *O vermelho e o negro*[1]

A inteligência, mesmo a mais aguda inteligência de ação, é conservadora: o homem raciocina a partir de poucos elementos, em geral adquiridos ao longo de sua formação. Os complementos mais sutis ou mais específicos recolhidos posteriormente têm dificuldade para modificar as grandes linhas de força dessa bússola antiga que funciona para a vida toda, sobretudo nos momentos de crise.

O jovem Buonaparte adorava mapas geográficos e matemática – ele adorava reduzir o mundo a fórmulas lógicas e sua complexidade "a simples demonstrações de geometria".[2] Insular, sua casa natal em Ajaccio era a ponta do compasso a partir do qual ele traçava os grandes círculos que atravessavam montanhas e mares: um primeiro círculo italiano, Gênova, a Toscana, Roma, a Sardenha, a Sicília, além deste, o arco europeu de Portugal ao Sacro Império austríaco e alemão, passando pela França, encimada pela Inglaterra, pela Suécia, pela Dinamarca... A leste, a Prússia, a Polônia, a Hungria, a Boêmia, a Moscóvia, a sudeste a Sublime Porta...

Ele concebia esse mundo que ainda não conhecia seguindo a *Géographie* de Lacroix e se fez seu mestre na imaginação:

"As terras diferenciam-se principalmente em continentes e ilhas.

"A Europa está dividida em quinze Estados... a Ásia está dividida em seis... a África está dividida em dez...

"O novo continente está dividido em América setentrional e meridional...

"As principais ilhas do antigo continente são: na Europa, as ilhas britânicas, a Islândia, as ilhas do mar Báltico, Maiorca, Menorca, Córsega, Sardenha, Sicília, Malta, Corfu, Candia e o Arquipélago...

"Na Ásia, Chipre, Rodes etc.

"Na África, Madeira, as Canárias, Cabo Verde, Saint--Thomas, Santa Helena etc.

"Santa Helena, pequena ilha..."[3]

A geografia logo evocava a História: Roma, Gênova, a Alemanha, a Espanha, a França haviam sucessivamente sitiado ou dominado o rochedo no meio do Mediterrâneo onde ele vivia e onde nascera no dia 15 de agosto de 1769.

Três meses antes de seu nascimento, em 9 de maio de 1769, o exército francês havia derrotado as tropas do general Paoli na Batalha de Ponte Novu:

> Nasci quando a pátria perecia. Irinta mil franceses vomitados em nossas costas, afogando o trono da liberdade em ondas de sangue, este foi o espetáculo odioso que primeiro marcou meu olhar.[4]

Depois da derrota, o *Babbu*, como era chamado o grande Pasquale Paoli, iria para o exílio em Londres. Fora também na Inglaterra, o país das duas revoluções, farol da Europa livre, que Théodore de Neuhoff, diplomata arruinado pelo sistema financeiro de Law e efêmero rei da Córsega em 1736, havia sido preso por dívidas ao voltar para Londres e depois libertado graças a uma assinatura de Horace Walpole*: "Milorde, por que tirar-me da escuridão em que eu vivia? Eu gemia dentro de uma prisão... mas gemia desconhecido"[5], improvisava Buonaparte, identificando-se com o aventureiro alemão.

Um dia, o imperador destituído também imploraria a generosidade do povo inglês.

---

* Político e escritor da Grã-Bretanha, autor de romances noir.

Naquele momento, ele estava no campo, perto de Ajaccio, no dia 9 de maio de 1788, dia do aniversário da Batalha de Ponte Novu. Fazia dezenove anos que os corsos tinham novos mestres. Napoleone Buonaparte tinha dezoito anos. Tentemos reconstituir seu universo mental seguindo seus escritos de juventude e sua correspondência*, em especial as *Lettres sur la Corse* [Cartas sobre a Córsega], que datam dessa época.

Escondido no tronco de uma oliveira centenária, ele acariciava com os olhos os pés retorcidos da vinha familiar já verde, a Sposenta ou Sposata ("a Desposada"). Prestes a morrer em sua prisão úmida de Santa Helena, "pequena ilha" do outro hemisfério, ele sentiria no fundo da boca o gosto daquela uva e do vinho feito a partir dela.[6]

Gritos o fizeram sobressaltar-se, o livro que estava lendo escapou de suas mãos: ao lado da colina das castanheiras, Camilla Carbone Ilari discutia com o filho, Ignatio. Desde a manhã. Com o pequeno Geronimo, último filho da família Buonaparte, agarrado em sua saia, *Mammucia* esforçava-se para convencer Ignatio a abandonar o projeto de se tornar marinheiro como o pai.

Napoleone olhou para o seu livro caído na terra amarela e seca, mas com menos tristeza do que Julien Sorel faria com o *Memorial de Santa Helena*, caído no riacho[7]: o velho Sorel, trabalhador e pragmático, muito tentaria curar o filho da quimera romântica do destino excepcional guiado pela estrela de Napoleão.

Quarenta anos antes, as relações entre pai e filho eram o inverso: visionário, ambicioso e leviano, pouco religioso, apaixonado, libertino, perdulário, bem-falante, assim fora Carlo Buonaparte, e era nesse pai morto cedo demais em que Napoleone pensava ao olhar para o livro. Um câncer de estômago havia derrubado, três anos antes, aquele homem de "olhos cinza-amendoados"[8], "bastante alto, belo, bem-constituído".[9] Carlo não havia completado 39 anos ao morrer no dia 24 de fevereiro de 1785.

---

* Também utilizamos outras fontes para os anos 1784-1792.

Ele não teria se oposto ao feroz apetite de leitura do segundo filho: o livro caído no chão, *O contrato social*, de Rousseau (1762), fora lido por Carlo com paixão quando ele ainda era um jovem estudante de direito na universidade da cidade de Corte. A página com a preciosa passagem que o pai e depois o filho aprenderam de cor tinha uma cor mais escura que as demais de tanto ser lida: "Há ainda na Europa um país capaz de legislação: é a ilha de Córsega. O valor e a constância com que esse bravo povo soube recuperar e defender sua liberdade mereceriam que algum homem sábio lhe ensinasse a conservá-la".[10]

É provável que Carlo também conhecesse as "Cartas sobre a legislação da Córsega", tiradas de um *Projeto de constituição para a Córsega*, que Rousseau escrevera em 1764 a pedido de Matteo Buttafuoco.*

O pai de Napoleão tinha nove anos quando Pasquale Paoli, filho de um herói da insurreição de 1729, fora proclamado "general da nação". A independência da ilha fora imediatamente consolidada pela redação de uma Constituição Nacional (novembro de 1755), admirada como a primeira constituição "democrática"** por toda a Europa e além: por Rousseau, é claro, mas também por Voltaire, pelo escocês James Boswell e pelos legisladores da Revolução Americana. A Córsega tornara-se a terra da liberdade para os homens das Luzes, como a Polônia no século seguinte, alcançando o seleto círculo das nações citadas a título de exemplo pelos filósofos, ao lado da Inglaterra, da Holanda, da Suíça e da Prússia de Frederico II. Mas eis que, a partir de 1769, ela sucumbiria à lei marcial de um regime militar que praticava enforcamentos sistemáticos, torturas, massacres, saques, violações, e em que a monarquia francesa delegava quase todos os poderes a dois funcionários, um governador militar e um intendente.[11]

Assim, Rousseau teria razão de listar a Córsega em seu combate contra o absolutismo francês? Não seria preciso

---

* Oficial do exército real francês (1731-1806).

** O *Habeas corpus* de 1679 e a *Bill of Rights* (1689) da segunda Revolução Inglesa não são textos constitucionais propriamente ditos.

aspirar a uma nova "guerra da liberdade" que libertasse a ilha? Qual a natureza dessa "liberdade" de que fala o filósofo? Seria ela o nome de uma "regeneração" universal, e seria preciso desejar uma revolução que convulsionasse ao mesmo tempo a história córsica e a história francesa? O próprio pai de Napoleão não tinha se acomodado aos novos mestres da ilha?

Carlo Buonaparte havia combatido os franceses ao lado do general Paoli; porém, depois da derrota de Ponte Novu, quando do nascimento de Napoleone, ele havia se aliado ao rei da França: como oitenta notáveis corsos, ele tivera seus direitos reconhecidos pela nobreza segundo as modalidades em vigor no país da monarquia absoluta, sendo eleito deputado nos Estados Gerais da Córsega e entrando para o Conselho dos Doze Nobres, assembleia consultiva que assistia os comissários reais e o governador. Em troca de sua adesão, ele se beneficiara de muitas vantagens, concessões de terras (um pomar de amoreiras), subsídios para secar o pântano de Salines e, acima de tudo, bolsas de estudo para seus filhos nas instituições reais reservadas à nobreza.

Fora graças a essa aliança de seu pai com os monarquistas franceses que Napoleone foi admitido como bolsista do rei na Escola Militar de Brienne, na primavera de 1779, e depois, em outubro de 1784, na Escola Militar de Paris. Fora a traição de Carlo aos ideais seculares da independência córsica que lhe possibilitou tornar-se o oficial do exército real francês que ele era desde setembro de 1785.

Dentro de um mês (em junho de 1788), ele se juntaria ao regimento em Auxonne, a serviço do rei da França. Ele precisava absolutamente encontrar, antes de voltar a cruzar o Mediterrâneo, a equação límpida, a fórmula sintética que lhe permitisse superar suas contradições de corso elevado entre os aristocratas franceses, servindo um país, a França, que subjugava o seu desde o seu nascimento, sonhando com independência e liberdade republicana no meio dos oficiais monarquistas. Ele sentia pesar sobre os ombros a responsabilidade de ter de repensar toda a história de sua família e de seu povo para explicar, justificar, dar uma coerência ao compromisso de seu pai com os conquistadores franceses, do qual sua posição pessoal resultava.

"Napoleone, Napoleone!": Napoleone ouviu a voz de seu irmão Luigi (nove anos) e a de suas irmãs, Maria Paoletta (sete anos) e Maria Anunziata (seis anos). Ele trancou a respiração, imóvel em cima da árvore: as crianças passaram embaixo dele, mas felizmente não o viram.

Napoleone queria ficar sozinho, precisava pensar de novo e de novo.

Há muito tempo ele fazia anotações, com vistas a escrever uma nova história da Córsega: ele tinha escrito alguns fragmentos e voltara a se dedicar a eles ao retornar a Ajaccio há cinco meses, em janeiro de 1788.

Inspirado por *O contrato social*, ele gostaria de moldar seu relato no espírito do filósofo francês e fazer de sua crônica uma epopeia da liberdade contra a tirania. Mas a liberdade de que falava Rousseau seria a mesma que seus ancestrais viveram quando se instalaram na ilha, tão próxima dos costumes antigos e frugais dos antigos gregos da *Ilíada* e da *Odisseia*? O inimigo da liberdade córsica seria a monarquia absoluta ou os franceses conquistadores? O mal seria a ocupação estrangeira ou o regime político que ela impunha?

Os etruscos, os gregos (fócios) e os cartagineses haviam sido os primeiros colonizadores de sua ilha; depois, os romanos haviam expulsado os cartagineses quando da Primeira Guerra Púnica (século III a.C.).

Napoleone gostava de pensar que Roma só conseguira impor seu domínio à Córsega "fazendo-a participar de sua grandeza"[12], e ele "vê com prazer"[13] o fato de Sexto Pompeu*, um dos últimos republicanos romanos, ter encontrado refúgio em sua ilha e tê-la governado. A Constituição paolista de 1755 não era uma herdeira da República romana?

---

* Sexto Pompeu Magno Pio (c. 68-35 a.C.), filho de Pompeu, adversário do Segundo Triunvirato (Otávio, Marco Antônio, Lépido), assassinado por um imediato de Antônio. Foi na Sicília e não na Córsega que Sexto primeiro se refugiaria.

Na verdade, se a Constituição do *Babbu* permaneceu no coração dos corsos, foi porque perenizou um sistema de governo aldeão, patriarcal e pastoral muito antigo*, que precedera a ocupação romana e sobrevivera adaptando-se à feudalização (séculos V-VIII), à dominação papal (séculos VIII-XI), pisana (séculos XI-XIII) e genovesa (séculos XIV-XVIII). Já a primeira guerra de independência, em 1729, havia tido como causa profunda o questionamento dos costumes ancestrais pelos ocupantes genoveses, que alteraram o direito de transumância dos pastores, expulsos das planícies pelos especuladores de terras. A constância do regime comunitário das aldeias e paróquias (as setenta *pièves* fixadas pela administração papal, com certeza mais antigas que isso) havia cindido a Córsega em duas grandes tradições: a tradição patriarcal e pastoral, que permanecia em estado puro no interior do país e nas montanhas, e a tradição patrícia e depois feudal de apropriação de terras, mais espalhada pelo litoral e pelas planícies. Toda a história das instituições córsicas até a Revolução era um constante compromisso entre essas duas forças vivas continuamente em luta. Soldados romanos, vândalos feudais, ostrogodos ou lombardos, enviados do papa, patrícios pisanos ou banqueiros genoveses, monarquistas franceses, todos tentaram sem sucesso impor aos montanheses do interior a submissão feudal aos senhores e os numerosos impostos dela decorrentes: todos precisaram, às vezes mais, às vezes menos, aceitar a persistência dos costumes aldeãos. Com a ocupação francesa, os montanheses escondiam em suas aldeias partidários de Paoli condenados à morte.

Napoleone queria alçar-se à dimensão de heróis como Homero e Plutarco os *condottiere* e demais chefes militares que na Córsega, desde a Idade Média, vinham tomando armas contra a dominação genovesa: o suicídio de Sambucuccio (século XIV) não era digno do suicídio do grande Catão, que não quisera sobreviver à República romana?[14] Giocante da Leca (século XV) não havia sido um "ancião" tão "respeitado" quanto Nestor, o "velho condutor de carros"[15] da *Ilíada*,

---

* Típico do contorno mediterrâneo.

a quem Ulisses pedia conselho na *Odisseia*? Em Renuccio della Rocca (século XVI), "as virtudes inflexíveis dos antigos republicanos"[16] não eram revividas? O general da nação Gaffori* (predecessor de Paoli) não tinha "a alma de Brutus" e "a eloquência de Cícero"?[17] Não se podia dizer que, durante a revolução iniciada em 1729, "ocorreram tantas ações de notável intrepidez e de patriotismo comparável ao dos romanos"?[18] Quanto a Pasquale Paoli, o *Babbu*, ele não deveria "figurar entre os homens mais bravos da Itália moderna"?[19]

Porém, nosso aprendiz de historiador deparou-se com um primeiro problema: que relações haviam sido mantidas pelo clã Buonaparte com os fundadores genoveses da cidade de Ajaccio?

A República de Gênova, teoricamente soberana desde o século XIV e ao longo de quatro séculos, por certo tempo havia cedido o governo da ilha (de 1453 a 1564) ao Ufficio di San Giorgio. Esse banco genovês (um dos primeiros da Europa) mandara construir em 1492 a cidadela de Ajaccio, onde todos os Buonaparte nasceram desde que chegaram à ilha no século XVI.

Foi demonstrado que o ramo corso da família estava ligado a uma linhagem de tabeliões** e *robins**** da pequena cidade italiana de Sarzana, localizada no extremo sul da Ligúria (região de Gênova), no limite com a Toscana.**** Os Buonaparte de Sarzana viveram por três séculos nesse pequeno vilarejo lígure antes que um dos seus, um certo Francesco, "mercenário remunerado pelo Ufficio di San Giorgio"[20], fosse reforçar a colônia genovesa de Ajaccio. Seu filho disporia "de algumas propriedades, como um moinho em 'Cavallo Morto'".[21] Seu neto Geronimo receberia o pântano de Salines e nele construiria uma torre; ancião, representava Ajaccio junto às autoridades genovesas.[22]

---

* Célebre patriota (1704-1753), general da nação em 1751.

** Notários subalternos.

*** Oficiais de justiça.

**** Hoje, Sarzana pertence à Toscana.

Incomodada por essa ascendência genovesa, a família preferia insistir na suposta filiação aos Buonaparte de Florença. O tio Lucciano (o arcediago) chegou a ir à capital toscana em 1759 para recolher provas dessa ascendência: os Buonaparte seriam parentes dos Cadolingi, condes gibelinos de Pistoia (partidários do Império Romano-Germânico) que se tornaram cidadãos de Florença, expulsos da cidade de Dante pelos guelfos (partidários do papa) no século XIII. Nessa época, por volta de 1261, em plena guerra civil entre guelfos e gibelinos, um certo Guglielmo, ao entrar para o conselho insurrecional da comuna florentina, teria assumido o sobrenome de *Buonaparte*.*

Esse fundador da linhagem teria emigrado pouco depois para Sarzana (perto de La Spezia), antecipando a derrota dos imperiais.

Contudo, Napoleone sabia que essa lendária genealogia, que tinha a vantagem de conferir o título de patrícios aos Buonaparte da Córsega, era improvável: o fato de que sua família tivesse boas relações com os homônimos florentinos não provava que eles fossem parentes. Os historiadores concordam em dizer hoje que ela é fantasiosa.

Depois de chegarem a Ajaccio, os Buonaparte participaram, de geração em geração, do Conselho dos Anciãos da cidade, que pouco a pouco assimilara as tradições córsicas, chegando a identificar-se completamente com elas. A cada geração, eles ocupavam cargos locais importantes: um dos tios de Napoleone, Lucciano, era arcediago de Ajaccio (auxiliar do bispo) e fazia as vezes de *paceru*, espécie de mediador, resolvendo as disputas entre camponeses e pastores, ou as diferenças que opunham indivíduos e famílias[23]; o outro tio, Napoleone, morto dois anos antes do nascimento do sobrinho de mesmo nome, fora capitão e comandara a cidade. Eles se

---

* Essa genealogia é exposta por Frédéric Masson, *Napoléon dans sa jeunesse* (Paris: Albin Michel, 1922, p. 7). Segundo François Paoli, Buonaparte é um sobrenome "ligado às lutas entre guelfos e gibelinos", mas "os Buonaparte teriam estado ao lado dos papas, e os Malaparte ao lado dos imperadores" (Paoli, p. 11).

diferenciam dos *paesani* da montanha e dos habitantes do *Borgu** por sua origem genovesa e suas propriedades e por sua imponente casa de três andares** no centro da cidadela. Porém eles eram modestos proprietários de terras (como a maioria dos notáveis corsos): criavam algumas vacas, cultivavam eles próprios a vinha e a oliveira no território dos Bacciochi, a quatro ou cinco quilômetros do litoral e da cidade, e mais longe nas montanhas, em Alata, Ucciani, Tavera, Bastelica e Bocognano (a cerca de quarenta quilômetros de Ajaccio). A Casa Buonaparte implantara-se aos poucos, por meio de um rigoroso sistema de alianças matrimoniais com famílias às vezes nobres[24]: os habitantes da região constituíam sua parentela, sua clientela e seus fazendeiros, diaristas, pastores, moleiros, amas e criadas. Era também entre os aldeões que eles recrutavam seus partidários para granjearem respeito no país da *vendetta*, ou quando das guerras de independência. Eles eram mais chefes de clã do que senhores***, e não tinham, antes da conquista francesa, nenhum dos privilégios feudais reconhecidos à nobreza do continente (feudos, isenção de impostos e direitos de imposição, de justiça etc.), sobretudo porque a Constituição de 1755 havia restringido suas prerrogativas.

Napoleone zombava do apego do irmão mais velho Giuseppe aos velhos "pergaminhos" que atestavam o patriciado florentino dos Buonaparte e ironicamente o apelidara de "genealogista da família".[25] Ele queria menos ainda ser assimilado à nobreza francesa, velha classe feudal cujo título seu pai comprara ao preço da liberdade córsica. Desafiando as escolhas paternas e as origens genovesas da família, ele preferiu apaixonar-se pelas instituições do "governo municipal" do qual seus ancestrais vinham participando havia dois séculos em Ajaccio. E o título que ele reivindica para si mesmo e seus compatriotas era o de homem livre.

---

* O "subúrbio" de Ajaccio, na época, fica fora das muralhas da cidadela construída sobre uma península.

** Carlo a fez "aumentar de um terceiro andar" por volta de 1772 (Paoli, p. 43).

*** Apesar de terem recebido, com o passar do tempo, os títulos de *messer*, *nobile* ou *magnifico* (ver Paoli, p. 12-13).

Na França, ele pudera constatar o quanto o sistema monárquico daquele que logo seria chamado de Antigo Regime era incomparavelmente mais desigualitário do que a sociedade córsica. Na ilha, a política de assimilação forçada dos franceses conseguira produzir apenas uma espécie de paródia da estrita hierarquia medieval das castas que todos conheciam. Ao contar para si mesmo a história da liberdade córsica, ele queria acreditar que seu compatriota "sacrificou seu caráter de proprietário pelo de homem: ele errou para viver livre".[26] Ao escrever essas linhas, ele havia pensado em seu irmão de leite, Ignazio Ilari, ou nos filhos dos moleiros e dos pastores com quem convivera a infância toda nas ruas de Ajaccio, e principalmente nos vilarejos da montanha para onde a família ia no verão. Ele conhecia os pais deles, que com frequência interrogava a respeito de seus ofícios e de seus hábitos quando geria a propriedade familiar. Ele admirava a coragem daqueles homens rudes e fiéis aos costumes antigos apesar da impiedosa repressão militar dos franceses; ele sabia que alguns* faziam "a ligação com os *fuorusciti*, partidários de Paoli exilados depois de Ponte Novu, a maioria ainda na Toscana".[27]

Sua paixão política nasceu da necessidade que sentiu de se ligar, como Rousseau, a um valor mais elevado e mais sólido do que sua duplamente suspeita genealogia de pequeno nobre "francês" ou de "patrício" italiano de origem genovesa. Ele havia estudado história e o funcionamento do "governo municipal" na Córsega (em especial as práticas comunitárias) e constatara que essas instituições aparentavam-se às da Itália antiga e moderna. Encontrara a maneira de ampliar seu horizonte para além da ilha da Córsega e tomara gosto por aquilo.

Segundo ele, o "governo municipal" teria surgido na ilha no século XI, enquanto "toda a Europa estagnava sob o regime feudal"; ele teria sido um ressurgimento da República romana e o precursor das cidades-estados republicanas da Itália moderna: "o governo municipal", escreve ele, foi "desde então adotado na Itália e de lá [passou] para os outros países do continente".[28]

---

* Como seu primo de Bocognano, o "bandido Zampaglino" (Paoli, p. 132).

Tanto para Napoleone quanto para seu mestre Rousseau, o modelo político absoluto vinha dos antigos: com eles, "o amor pela pátria nasceu, e os Cúrcio, os Décio, os Brutus, os Dião, os Catão, os Leônidas vieram maravilhar o mundo".[29] Seus grandes legisladores haviam estabelecido que as assembleias representativas das diferentes camadas do povo deviam legislar e que um areópago aristocrático devia garantir a execução das leis e o respeito a elas. No entanto, o governo aristocrático (etimologicamente, dos "melhores"; *aristos*, em grego) podia degenerar para uma oligarquia de facções dominantes governando a cidade segundo seus próprios interesses.* Era preciso buscar um equilíbrio entre as classes da sociedade, portanto: esta foi toda a história da República romana, desde a queda da monarquia até o assassinato de César, do primeiro Brutus (o fundador mítico da República) a seu homônimo tiranicida, e esta foi em particular a implicação das lutas que opuseram em Roma, no século I a.C., o partido dos *populares* ao dos *optimates*, o partido democrata de Mário ao partido aristocrático de Sila.

Esses enfrentamentos políticos também podiam, contudo, degenerar em lutas de facções, introduzir a desordem, mesmo a guerra civil, e arruinar o Estado. Não era ilegítimo, então, que um homem impusesse sua ditadura para salvar a ordem republicana e a preeminência das leis, desde que ela não degenerasse em despotismo: esta fora a ambiguidade de César, de quem Napoleão admirava a política de conquista. Ele não era hostil *a priori* ao governo de um só, desde que "leis justas comandem os homens, e não os homens as leis"[30], e que o "homem que governa não busque, naquilo que ordena, seu interesse, mas o de seus súditos".[31] Se "o primeiro rei é sempre o primeiro homem de seu povo"[32], escreve ainda o jovem, "a realeza inevitavelmente degenera em despotismo": "Os reis reinaram, com eles o despotismo".[33]

Mas essa era outra história: a da monarquia francesa desde os capetíngios. O que Napoleone criticava no sistema feudal implantado pela dinastia capetíngia não era submeter

---

* Conforme mostrado por Platão na *República*, que Napoleone lê.

os senhores ao rei pela hierarquia dos laços de vassalagem e de suserania, mas reservar a soberania apenas para o proveito das castas nobres e clericais, sem consideração pelo poder das assembleias, o monarca tornando-se impotente para restabelecer a balança da justiça a favor do povo. A monarquia francesa era para ele a perpetuação da tirania feudal, e era com o mesmo estado de espírito que ele julgava a grave crise financeira que atravessava o reino de Luís XVI em 1788: ela lhe parecia a consequência dessa monopolização da riqueza e do poder pela classe nobre hereditária.*

Ele, que foi acusado, segundo Las Cases no *Memorial*, de ter sido "Mário, para os aristocratas; Sila, para os democratas; César, para os republicanos"[34], não se colocava, em 1788, nem entre os democratas, nem entre os aristocratas, nem entre os monarquistas: ele se dizia patriota e republicano, e sua admiração por César, Carlos Magno** ou Frederico II da Prússia*** demonstrava que ele não perdia a esperança, como homens das Luzes, nos "déspotas esclarecidos".

Ancorando sua paixão política no patriotismo corso, ele aspirava a definir com Rousseau um poder político imparcial, regulador dos interesses privados, federativo das diversas camadas do povo soberano e responsável pela prosperidade (e pela expansão) da nação como um todo. Essa reflexão abstrata e comparativa tinha a vantagem de libertá-lo das contradições familiares (genovês ou corso? patrício florentino ou nobre francês? corso ou francês?): ele deixava a costa natal e a época contemporânea para aprofundar metodicamente seus conhecimentos sobre a história dos países europeus e das constituições europeias – o que atrasava a redação de suas *Lettres sur la Corse*: este seria o título de sua obra.

---

* É o que ele retém, por exemplo, de sua leitura das *Mémoires* do abade Terray, das quais faz anotações (OLEM 1, p. 223).

** Napoleão descreve Carlos Magno como um juiz de paz das três assembleias senhorial, clerical e popular em suas "Notes sur les *Observations sur l'histoire de France*, do abade Mably" (OLEM 2, p. 29).

*** Napoleão lê e anota com paixão a *Vie de Frédéric II*, de Laveaux (1787) (OLEM 1, p. 215).

Ele lia e fazia copiosas anotações da *Histoire ancienne* [História antiga], do abade Rollin (1730-1738), da *República*, de Platão, das *Vidas paralelas*, de Plutarco, da *Histoire du gouvernement de Venise* [História do governo de Veneza], de Amelot de La Houssaye (1676, reed. 1740), da *História de Florença*, de Maquiavel (1520-1526). Além da Itália antiga e moderna, ele se interessava de perto pela França, como vimos, e refletia sobre a história desse país a partir das *Observations sur l'histoire de France* [Observações sobre a história da França], do abade Mably (Genebra, 1765). Ele tampouco se esquecia da Prússia de Frederico II e da Suíça de Rousseau e de William Coxe[35], e menos ainda da história da Inglaterra* – que o influenciou a ponto de inspirar seu primeiro texto de ficção, *O conde de Essex*, breve história de um fantasma decapitado.

Para além da Europa, o Oriente o atraía, com Alexandre, com a Companhia das Índias**, ou com o sublime aventureiro cujas memórias ele devora, o barão de Tott: sonhava com os "tártaros errantes que moram em tendas de feltro" e com seu mestre Gêngis Khan, que tivera "o mais vasto império que jamais existiu".[36] Seguindo o rastro do *condottiere* córsico Sampiero Corso, ele era recebido em pensamento pelo sultão da Sublime Porta e, de lá, rumava para o sul para trilhar a árvore genealógica dos califas da Arábia feliz, da Arábia deserta e da Arábia pedregosa.[37] Citava a fascinante história do profeta mascarado Hakem, que pregava para uma multidão "a igualdade das posições, das fortunas", armava o povo e, prestes a ser vencido, matava seus sectários com uma refeição envenenada...***

---

* Anotações sobre a *Histoire d'Angleterre*, de Barrow (OLEM 1, p. 139-206).

** Ver "Sur la compagnie des Indes" (OLEM 1, p. 227) e "Notes tirées de l'abbé Raynal" e sua obra *Histoire philosophique et politique des établissements et du commerce des Européens dans les deux Indes* (1770). A reedição de 1781 lida por Napoleão havia sido queimada pelo Parlamento por blasfêmia e tornara-se uma das principais obras dos espíritos das Luzes (OLEM 1, p. 313) (nota de Jean Tulard).

*** "Le masque prophète" (abril de 1789) (OLEM 1, p. 369-371).

Do alto da velha oliveira centenária, o jovem tenente de artilharia tentava distinguir ao longe a linha onde o mar fundia-se ao azul ofuscante do céu: um navio surgia no horizonte ao lado das Ilhas Sanguinárias e se aproximava do porto. Ele o observou por um bom tempo. Sua panturrilha esquerda tremeu*: ele se sentiu contrariado, sem saber direito por quê.

Sentindo a necessidade de mover-se e aproveitando que todos tinham se afastado, ele saiu de seu esconderijo e desceu da árvore. Era a hora opressiva em que todos buscavam um canto de sombra para fazer a sesta num mês de maio já quente.

Napoleone abaixou-se para juntar o livro, o cheiro forte da terra o deixou tonto: "Ela era suficiente para que ele adivinhasse, de olhos fechados", onde estava, "ele não a encontraria em nenhum outro lugar".[38] Ela sozinha constituía todos os "encantos da terra natal". Era um dos "traços característicos" que Las Cases gostará de destacar no *Memorial*: "O imperador tem o olfato extremamente delicado"[39], a ponto de não sair do quarto por dois dias, tanto ficava incomodado pelo cheiro de tinta.

Naquela noite, a Casa Buonaparte se reuniria para festejar o retorno de Giuseppe, o mais velho da família: dali a pouco, as mulheres colocariam longas mesas em Les Milelli, a meio caminho entre Ajaccio e Alata[40], para acolher os moradores da cidade e dos vilarejos da montanha.

Um ano e meio mais velho que Napoleone, Giuseppe adorava as histórias que se referiam à antiga vida pastoral de seus antepassados, que aspirava a continuar. Seu caráter doce o predestinava para o sacerdócio, conforme desejado pelo tio Lucciano, mas ele renunciara: quisera seguir em tudo os passos do pai, que "não tinha nada de devoto".[41] Seguindo seus passos, fora defender uma tese de direito em Pisa, como haviam feito antes dele não apenas Carlo, seu pai (em 1769), como também o avô Giuseppe, de quem herdara o nome, e toda a linhagem dos Buonaparte havia cinco séculos. Sua fide-

---

* "Irritei-me, meu caro: [...] minha emoção deve ter sido bem intensa, pois senti a vibração de minha panturrilha esquerda. É um grande sinal, em mim, e isso não me acontecia há muito tempo" (*Memorial*, p. 658).

lidade mimética decorria de sua condição de primogênito, mas talvez também do fato de ter assistido Carlo durante sua atroz agonia no inverno de 1784-1785: ele fora o único da família a acompanhar seu caixão à igreja dos Cordeliers de Montpellier, onde a viagem que faziam até Paris fora interrompida.

Giuseppe voltava da Toscana naquela noite com o diploma de doutorado embaixo do braço*: Madame Mère (Letizia Buonaparte) e Minana Saveria (a avó materna) tinham ido esperá-lo no molhe.

Com certeza, estava no navio que Napoleone vira ao longe!

A fratria estaria completa, ou quase, no jantar. Marianna (onze anos, a futura Elisa Bacciochi) era interna da Maison Royale de Saint-Louis em Saint-Cyr desde 24 de novembro de 1782: como Napoleão, obtivera uma bolsa do rei e só sairia de lá em 1792, quando o estabelecimento criado por Madame de Maintenon teria as portas fechadas pela Revolução. O tempestuoso Lucciano (que faria treze anos), por sua vez, ficara no seminário de Aix, para onde fora enviado depois da morte do pai. Ele era tão impetuoso que haviam perdido a esperança de fazê-lo homem da Igreja; felizmente, Giuseppe Fesch, futuro cardeal, meio-irmão de Madame Mère, ordenado sacerdote em 1785, salvara a honra da família nesse quesito.

Ele, Napoleão, estava destinado à vida militar, como o tio capitão de quem herdara o nome, depois de um primogênito morto com poucos meses.** Todos concordavam em dizer que havia uma perfeita concordância entre seu caráter dominador e sua vocação. Bem pequeno, segundo sua mãe,

> Ele forçava Joseph*** a fazer seus deveres e, quando era punido com pão seco, fugia para comer o pão de castanha dos pastores, ou para ganhar polvo da ama.[42]

---

* Joseph "fizera o exame em 24 de abril de 1788" (Masson, p. 177).

** Esse nome remontava a um Napoléon des Ursins, "célebre nos faustos militares da Itália". Na Córsega, Napoleão se diz "Nabulio" (Paoli, p. 34).

*** Forma afrancesada de Giuseppe: utilizaremos os nomes afrancesados da fratria a partir da Revolução.

> Ele tinha sobre Joseph uma ascendência quase total. Este era batido, mordido; queixas eram levadas à mãe, a mãe ralhava com ele, e o pobre Joseph nem tinha tempo de abrir a boca.⁴³

Naquele momento, os sarcasmos sobre a "nobreza" haviam substituído os socos, mas Giuseppe continuava igualmente resistente e paciente.

Apesar da piedade filial do mais velho, Napoleone era o "favorito" do pai⁴⁴, que nunca o punia; bastante ausente, Carlo confiava na "autoridade materna". "Prestes a morrer em Montpellier, apesar de Joseph estar a seu lado, [o pai] em seu delírio sonhava apenas com Napoleão, que estava longe na escola [Escola Militar de Paris]; ele o chamava, delirando, para que viesse a seu socorro com *sua grande* espada".*⁴⁵

Quando o tio Lucciano morrer da gota que o impedia de caminhar havia dois anos, "no leito de morte, cercado por todos eles" (em outubro de 1791), ele dirá a Giuseppe, apontando para Napoleone: "Você é o primogênito da família, mas aquele é o chefe, nunca se esqueça disso".⁴⁶ Este seria um "verdadeiro deserdamento: a cena de Esaú e Jacó"**⁴⁷, a coisa que Napoleone mais desejava. As últimas palavras do tio Lucciano seriam interpretadas por Giuseppe e pelo "cavalheiro" (como o caçula Lucciano era chamado⁴⁸) de maneira totalmente diferente***, mas o certo é que Napoleone fizera de tudo para que aquelas palavras fossem pronunciadas; dedicava-se àquilo havia muito tempo.

Ainda interno em Brienne, depois da morte do pai, ele escrevia ao tio Fesch para criticar as primeiras veleidades de Giuseppe, que desistira de tornar-se eclesiástico, e para

---

* Segundo Joseph, em suas *Mémoires*, o pai exclamou que "nenhuma ajuda estrangeira poderia salvá-lo, pois aquele Napoleão cuja espada um dia triunfaria sobre a Europa tentaria em vão livrá-lo do dragão da morte" (Masson, p. 124; *Mémoires* de Joseph, I, p. 29).

** Jacó, preferido de Rebeca, sua mãe, deserda o irmão Esaú, favorito de Isaac, o pai dos dois gêmeos (*Gênese* 25, 25-34).

*** Joseph, em suas *Mémoires* (I, p. 47 e p. 117), citou as palavras do tio: "Joseph está hoje à frente da administração do país; assim, pode comandar a da família. *Tu poi, Napoleone, sarai un omone*: 'Tu, Napoleão, serás um grande homem'".

deplorar a "leviandade" e a "prodigalidade" do caráter do irmão mais velho: "Ele quer ficar o dia inteiro sem fazer nada".[49] Isso acontecera havia quatro anos; ele tinha quinze anos, Giuseppe tinha dezesseis, mas ele ainda sentia, ao pensar naquela carta, um certo incômodo: sempre se perguntava se Fesch a havia destruído, como ele pedira, ou se a havia mostrado a Giuseppe.

Depois da morte do pai, em fevereiro de 1785, ele mais do que nunca se determinara a assumir o papel de chefe da família ao qual aspirava. Porém, precisou terminar sua escolaridade na Escola Militar de Paris e passar um ano na Provence antes de poder voltar para a Córsega, depois de uma ausência de sete anos. Promovido ao grau de segundo-tenente em 1º de setembro de 1785, seu primeiro destacamento havia sido para o regimento de La Fère, acantonado em Valence, e só voltaria a ver a família em 15 de setembro de 1786.

Depois dessa data, ele deixara a ilha apenas por três meses: de 12 de setembro de 1787 a 1º de janeiro de 1788. Em Paris, ocupara-se dos negócios da família e solicitara uma segunda licença "para assistir às deliberações dos Estados Gerais da Córsega" e para "discutir os direitos essenciais à sua modesta fortuna".*[50]

Mas essa segunda temporada na ilha estava se encerrando: em três semanas, ele precisaria unir-se a seu regimento em Auxonne, na Borgonha, e Giuseppe voltava a tempo da Toscana para reassumir o papel que lhe conferia sua condição de primogênito.** Apesar de estar feliz por reencontrar o irmão, Napoleone estava bastante incomodado por ser suplantado em sua ambição de dirigir a Casa Buonaparte.

---

* Ele também alegou crises de malária, atestadas por um médico, mas talvez falsas.

** Em 1785-1786, Giuseppe aprendera a substituir o tio Lucciano para gerir as contas da casa, cuidar das colheitas, das vindimas e dos pastores. Contudo, precisara partir para a Toscana para terminar os estudos de direito e, agora, voltava para solicitar "seja um cargo na magistratura, seja um dos cargos na nomeação dos Estados Gerais da província" (Masson, p. 157).

A família inteira continuava teoricamente sob a tutela do tio Lucciano, herdeiro do pai.* Todavia, a doença do arcediago agravara-se, e ele não saía mais do quarto, situado no segundo andar da casa da Rue Malerba. Renunciando a suas funções eclesiásticas[51], ele as transmitira no ano anterior ao tio Fesch, nomeado arcediago aos 24 anos.

Este também gostaria de suceder ao tio na gestão da Casa Buonaparte, mas isso estava fora de questão. Nesse aspecto, Giuseppe e Napoleone concordavam: eles próprios deviam gerir seus bens e "restabelecer os negócios da família, que os gastos e o luxo de Carlo tinham desencaminhado bastante".[52]

O tio Lucciano, de proverbial avareza na família, repetia há anos que Carlo fazia a Casa viver muito acima de seus meios: ele recriminava tanto suas "expedições" para a Toscana ou para Roma** quanto os grandes jantares em homenagem ao governador, o luxo das vestimentas e dos interiores até então desconhecido no país – tanto Carlo quanto Letizia gostavam de vestir-se com luxo. Era verdade que recebiam tudo o que havia de mais elevado na ilha, conversavam e improvisavam pequenas peças em versos em francês (que Carlo falava muito bem, vantagem indubitável e rara, que contribuía para distingui-lo) ou em italiano: ele havia composto um belo soneto em homenagem ao conde de Marbeuf, governador da Córsega.[53] Era a propagação dos costumes da nobreza francesa: toda a aparência, o aparato, a "jactância"![54] Carlo devia ficar um pouco atordoado com o fausto dos aristocratas franceses, até então desconhecido na Córsega, mas o atordoamento devia ter passado, principalmente depois que aquele homem imponente entendera que estava morrendo.

O rei da França havia dado a ele a concessão de um pomar de amoreiras para cultivar o bicho-da-seda. A família se endividara e nunca conseguira honrar os termos do contrato –

---

* O arcediago Lucciano era tutor e curador dos filhos menores de Carlo Buonaparte.

** Que datavam, na verdade, do início de seu casamento com Letizia: ele teria mantido uma mulher na Toscana, engravidado outra etc.

que fora rompido em 1786. As subvenções prometidas não tinham sido totalmente pagas, e o custo de manutenção das árvores mantinha-se elevado; elas precisavam ser vendidas (o que não era fácil) e era preciso solicitar ao Estado o pagamento das somas devidas para saldar as dívidas contraídas. Outra promessa real, em parte não mantida, fora conceder subsídios para a drenagem do pântano de Salines, propriedade dos Buonaparte, que infectava o ar de Ajaccio no verão e causava doenças mortais (a *mal'aria*, também chamada de paludismo).

Que mau negócio tinham sido os laços contraídos por Carlo com os monarquistas franceses! Quantas solicitações o pai não precisara fazer apenas para tentar obter o que lhe havia sido prometido! Este fora o objetivo de sua última viagem, quando a morte o detivera em Montpellier.

Mas agora cabia a ele, Napoleone, enfrentar as consequências desastrosas da aliança paterna com o ocupante francês de quem ele havia sido o único e verdadeiro beneficiário.*

A situação havia melhorado depois que a família, havia dois anos, ganhara um processo contra os jesuítas e retomara a posse da herança Odone** (a propriedade Les Milelli, onde seria a festa daquela noite), graças à obstinação do arcediago, ainda saudável na época. No entanto, o grosso do rendimento continuava vindo das vinhas, a Sposata e a Cassetta, do moinho, das oliveiras e das vacas, e era rapidamente consumido. Não que Madame Mère fosse perdulária; pelo contrário, o medo constante de vir a passar necessidade a perseguia desde a morte do marido.

Depois de seu retorno à Córsega em 1786, que coincidira mais ou menos com a partida de Giuseppe para a Toscana, Napoleone aprendera a percorrer a região para fiscalizar as vindimas, visitar os pastores, supervisionar a venda das diversas colheitas (vinhas, oliveiras, laranjeiras etc.). E, é claro, ele assumira

---

* Ao lado de sua irmã Marianna, que integrava a Maison Royale de Saint-Cyr.

** Do nome de Virginia Odone, casada com Carlo-Maria Buonaparte em 1657: essas terras seriam devolvidas "apesar dos diversos ramos masculinos dos Odone" (Masson, p. 10), mas tinham sido tomadas pelos jesuítas.

os negócios do pomar de amoreiras e do pântano de Salines, redigindo diversas cartas, para o cardeal e ministro Loménie de Brienne (1727-1794) ou para o intendente da Córsega, La Guillaumye – que ele queria obrigar a comprar as amoreiras, como este se comprometera a fazer na época do governador Marbeuf (morto em 1786).* Madame Mère mal sabia escrever, mas era em seu nome que ele assinava as cartas. A última missiva a esse respeito datava de 20 de abril de 1788, vinte dias antes. Ele também havia escrito recentemente ao famoso dr. Tissot, em Genebra, para consultá-lo a respeito da gota do tio Lucciano.[55]

Precisamos aqui nos deter um instante no memorando a respeito das amoreiras, que ele havia enviado de Paris ao arcebispo Loménie de Brienne, ministro das Finanças de Luís XVI. Ele havia escrito, sempre em nome da mãe, que "se ela tivesse previsto todas as dificuldades teria abandonado desde o início a solicitação de um negócio, consequente talvez para ela, mas que no fim não passava de uma quantia de dinheiro, que nunca compensa o tipo de aviltamento que um homem experimenta ao reconhecer a cada momento sua sujeição".[56] E a carta terminava com uma exortação mais insolente ainda da parte de um súdito do rei que se dirigia ao homem mais poderoso do reino depois de Luís XVI – que estava prestes a nomeá-lo "ministro principal"[57]: "Se consentirdes com nosso pedido [cerca de três mil libras, exigidas ao Estado pela família Buonaparte], tereis, na medida de vossas possibilidades, reparado as falsas especulações de vosso predecessor [sr. De Calonne], tereis feito o bem a uma família seguindo as regras da justiça mais estrita; ocasiões como esta não acontecem todos os dias, monsenhor, aproveitai-a, e se a suplicante reconhecer vossas bondades com o mais vivo reconhecimento, devereis a ela a oportunidade de nunca pensar nesta família sem sentir um contentamento interno [...] paraíso do homem justo [...]".[58]

Loménie de Brienne parece ter recebido o segundo--tenente durante o mês de novembro de 1787. Napoleone

---

* Foram encontradas na correspondência (*Corr.*, p. 51-65) dez cartas escritas pela mão de Napoleone a esse respeito. A primeira carta data de 19 de novembro de 1786. A última, de 20 de abril de 1788.

vivia então em Paris, justamente para obter essa audiência em Versalhes com o ministro das Finanças e para equipar-se com os elementos necessários à consolidação do dossiê. O tom surpreendente dessa carta reforçou a convicção de certos biógrafos de que Napoleone di Buonaparte era conhecido pela família de Loménie de Brienne desde a época de sua admissão no colégio militar de Brienne, vilarejo do qual os Loménie eram senhores. Recomendado a essa família pelo conde Marbeuf, ele teria sido recebido no domingo no castelo; teria obtido a permissão de montar os cavalos da estrebaria para passear pela região etc. Essas hipóteses, porém, nos parecem expressamente desmentidas pelas regras draconianas de clausura da Escola Militar.[59] Como explicar, além disso, que a recomendação de Marbeuf pudesse autorizar o tom de conivência da carta, que beirava a impertinência?

Podemos ter certeza de que Napoleone sabia muito bem com quem estava lidando: no caso, com um amigo de Voltaire, bastante aberto a ideias novas. Ateu notório, autor de um memorando dirigido a Turgot sobre as causas da miséria, Loménie de Brienne tentava deter a crise financeira por que atravessava o reino, propondo uma reforma drástica das despesas suntuárias do Estado. O jovem de dezoito anos imaginava (talvez erradamente) que um homem como aquele seria capaz de compreender a humilhação que ele e sua mãe sentiam por precisar solicitar a ajuda real, o que poderia fazê-lo sorrir ao mencionar a gestão calamitosa de Calonne, seu predecessor nas finanças.* Mais que isso, ele acreditava poder levar o ministro a exercer uma "justiça" (a palavra aparece duas vezes) que, na primavera de 1788, está em todas as bocas. Inconsciência, imperícia, franqueza brutal e tom peremptório que caracterizarão o homem poderoso, já revelados por toda a sua correspondência? Ou verdadeira cumplicidade com um homem que ele conhece a ponto de poder dar-se essa liberdade de tom? Não conhecemos a resposta do ministro, e é quase impossível decidir.

---

* Afastado por Luís XVI em 9 de abril de 1787.

Loménie de Brienne, por sua vez, não conseguirá conter a revolta do parlamento, e sua proposta de convocar Estados Gerais excepcionais (e históricos) em 1º de maio de 1789 não o impedirá de ser destituído, por sua vez, em agosto de 1788. Ele será substituído pelo banqueiro Jacques Necker*, o pai de Germaine de Staël: o barão Necker se pronunciará no mês de dezembro a favor da duplicação da representação do Terceiro Estado** e, desde então, será considerado um "ministro patriota". Sua demissão por Luís XVI em 11 de julho de 1789, por "condescendência extrema" para com as reivindicações do Terceiro Estado, provocará, três dias depois, a tomada da Bastilha.

Uma carta a outro correspondente não identificado, também de novembro de 1787, confirma que Napoleone está perfeitamente a par da política de reformas realizada por Loménie de Brienne***. E encontramos em suas notas de leitura uma análise detalhada do discurso de Necker do dia 5 de maio de 1789 sobre a situação financeira do reino: o jovem retoma e resume em linhas gerais o orçamento do Estado – que constata estar perto da bancarrota.[60]

Apesar de não conseguirmos esclarecer as circunstâncias que o levaram a aproximar-se de um dos mais importantes personagens do reino em novembro de 1787, podemos afirmar que ele se interessa muitíssimo pela situação política

---

* As *Lettres sur la Corse* haviam sido inicialmente dedicadas a Brienne e depois a Necker.

** A proposta é aceita pelo rei em 27 de dezembro de 1788: o Terceiro Estado disporia de um número de deputados equivalente ao dos deputados da nobreza e do clero juntos.

*** "O memorando do sr. De Calonne [o ministro das Finanças anterior, dispensado por Luís XVI em 9 de abril de 1787] deu o que falar e granjeou-lhe muitos adeptos. Os rumores de guerra cessaram. Agora só se fala em paz e reforma. Avalia-se em oito ou dez mil almas o despovoamento que a reforma [empreendida por Brienne para impor economias às despesas da Corte] deve ocasionar em Versalhes, seja na casa do rei, rainha etc., gabinetes etc." (*Corr.* I, p. 70).

francesa.* Naqueles meses que antecedem a explosão política revolucionária, ele sente, como todo mundo, que o poder monárquico francês está periclitante. Ele culpa menos o rei, no entanto, do que a classe dirigente aristocrática bastante corrompida e esgotada**: "Se a nobreza [francesa] era o flagelo do povo por suas pilhagens, ela sempre foi inimiga dos reis".[61] Sua leitura, na primavera de 1789, do *Essai sur les lettres de cachet et les prisons d'État* (1782), do conde de Mirabeau***, "eloquente protesto contra o despotismo e calorosa apologia a favor da liberdade individual"[62], leva a crer que na véspera da Revolução ele é favorável a um sistema de monarquia constitucional à inglesa.

De longe, ecoam os tambores que anunciam as manobras dos soldados franceses na praça de armas de Ajaccio.[63] Napoleone detém-se para ouvir. Quando pequeno, ele corria até lá com o irmão Giuseppe, e eles ficavam olhando, maravilhados, os uniformes rutilantes passando pelas ruas estreitas da cidadela. Nada lhe parecia mais desejável do que desfilar com eles, e seu entusiasmo era muito mais vivo do que o de seu irmão.

Seu gosto pelos uniformes e pelas paradas militares continuava intacto; ele não consegue ouvir o som dos tambores sem sentir uma viva emoção. Mas agora ele conhecia de perto aqueles oficiais superiores da opulenta nobreza francesa e tinha vergonha da admiração sem limites que, quando garotinho, sentia por eles.

Durante sua longa estada na França, ele adquirira uma experiência pessoal profunda e cáustica daqueles belos porta-

---

* Ver a carta de 28 de março de 1789 sobre Necker, Turgot, Calonne, Brienne e o duque de Orléans (*Corr.* I, p. 70).

** É em 1785 que acontece o caso do "colar da rainha", que explicita "o deslize da corte de Luís XVI para o reino do luxo ostentatório e da especulação desavergonhada" (Paoli, p. 95).

*** Napoleão admirava esse nobre que mudara de classe e escrevera um *Ensaio sobre o despotismo* (1776), mas também uma *História da Córsega* (1768-1769), que fora preso várias vezes e eleito deputado pelo Terceiro Estado em 1789, famoso orador da Assembleia Constituinte, ardente defensor da monarquia constitucional.

-vozes do *faubourg* Saint-Germain e de suas "falsas necessidades". No fundo, era aquilo que hoje criava entre ele e Giuseppe um abismo de incompreensão: o irmão enfeitiçado pela "nobreza" não consegue perceber, como ele, tudo o que separa suas vidas de notáveis corsos da vida dos aristocratas continentais.

Todos aqueles pequenos marqueses de velha cepa, encerrados na arrogância de seus privilégios, foram observados de perto por ele em Brienne, e ele deve ter sido alvo de suas arrogâncias feudais: para eles, era o camponês corso, o estrangeiro de nome impronunciável e de incorrigível sotaque italiano. Ele era chamado de "*la paille au nez*" [a palha no nariz] (o que significa "aquele que tem uma chance indevida"), deformação da pronúncia italiana de Napoleone (*Napollioné*).[64]

Em Paris, nada muda; pelo contrário. Ele precisou defender com unhas e dentes seu nome, sua condição e inclusive sua pessoa dos filhos de uma aristocracia secular e decadente, pródiga e vazia, tão frívola quanto altiva: "Lembro que, na Escola Militar, *nós, os pequenos nobres*, nos soqueávamos com os filhos dos grandes senhores, e eu sempre saía vitoriosos"[65], ele recordará em Santa Helena.

A Escola Militar de Paris havia sido criada por Luís XV em 1751, e a novidade da instituição atestava a reviravolta das mentalidades de que a Revolução será a sequência lógica: o rei havia entendido a necessidade de combater o antigo preconceito segundo o qual "somente o valor faz o homem de guerra" para formar oficiais superiores capazes de comandar um exército moderno. Mas nem por isso se devia renunciar a fazer deles "homens da alta sociedade capazes de figurar na Corte"[66], e a Escola havia sido estabelecida dispendiosamente em um palácio construído pelo arquiteto Gabriel na região sudeste do Campo de Marte – ainda é possível admirar a magnífica fachada do edifício principal. As "dependências, cavalariças, picadeiros, cocheiras de mesmo estilo"[67], o "luxo dos grandes apartamentos e a suntuosidade dos salões do diretor"[68] ou a abundância de empregados eram impressionantes.

O jovem corso ficara impressionado com esses refinamentos dispendiosos e desconhecidos em sua ilha, apesar dos esforços do governador Marbeuf. Ele não deixara de notar que aquela ostentação reconhecia os 83 alunos pensionistas (de 215 alunos) filhos de "famílias ilustres, ricas e consideráveis"[69], capazes de pagar a elevada pensão com a convicção de que a escola não passava de um magnífico hotel para o qual eram convidados para continuar usufruindo de seus privilégios. Convencidos de que o nascimento era seu mérito e de que bastava comparecer para usar a dragona, eles fracassavam nos exames: somente quinze dentre eles obtiveram a patente de oficial ao fim do ano 1784-1785; os outros seriam "devolvidos a suas famílias".[70] Incapazes de renunciar à sua desdenhosa imodéstia, eles se irritavam com o sucesso dos bolsistas. A desejada fusão da nobreza rica com a menos rica em uma mesma instituição de "cadetes fidalgos" não havia funcionado.*

Napoleão gostará de lembrar, mais tarde, que suas ideias sobre a educação militar datavam das observações que ele havia feito naquele momento.** O imperador, nessas escolas militares (imperiais, de Saint-Germain ou de Saint-Cyr), procurará formar "verdadeiros soldados", que aprendam a cuidar de seus próprios cavalos, a colocar-lhes ferraduras, "a bater, escovar suas roupas, limpar seus sapatos e suas botas", a viver na caserna, a comer na gamela "o pão da munição", a "enfrentar as intempéries das estações", tudo isso com vistas a "suportar com coragem as fadigas da guerra, a fim de inspirar respeito e devotamento cego aos soldados que estariam sob suas ordens".[71]

As coisas não eram melhores, no entanto, para os "pequenos nobres", bolsistas do rei como ele: eles eram mais

---

* Uma primeira reforma acontecera em 1776, reservando a Escola de Paris para a formação superior e dispersando os alunos mais jovens por diversos colégios provinciais, como Brienne: esta foi uma das primeiras medidas do reinado de Luís XVI, que havia constatado que a Escola de Paris tornara-se "um lar de insubordinação e orgulho" (ver Paoli, p. 75).

** "Na escola militar de Paris éramos alimentados, servidos magnificamente, tratados em todas as coisas como oficiais gozando de grande facilidades, com certeza maiores do que as da maioria de nossas famílias e muito acima das que muitos de nós gozaríamos um dia. O imperador, nessas escolas militares [imperiais, de Saint-Germain ou de Saint-Cyr], havia desejado, dizia ele, evitar esse defeito" (*Memorial*, p. 775).

ciosos de seus títulos do que os pensionistas ricos, pois a pobreza relativa os levava a sobrevalorizar a antiguidade de suas famílias e o apego a suas terras.

Antoine Le Picard de Phélippeaux era um deles. Filho de oficial da província de Poitou, bolsista do rei e artilheiro como Buonaparte, aluno da Escola Militar de Paris desde 1781, monarquista furioso, ele não suportava o corso, zombando de seus erros de linguagem e de sua nobreza recentemente adquirida graças à conquista francesa. Napoleone, por isso, exagerava seu rousseauísmo e seu republicanismo à antiga. Eles se golpeavam e se chutavam violentamente embaixo da mesa durante as horas de estudo. Durante a Revolução, Phélippeaux se tornará um vendeano, emigrará a serviço do Exército dos Príncipes e, posteriormente, do Exército dos Condé. Alguns anos depois, irá para Saint-Jean-d'Acre e interromperá quase sozinho a marcha gloriosa do general Bonaparte rumo ao Oriente.[72]

Uma cabra perdida encara de repente Napoleão na estrada. Ele se diverte enxotando-a a pedradas. O pobre animal foge o mais rápido que pode daquele exaltado que consegue atingi-la apesar da distância; a cabra deve sua salvação ao bosque de laranjeiras no qual se embrenha. Não, ele não perdera a mira das batalhas entre os garotos da cidadela e os do *Borgu**.[73]

Napoleone era, aos oito anos, "turbulento, hábil, vivaz, rápido ao extremo".[74]

Contudo, desde a época de Brienne havia compreendido que só conseguiria superar as dificuldades e as humilhações de sua situação com muita dedicação e perseverança para domesticar seu caráter impetuoso. Ele se torna "doce, tranquilo, aplicado e de grande sensibilidade".[75]

Em Paris, a chance de superar os filhos das grandes famílias e a competição que reinava entre os bolsistas também

---

* Pouparemos o leitor do famoso episódio da batalha de bolas de neve na Escola Militar de Brienne, certamente apócrifa (tirada das *Mémoires* de Bourrienne, pouco fiável segundo os historiadores).

estimulavam seu ardor nos estudos. Concentrado exclusivamente no trabalho, naturalmente solitário, Napoleone não se deixava distrair por nenhuma frivolidade típica da idade – apenas pelas peças pregadas a um ou outro, que o faziam explodir num riso tanto mais estrondoso quanto era forte sua concentração mental.

Às vezes, porém, a cólera o invadia, e ele voltava a ser o menino impetuoso que havia sido aos oito anos. Um dia, o capitão Hanicle o havia "detido por ter batido violentamente no pé de um de seus camaradas com uma pequena enxada utilizada para fazer seus abrigos de terra, trabalho que aquele camarada havia destruído com um chute".[76] Outra vez, havia perseguido, armado de uma picareta, os alunos que tinham pisoteado os canteiros que ele cultivava no espaço de terra que lhe cabia. Essas explosões de raiva esporádicas só cessarão com a morte, apesar do exercício do poder parecer ter-lhe ensinado a dominá-las, até mesmo a representá-las.[77]

No restante do tempo, todos os esforços que ele fazia para domar a si mesmo o tornavam taciturno e calado: na "idade da puberdade", ele se tornara "carrancudo, sombrio".[78] Seria devido ao longo exílio de "sete anos e nove meses"* quase sem ver a família?** Seria devido à "vida severa, dura, claustral"[79] das escolas militares? Ou aos longos invernos do clima continental frio e úmido na planície da Champagne, ao qual o garoto do sul não conseguia se acostumar? Ou então à espécie de prisão mental que é a língua estrangeira quando somos obrigados a falá-la o tempo inteiro? Ele sofreu com a longa solidão entre os franceses, apesar do amigo Bourrienne em Brienne e da gentil e alegre atenção de seu instrutor de infantaria na Escola de Paris, Alexandre des Mazis. Que alegria ele havia sentido quando Lucciano fora visitá-lo rapidamente em 1784!

---

* Como ele escreve na pequena agenda encontrada com seus papéis e citada por Masson, escrita no ano em que situamos o presente relato, 1788 (Paoli, p. 160).

** Seus pais o visitaram uma única vez em Brienne ao longo desses sete anos, e seu pai o visitou sozinho uma segunda vez.

Foi naquela época que a leitura tornou-se "para ele uma espécie de paixão levada ao furor".[80] Ela o ajudaria a conter-se e a fechar-se em si mesmo, mas também o levaria definitivamente à febre política que desde então o agitaria: em setembro de 1784, ele escrevera ao pai para pedir-lhe que lhe "enviasse a *Histoire de Corse* de Boswell, com outras histórias ou memórias sobre este reino"[81]; a partir daquela época, ele ficaria obcecado pela ideia de escrever uma nova história de sua pátria.

Das aulas, ele gostava de história e de geografia. Porém, foi sobretudo graças às suas notáveis habilidades em matemática que conseguiu manter-se em uma posição conveniente.

Seu gosto pelos números era antigo, e já era tão desenvolvido aos oito anos, segundo Madame Mère, que "foi preciso construir para ele, com tábuas, uma espécie de pequeno quarto no terraço da casa, para o qual ele se retirava todos os dias para não ser incomodado pelos irmãos".[82] Lá, ele calcularia, entre outras coisas, "a quantidade que era possível moer no moinho dado o volume de água que colocava as rodas em movimento"[83] e faria a conta de todos os jovens brotos de árvore que as cabras de Lucciano devoravam nos olivais. Ele detestava aqueles bichos horríveis, e a esse respeito, aliás, não mudaria de ideia: queria extirpar da ilha todos aqueles animais nocivos, o que lhe vale "disputas terríveis com o velho arcediago", que as defende "como patriarca". Em seu furor, o velho critica "o sobrinho por ser um *inovador*" e acusa as "*ideias filosóficas* de colocarem em risco suas cabras"![84] Aqueles eram "absurdos metafísicos"![85] Apesar de suas leituras de Rousseau e Platão, Napoleone já os tinha sob suspeita. Ele estava convencido, pelo contrário, de que "são as próprias coisas que falam, sempre mais infalíveis do que os homens".[86] Essa é a base para o seu gosto por estatísticas – e por orçamentos, seja o da França ou o familiar.*

---

* Nós o vimos trabalhar no orçamento da França em maio de 1789; em Santa Helena, ele estabelece uma estatística sobre a criação e o consumo de bois na ilha (*Memorial*, p. 802-803), refaz as contas da casa imperial (*Memorial*, p. 771) e redige o orçamento médio das famílias nas diferentes classes da sociedade (*Memorial*, p. 770).

Em contrapartida, ele tem menos facilidade que Giuseppe para línguas e filosofia. Ele constata isso em desde 1784 e escreve ao tio Fesch: "[Giuseppe] está fazendo retórica [no colégio de Autun] e iria ainda melhor se estudasse, pois o senhor diretor disse a meu caro pai que não havia no colégio nenhum físico, nenhum retórico, nenhum filósofo com tanto talento quanto ele e que fizesse tão bem uma tradução".[87]

Ele parece ter sofrido mais do que o irmão mais velho na passagem da língua italiana (da qual os corsos falam um dialeto parecido com o toscano) para a francesa. Quando chegou ao colégio de Autun, em janeiro de 1779, conhecia apenas algumas palavras e passou os três primeiros meses de sua estada na França aprendendo o idioma. Ao ir para Brienne, em maio de 1779, ele ainda apresentava sequelas dessa brutal transição de uma língua para outra: um sotaque carregado e uma ortografia fantasiosa. Seus resultados também são medíocres em outras línguas, inclusive no latim (ele conhece os autores antigos por meio de traduções malfeitas). Pior que isso, "ele fala incorretamente até mesmo o italiano"[88]: ao voltar para a Córsega em 1786, é obrigado a reaprender a língua natal, mas não consegue fazê-lo muito bem.[89] Além disso, havia adotado o afrancesamento de seu nome, *Napoléon*, e acaba se identificando com ele. Esses dois nomes, essas duas pronúncias de seu nome, materializam a fissura que desmembra dolorosamente dentro dele o menino corso e o exilado francês. Corso para os franceses, francês para os corsos: seu estranho nome afrancesado expressa esse paradoxo. A partir de agora, neste livro, nós sempre o chamaremos de Napoléon.*

Sua escrita é "ilegível muitas vezes para ele mesmo".[90] Além disso, nunca consegue perder a pronúncia imperfeita e tampouco "a mania de deformar os nomes próprios"[91] ou de trocar os nomes. Ele sempre dirá, por exemplo, "Toma um assento, Sila", para o verso de Corneille "Toma um assento,

---

* Utilizaremos a forma aportuguesada do nome, Napoleão. (N.T.)

Cina".*[92] No entanto, é capaz de perceber os erros cometidos pelos outros.

Apesar dessas fraquezas (relativas), ele conseguiu honrar o pai, a família, a própria Córsega! Foi promovido a oficial depois de apenas um ano no suntuoso edifício da Escola Militar de Paris**, saindo classificado em 42º de 58.[93] A maioria de seus colegas estava na Escola havia vários anos: o detestado Phélippeaux, que lá estava desde 1781, obteve apenas uma classificação acima da dele. É "o primeiro corso a sair da Escola Militar, e na artilharia, naquela época, apenas um de seus compatriotas, Massoni, sairia oficial. Isso lhe garante em seu país um lugar à parte".[94]

Aquilo também o distingue na própria família.

Mas de que maneira, ao certo, e qual o futuro que isso lhe reserva?

A Giuseppe e a Lucciano estavam destinados os mandatos locais tradicionalmente disputados pela família (direito e sacerdócio). A qual título o pequeno tenente assimilado aos franceses poderia aspirar na Córsega? Como assumir o título de chefe do clã Buonaparte e ao mesmo tempo seguir a carreira militar na França? E qual carreira, aliás? Sua condição de "mercenário" a serviço do rei francês permite-lhe no máximo esperar "passar ao posto de tenente em seu sétimo ano de graduação, no mínimo em 1792 ou 1793, no melhor dos casos, salvo sob circunstâncias excepcionais".[95] Quanto a exercer seu ofício no país, supondo que isso seja possível, causa-lhe certo horror a ideia de unir-se às fileiras do Regimento Provincial Corso, culpado dos piores abusos na ilha. Em todo caso, ele foi à abadia de Saint-Germain-des-Près assim que saiu da Escola Militar de Paris para visitar o bispo de Autun, irmão do conde de Marbeuf. Porém, o governador da Córsega e protetor de Carlo morreria pouco depois (em 1786).

---

* "AUGUSTO: Toma um assento, Cina, e sobre todas as coisas / Observa exatamente a lei que te imponho", Pierre Corneille, *Cinna ou la clémence d'Auguste* (1640), ato V, cena 1.

** De outubro de 1784 a outubro de 1785.

Restava-lhe a glória literária. Somente ela poderia garantir-lhe um papel de primeiro plano se ele conseguisse tornar-se conhecido com algo brilhante.

Nesse campo, Giuseppe tem pretensões mais legítimas e está um passo à frente: em 1787, escreveu em Pisa algumas "Lettres de Pascal Paoli à ses compatriotes" [Cartas de Pascal Paoli a seus compatriotas].[96]

Mesmo assim, Napoleão não desiste: afinal de contas, seus textos e sua correspondência demonstram, desde 1784, um domínio muito correto da língua e dos códigos de cortesia.* Ele tem, de resto, um bom conhecimento dos clássicos antigos e modernos: tem predileção por Racine e Homero, conhece bem Corneille e as tragédias de Voltaire, gosta bastante do poema de Tasso, *Jerusalém libertada*[97], que lê em italiano, mas também mergulha, além de Rousseau, em Tito Lívio, Tácito, Montaigne, Fénelon, Montesquieu, Raynal ou Bernardin de Saint-Pierre – de quem admira o romance *Paulo e Virgínia* (1787), obra de sucesso precursora do romantismo.**[98]

Nos últimos meses, redobrara os esforços para finalizar as *Lettres sur la Corse*, mas Giuseppe chegava naquela noite e nada estava pronto: ele sente um profundo rancor.

Um grupo de jovens camponesas, com cestos na cabeça, passa do outro lado da vinha e cumprimenta ruidosamente a batina negra do abade Conti***, que vai até elas empurrando uma cabra à sua frente. Ele sabe que os gritos e risos são para atrair sua atenção.

Por volta dos cinco ou seis anos, Napoleão havia sido colocado num internato de meninas porque ainda era pequeno demais para ir para os jesuítas: no pátio da escola, fingindo

---

* Mas ele faz com que as *Lettres sur la Corse* sejam corrigidas por seu antigo professor de belas-letras em Brienne, o padre Dupuy, que se dedica à tarefa com muita generosidade e muita minúcia (ver Paoli, p. 172).

** "Sem dúvida não devemos exagerar a cultura de Napoleão", temperou Jean Tulard, "ele ignorava uma parte das obras de Rousseau" e só conhecia uma ou duas obras da maioria dos autores citados (Tulard, p. 43).

*** Preceptor de Joseph e de Napoleão na escola dos jesuítas.

estar absorto em coisas muito mais importantes do que as fúteis tagarelices de suas colegas, ele se isolava atrás de uma árvore e contava nos dedos. Ele supostamente desejou muito ser alguém especial aos olhos de Giacominetta, uma garotinha da sua idade pela qual sentia uma estranha paixão. Porém, todas aquelas pestinhas zombavam de suas "meias caindo em cima dos sapatos" e o perseguiam declamando atrozes versinhos sobre a nobreza recente da família.* Talvez Giacominetta esteja naquele grupo de jovens frondosas que passa ao lado da Sposata: ele apenas viu silhuetas, mas por nada no mundo ergueria os olhos para verificar. Olhando o chão com obstinação, escondido sob longos cabelos castanhos agrisalhados pela poeira, as costas levemente encurvadas, o porte ereto e um pouco desajeitado, ele assume um ar atarefado e acelera o passo.

Ele logo terá de mandar Camilla buscar em casa seu uniforme de tenente para poder trocar-se antes do jantar. "Não conheço nada mais bonito do que minha roupa de artilheiro"[99], ele repete tirando o pó da camisa amassada: para o diabo com as Giacominetta; o amor, aliás, é coisa de criança. E faz muito tempo que ele não é mais criança. Ele se sente tão encarquilhado quanto um velho e tão seco quanto um daqueles pés de vinha esmagados pelo sol. Pelo menos é o que sente hoje: ele dá um suspiro e faz maquinalmente o sinal da cruz.

Quando pequeno, ele invocava o deus de sua mãe para afastar as coisas ruins e adquirira o hábito automático de se benzer.** Contudo, perdera o "socorro" da fé aos "treze anos":

> Precisei acreditar, acreditei; mas minha crença se viu contrariada, incerta, assim que soube, assim que raciocinei.[100]

---

* Paoli escreve o texto da cantilena: "*Napoleone di mezza calzetta/ Fà l'amore à Giacominetta*"; é a cantilena que faz referência ("*mezza calzetta*") à "origem recente e duvidosa da nobreza familiar" (Paoli, p. 46; ver também Masson, p. 35).

** "Indo de horror em horror, ele exclamava: Jesus! Jesus! [...] se benzia; gesto que percebi ser-lhe familiar na intimidade" (*Memorial*, p. 347) (Napoleão lê a *Histoire secrète du cabinet de Bonaparte*, sucessão de horrores sobre ele e seu regime).

Na adolescência, ele associara a virilidade à irreligião e receara estar em dívida para com o ceticismo real ou presumido dos homens de sua família. No que diz respeito ao pai, sua liberdade de pensar era indubitável e, se ele quis morrer de maneira cristã, foi porque "o homem não deve afirmar nada em relação a seus últimos momentos".[101] Quanto ao arcediago Lucciano, por sua vez, Napoleão sempre pensou que ele só acreditava em si mesmo*; mais tarde, ele se convencerá de que o tio rejeitou os sacramentos no leito de morte, apesar do vigoroso desmentido de Fesch (o futuro cardeal, o meio-irmão de Madame Mère).[102]

Não foi apenas seu nome pouco cristão** que o levou a afastar-se da religião: o arcebispo de Paris, que o havia confirmado e que atestou seu espanto, "dizendo que não conhecia esse santo, que não constava no calendário, o menino respondeu com vivacidade que aquela não era uma boa razão, pois havia uma multidão de santos e apenas 365 dias".*** Nele tudo se combina, em suma, para que invista a fundo na razão discursiva (o cálculo) mais do que na fé ou em qualquer outra credulidade ridícula – o que combina bastante com sua vocação militar.

Napoleão cruza a Sposata e volta a caminhar lentamente. O caminho inclinado é pedregoso e difícil, e está quente. Porém, logo chega o frescor do bosque de laranjeiras, o cheiro das murtas e dos loureiros: "Entrando na bela estação, protegido pela árvore da paz e pela laranjeira, cada olhar me revela a beleza desse clima que a natureza ornou com todos os seus dons, mas que os tiranos, inimigos destruidores, devastaram,

---

* "Não direi, como Fontenelle, que ele tinha duas grandes qualidades na vida, bom corpo e mau coração, mas creio que, tendo inclinação para o egoísmo, ele se viu em uma situação feliz, que não o levou a desenvolvê-lo com toda a força", carta 10 ao doutor Tissot, 1º de abril de 1787, in *Correspondance générale*, publicada pela Fondation Napoléon, nova ed., t. 1, 2004.

** O nome poderia ser o de um mártir cristão de Alexandria, mas outras hipóteses foram propostas, especialmente uma origem alemã (Tulard, p. 46).

*** "Napoleão nunca conheceu um dia de festa antes da Concordata: seu patrono era de fato estrangeiro ao calendário francês, sua data era incerta em toda parte; foi a galanteria do papa que a fixou em 15 de agosto, ao mesmo tempo dia do nascimento do imperador e da assinatura da Concordata" (*Memorial*, p. 120).

espoliaram".[103] Este seria um bom início para as *Lettres sur la Corse*; será preciso colocá-lo por escrito. No meio da subida, o jovem vai para baixo de uma árvore para recuperar o fôlego.

Ele folheia *O contrato social* e cai nas páginas do último capítulo, "Da religião civil" (Livro IV, capítulo VIII). Rousseau explica luminosamente qual deveria ser a verdadeira religião: cívica, racional e universal, nacional, inspirada nos princípios do Evangelho, mas depurada das extravagâncias dogmáticas ou outras superstições, professando a liberdade de culto. Napoleão escrevera um comentário sobre essas páginas havia exatamente um ano, no mesmo dia*, para refutar as objeções feitas a Rousseau pelo pastor genebrino Roustan.

"Vislumbramos em seu pensamento as grandes linhas da Concordata de 1801 e mais ainda os artigos orgânicos", explica Jean Tulard na apresentação a este texto[104]: não se trata de fazer do soberano um chefe espiritual cristão, como quer a doutrina galicana, mas de submeter o clero a seu poder temporal, reconhecendo o laço histórico dos franceses (e dos povos italianos) com a religião romana. Bonaparte insiste mais do que Rousseau no perigo apresentado pela religião quando ela se opõe às leis civis, chegando a justificar a perseguição dos primeiros cristãos pelos romanos.

A lei cívica parece-lhe infinitamente superior às doutrinas religiosas, tão diferentes e às vezes tão ridículas, que os homens atribuíram-se ao longo dos séculos e segundo os climas: ele fora totalmente elucidado a esse respeito pelo *Ensaio sobre os costumes*, de Voltaire. O poder político, porém, não poderia abster-se de princípios morais e espirituais: disso depende sua legitimidade e o fundamento da noção de interesse geral. Mas ele deve situar-se no âmbito de uma moral universal superior, emancipada dos cultos particulares, e precisa, consequentemente, romper com a doutrina ultramontana de infalibilidade do papa[105], qualquer que seja a preferência que Napoleão conserve pela religião católica inculcada por sua mãe.

---

* "Nove de maio [1787], quatro horas da tarde" (OLEM, p. 149).

A moral de Jesus Cristo precisa poder ajustar-se aos interesses da pátria. Os teólogos reunidos em Orezza, em abril de 1731, sugeriram a mesma coisa quando declararam, sem consultar Roma, que a guerra dos corsos contra os tiranos genoveses era "não apenas justa, mas também santa".[106]

O que dizer de uma nova guerra de liberdade contra os franceses? Napoleão respondera a essa pergunta havia dois anos, exatamente no dia 26 de abril de 1786: "Assim os corsos conseguiram, seguindo todas as leis da justiça, abalar o jugo genovês, e eles podem fazer o mesmo com o dos franceses. Amém".[107]

Com certeza, não era a religião que entravava seu fervor patriótico e republicano. Era a lembrança do pai: Napoleão lamentava profundamente nunca ter podido conversar sobre essas coisas com Carlo! Agora era tarde demais.

Somente o apego a esse pai morto precocemente ainda era capaz de mantê-lo na via da revolta. Por causa dele, percebe tudo o que deve ao rei da França, que o fez oficial de seus exércitos. No entanto, ele vira Carlo apenas duas vezes depois dos nove anos, e seu rosto tornava-se cada vez mais borrado em sua mente. Assim, naquela época, a figura do *Babbu* tendia a substituir-se à imagem do genitor: ele só conhece o grande libertador da Córsega, Pasquale Paoli, pelo retrato ditirâmbico feito pelo escocês Boswell em sua *Histoire de Corse*, mas o ama como a um segundo pai.

Carlo não havia sido, como seu amigo Lorenzo Giubega, um "fiel tenente de Paoli"[108], inclusive seu "secretário"? Conta-se na família que, em 22 de maio de 1768, ele teria pronunciado um "vibrante apelo às armas e que ele foi um dos mais ardorosos partidários da guerra total"[109]; seria verdade que, depois da derrota de Ponte Novu, o tio Lucciano o teria impedido de seguir o general Paoli para seu exílio inglês, como ele queria fazer?[110] Depois da partida de Paoli, Carlo teria feito parte, ao lado da mulher Letizia, grávida de Napoleão, do grupo de refugiados de Monte Rotondo que negociou a rendição junto ao conde de Vaux? Teria ele, com seu fiel amigo Lorenzo Giubega, "tratado da submissão da pátria ao rei da França"[111], como afirma, baseado nos cronistas corsos do século XIX, o biógrafo Frédéric Masson? "Assim que a Consulta* foi restabelecida, Giubega e Bonaparte nela desempenharam um papel considerável"[112], afirma este, fazendo dos dois homens os heróis da manutenção das tradições córsicas, apesar da conquista francesa.

"Nada mais incerto do que isso"[113], dizem os historiadores mais recentes: não se encontrou nenhum documento que atestasse os fatos.

Tem-se apenas uma certeza: Carlo foi um dos homens que gritaram "Guerra! Guerra!" durante a Consulta de Corte, em 22 de maio de 1768, e que depois combateram os franceses com entusiasmo. Porém, depois da derrota de Ponte Novu ele logo optou, em vez de pela resistência, pela submissão, via na qual parece ter sido precedido, em abril de 1769, pelo tio Lucciano[114]: em 7 de julho de 1769[115], Carlo jantava na casa do intendente da Córsega.

Depois disso, ele inicia sua carreira de advogado – depois de defender sua tese em Pisa em novembro de 1769 – e é nomeado assessor da jurisdição real em Ajaccio em 15 de junho de 1772, cargo que ocupa até a morte. Ele consegue que sua nobreza, com comprovação de mais de duzentos anos, seja reconhecida pelo conselho superior em setembro de 1771, o que lhe permite ser eleito deputado da nobreza dos Estados Gerais da Córsega em 1772 e novamente em 1777 e em 1781. No dia 18 de maio de 1772, ele entra para o Conselho dos Doze Nobres e, no dia 10 de março de 1779, apogeu dessa carreira de fiel servidor da monarquia francesa, é recebido em Versalhes para uma breve audiência com o rei Luís XVI: Carlos faz parte da "deputação enviada pelos Estados Gerais da Córsega para levar ao trono o relatório de suas deliberações e as homenagens da ilha".[116]

A corte assídua que o pai de Napoleão faz ao conde de Marbeuf, comandante-geral das tropas francesas na Córsega

---

* A *Consulta* era uma assembleia eleita, reduzida ao papel de deliberação sob o domínio francês, que foi investida de poderes legislativos pela Constituição de 1755: passou a ser eleita por sufrágio universal, e as mulheres também participavam da votação sob certas condições.

até 1786, manifesta escandalosamente, aos olhos do filho, sua ambição servil para com os franceses e os favores de que ele se beneficiou: Carlo frequenta o pequeno castelo à la francesa que Marbeuf mandou construir em Cargese (incendiado em 1793) e faz do governador militar, primeiro responsável pela impiedosa política de repressão implantada na ilha, o padrinho de seu filho Luigi (o terceiro filho da fratria Buonaparte, o quarto sendo Jérôme/Geronimo).

Dizem que o conde de Marbeuf fora seduzido pela beleza de Letizia, e corriam boatos de que ele era o pai de Luigi: rumores inverificáveis que não deixaram de chegar aos ouvidos de Napoleão.[117] A família contava muito, isso é certo, com os favores daquele que Letizia chama numa carta de *Il signor Conte*.* Daí a pensar que Carlo, não satisfeito de ter sido um colaborador zeloso dos franceses, que enforcavam e torturavam os patriotas corsos, tenha desempenhado o papel de um anti-Fígaro** complacente há apenas um passo... que alguns biógrafos dão sem medo. Mas não há nenhuma prova definitiva desses rumores que a maldade e a inveja ou a oposição política podem ter tido interesse em espalhar.

De resto, os Buonaparte estão longe de ser os únicos notáveis a se beneficiar dos favores do regime: eles são apenas mais uma das famílias influentes sobre as quais se apoiam os comissários para firmar a autoridade do rei.[118] O amigo Lorenzo Giubega, por exemplo, notável de Calvi de origem genovesa e padrinho de Napoleão, seguiu uma carreira mais considerável: foi sucessivamente procurador do rei em Ajaccio e depois "escrivão-geral dos Estados Gerais da Córsega a partir de 1771"*** "com o título de chanceler".[119]

---

* Ele escreve ao filho Giuseppe (data não conhecida): "*Il signor Conte* fará algo por nós" (Paoli, p. 61).

** *Il signor Conte* é o Almaviva de *As bodas de Fígaro*, ópera-bufa de Mozart (1786, representada pela primeira vez em Paris em 1793), cujo libreto é uma adaptação da peça de Beaumarchais, *Le Marriage de Figaro* (1784).

*** Frédéric Masson acrescenta: "Em 1789, ele preside a assembleia da nobreza e é eleito suplente do conde Buttafoco", mas este último fato não foi comprovado (Masson, p. 25).

Apesar desses títulos, Giubega é "em geral respeitado por seus conhecimentos, seu patriotismo e sua eloquência"[120], e foi para ele que Giuseppe enviou suas *Lettres de Paoli à ses compatriotes* – o que faz pensar que o antigo companheiro de Carlo não é insensível ao patriotismo dos partidários de Paoli. Demonstra, além disso, a evolução das mentalidades mesmo nos meios próximos ao governo insular em 1788.

Desde o ano anterior, a situação na Córsega era tensa: cercamentos são derrubados, casas de ricos proprietários são queimadas, especialmente quando se trata de antigos terrenos comunais.[121] Na Toscana, Giuseppe conhecera os *fuorusciti*. O espírito público parecia favorável a uma nova ofensiva dos partidários de Paoli.

Oscilando entre a admiração pelo *Babbu* e o respeito às escolhas do pai, os filhos Buonaparte ligam-se a Giubega para tentar definir uma linha de conduta.

Mas Carlo teria evoluído da mesma maneira que o velho amigo?

O que teria pensado, o que teria feito sob as circunstâncias presentes "se tivesse sobrevivido"? Essa pergunta atormentará Napoleão pelo resto da vida; ele ainda a fará a Santa Helena, às vésperas da morte: "Se meu pai, que morreu antes dos quarenta anos, tivesse vivido, ele teria sido nomeado deputado da nobreza da Córsega na Assembleia Constituinte. Ele se mantinha firme ao lado da nobreza e da aristocracia; por outro lado, era um entusiasta das ideias generosas e liberais; assim, teria estado ou totalmente do lado direito, ou no mínimo na minoria da nobreza. Em todo caso, quaisquer que fossem minhas opiniões pessoais, eu teria seguido seus passos, e minha carreira estaria totalmente desviada e perdida".[122]

Como seu pai, "se tivesse vivido", não curvaria seu republicanismo? Logo o dele, que era seu favorito e lhe devia tudo? Mas o pai estava morto. Napoleão estava livre para se entregar à religião cívica que havia encontrado em Rousseau?

Seus humores sombrios agravaram-se depois da morte de Carlo em fevereiro de 1785. Mais do que nunca ocupado por seus exames, ele acusara o golpe uma única vez na guarnição de Valence: finalmente o sul, mas não ainda o país; quão pouco comum entre as raquíticas laranjeiras provençais e as magníficas árvores que lhe faziam sombra naquele momento! O sol do meio-dia não havia conseguido dissipar os pensamentos sombrios que às vezes o visitavam. Seu amigo Des Mazis, que também havia sido designado para o regimento de La Fère, às vezes o via mergulhar em ruminações mórbidas e lamentar amargamente o fato de não poder unir-se aos seus na Córsega. Invadido pela ideia da morte, ele havia tido um antegosto dela: "nadando sozinho, ele havia perdido os sentidos, havia afundado e sido carregado pela corrente; ele havia sentido a vida escapar-lhe e havia inclusive ouvido, nas margens, seus colegas anunciarem que tinha se afogado e dizerem que iam buscar barcos para resgatar seu corpo".*

Um pouco antes, em 3 de maio de 1786, ele havia escrito um texto sobre o suicídio:

> Sempre só no meio dos homens, recolho-me para sonhar comigo mesmo e entregar-me a toda a vivacidade de minha melancolia. Para que lado ela se voltou hoje? Para o lado da morte.

Impossível saber em que medida esse primeiro texto literário, ou esse escrito pessoal de Napoleão, atesta uma intenção realmente suicida. Encontramos ao lado dessas, mescladas de maneira significativa, preocupações hamletianas, "O que fazer neste mundo?", e considerações políticas:

> Que espetáculo verei em meu país? Meus compatriotas cheios de correntes beijando, trêmulos, a mão que os oprime!

Contudo, esses questionamentos sobre o seu lugar e sobre a sujeição córsica assumem aqui um caráter trágico.

---

* *Memorial*, p. 681. Napoleão situa esse episódio "em 1786, em Auxonne", o que seria impossível, pois ele só chega a Auxonne em junho de 1788. Todavia, esse relato é interessante pelo que diz a respeito da relação de Bonaparte com a morte.

"Visto que devo morrer, não seria melhor matar-me?"[123], pergunta-se o jovem de dezesseis anos. Ele está visivelmente preocupado com o número de dias que lhe restam para viver*: teria ficado impressionado pela brevidade da vida de seu pai e perturbado pelo suposto caráter hereditário da doença que matou Carlo? Ele com certeza não teve conhecimento direto do relatório da autópsia feita no corpo do morto**, mas deve ter comentado seu conteúdo com a família. Os médicos de Montpellier haviam constatado o que então era chamado de cirro do piloro – em outras palavras, um câncer de estômago –, do qual parecem ter morrido vários outros membros da família – e que vencerá Napoleão em Santa Helena.*** Os homens Buonaparte não vivem muito: seu pai Carlo morreu aos 39 anos; seu avô, Giuseppe Maria, morreu aos cinquenta; o tio Napoleão morreu beirando os cinquenta – ele próprio morrerá aos 51 anos (e seu filho, Aiglon, aos 21 anos).

Contudo, esse questionamento sobre a brevidade da vida mistura-se com a expressão de uma forte ambivalência para com seus compatriotas "beijando, trêmulos, a mão que os oprime":

> Não são mais esses bravos corsos que um herói [Paoli] animava com suas virtudes, inimigos dos tiranos, do luxo, dos vis cortesãos. Orgulhoso, cheio de um nobre sentimento de sua importância particular, um corso vivia feliz se tivesse preenchido seu dia em questões públicas. [...] Franceses, não contentes de nos terem roubado tudo o que amávamos, vocês corromperam nossos costumes. O quadro atual de minha pátria e a impotência de mudá-la é uma nova razão para fugir de uma terra em que por dever sou obrigado a louvar homens que por virtude devo odiar.[124]

---

* "Na aurora de meus dias ainda posso esperar viver bastante tempo", "Sur le suicide" (OLEM 1, p. 45).

** "Relatório da autópsia de Charles Bonaparte", Masson, Apêndice I, p. 375: uma cópia do relatório original feita em 1811 pelo barão Dubois (a pedido do imperador?) pertencia ao próprio Frédéric Masson, que o anexa ao fim de sua obra.

*** "A necropsia de Monsieur Bonaparte confirmou a maneira de pensar dos senhores médicos de Ajaccio a respeito da causa do vômito incontrolável, obstinado e hereditário que o matou."

"Quando a pátria não existe mais, um bom patriota deve morrer", ele conclui, adotando por sua vez o tom do heroísmo romano.

Quando escreveu essas linhas, Napoleão não voltava para a Córsega havia sete anos e não pudera avaliar a renovação do sentimento patriótico. Além disso, naquele momento, Giuseppe, que voltara ao país, ocupava totalmente o lugar de chefe da família que Napoleão ambicionava, e ele não tinha esperança nenhuma de poder contestar-lhe essa posição: "Que prazeres não experimentarei ao rever em quatro meses meus compatriotas e meus parentes! A partir das pequenas sensações que a lembrança dos prazeres de minha infância me faz sentir, não posso concluir que minha felicidade será completa? Que furor, portanto, me leva a querer minha destruição?".[125] A questão de seu lugar na família e na fratria, bastante incerta vista do exílio, parece ter sido uma das causas de sua desesperança de então.

Mas a ambivalência não visa apenas a Giuseppe. Quem foi o corso por excelência que cometeu o erro de beijar tremendo a mão que o oprimia? Quem deixou os franceses corromperem seus costumes, senão Carlo Buonaparte, o homem de cortesia "excessiva e ridícula"[126] para com aquele (o governador Marbeuf) que cortejava sua mulher à vista de todos e que oprimia ferozmente um povo "que os romanos não queriam como escravos"?*

Culpa (por censurar os seus, Giuseppe ou Carlo, até mesmo Letizia) e ambivalência marcante que se transforma em tentação suicida: essas são as características da melancolia do luto descrita por Freud.

Uma coisa é censurar um homem vivo por trair a pátria; outra muito mais complicada é criticar um morto por deixar uma herança impossível de assumir. A ambivalência do trabalho do luto chega ao paroxismo quando o jovem afirma: "Se eu precisasse destruir um único homem para libertar

---

* "Os romanos nunca compravam escravos corsos; era impossível curvá-los à servidão" (*Memorial*, p. 692).

meus compatriotas, partiria agora mesmo e enfiaria no seio dos tiranos o gládio vingador da pátria e das leis violadas".[127] O governador Marbeuf ainda estava vivo quando Napoleão escreveu essas linhas: mas, de fato, seu assassinato não resolveria nada. Este não apagaria a vergonha do pai. Além disso, o sujeito teria sido substituído por outro funcionário nomeado pela Corte. O verdadeiro tirano não seria o rei da França? Porém, mesmo o assassinato do rei seria em vão: a monarquia francesa, hereditária desde Philippe Auguste, não seria atingida pelo assassinato de um de seus representantes: "O rei está morto: viva o rei", grita-se na França quando um soberano morre desde o século XV.

Na verdade, não existe *um homem a ser destruído* para vingar a pátria; existem três, e o mais impossível de matar é o morto.

Por que Carlo não sucumbira na Batalha de Ponte Novu – deixando a mulher grávida de Napoleão e livre dos golpes à sua honra? Morto por morto, melhor que tivesse morrido como herói, em vez de ter vivido para transmitir à família essa mácula indelével. Contudo, o jovem não consegue sustentar na consciência esse desejo da morte do pai. Melhor desejar a própria morte.

A melancolia é tão grande que lança um véu sobre qualquer "prazer" ("não sinto nenhum prazer"): "A única maneira de viver que poderia me fazer suportar a vida" é sonhada como pertencendo à vida ideal e passada do corso virtuoso dos tempos antigos. "A noite passava nos carinhosos braços de uma esposa querida. A razão e o seu entusiasmo apagavam todas as dores do dia. A ternura e a natureza tornavam suas noites comparáveis às dos deuses. Mas, com a liberdade, esses dias felizes se dissiparam como sonhos!".[128] Nessas linhas, surge pela primeira vez o desejo de realização sexual, mas sob o signo do interdito: Napoleão não se sente digno dessas noites divinas de ternura, cujo gozo relega a longínquos ancestrais.

Sua vida é profundamente marcada por uma *imensa luta do presente contra o passado* que une o íntimo ao político.

Por enquanto, ao morto sucede o vivo. Escrever uma nova história da Córsega é uma maneira de tenta desbloquear o impasse do presente, fazendo o passado desembocar no apelo a uma nova guerra pela liberdade. Todavia, Napoleão não consegue continuar seu relato para além dos anos 1730. E nunca conseguirá. Sua história da Córsega ficará inacabada. A conquista francesa e a adesão do pai constituem um obstáculo intransponível. Entre a Batalha de Ponte Novu, contemporânea de seu nascimento, e os rumores de revolta que renascem depois de catorze anos de silêncio*, há um hiato impossível de ser preenchido.

Napoleão não consegue fazer o fio patriótico passar por Carlo. A eleição do poder político à categoria de primeiro e último princípio que ele deseja com Rousseau ainda não pode libertá-lo de sua culpa edipiana: como diferenciá-lo de uma vontade individual de poder e de um turvo desejo de matar o pai (e o pretenso amante de sua mãe) pretextando tiranicídio?

Somente a Revolução conseguirá emancipá-lo desse escrúpulo psicológico depois do fracasso de sua investidura por Paoli, seu pai substituto. Mas ele atribuirá a responsabilidade às "circunstâncias": "Posso afirmar", ele diz em Santa Helena, "apesar de minhas opiniões naturais, que não houve circunstâncias que pudessem me levar a emigrar [...]. Durante uma Revolução, só podemos afirmar o que fizemos: não seria sensato afirmar que não poderíamos ter feito outra coisa".[129]

À religião cívica, que ele cedo quis que guiasse seus passos na falta do pai e do Deus cristão, ele acrescentará um artigo que os jesuítas, seus primeiros mestres, não teriam desaprovado: o acaso. "É porque conheço todo o papel que o acaso tem sobre nossas determinações políticas", ele confessará a Las Cases em Santa Helena, "que nunca tive preconceitos e fui muito indulgente a respeito do partido que seguimos em

---

* Em 1774, uma revolta dos seguidores de Paoli havia sido ferozmente reprimida por Marbeuf: Napoleão tinha cinco anos; Paoli passara dos cinquenta.

nossas convulsões: ser bom francês, ou querer tornar-se um, era tudo de que eu precisava".*

De fato, a Revolução realizará o tiranicídio que ele havia desejado. Contudo, em vez de identificar-se completamente com o momento revolucionário e com suas "opiniões naturais" de jovem revoltado, Napoleão preferirá criar uma lei... das *circunstâncias*. Nessa *imensa luta do presente contra o passado*, como ele chama a Revolução, e em meio às lutas políticas partidárias que ela inaugurou, ele procurará colocar-se acima dos partidos – como juiz de paz, como *paceru*, segundo dizem os corsos, à imagem do tio Lucciano (outra figura paterna). Em Santa Helena, o imperador destituído dirá:

> Pois nessa *imensa luta do presente contra o passado*** sou o árbitro e o mediador natural; eu havia aspirado a ser seu juiz supremo.[130]

Mário, Sila ou César: vimos que sua doutrina republicana não deixará de atribuir-se margens de manobra teóricas que ele de fato se recordará... ao sabor das circunstâncias. Até mesmo seu patriotismo apresentará uma configuração variável: a Nação, filha abstrata e universal da Revolução, transcenderá o nome e os limites locais da pátria córsica e depois da francesa.

Idealmente governada pela razão de Estado, mediação suprema, o futuro imperador cedo sonhou, como todos os leitores de Rousseau, como Robespierre, ser seu legislador e profeta.

Enquanto a Revolução não faz chegar até ele esse futuro independente que por enquanto só conjuga no passado, ele se debate em uma dupla armadilha: psicológica, pelo conflito íntimo com o pai morto, e social, pela situação equívoca e sem saída na qual Carlo o havia colocado.

---

* *Memorial*, p. 177. Ver também o papel do acaso que "conduz" os homens "no labirinto das revoluções" (*Memorial*, p. 491 e p. 619): "Ele com frequência se detinha e pensava muitas vezes sobre o concurso singular das circunstâncias secundárias [que a seguir enumera] que haviam conduzido sua prodigiosa carreira".

** O grifo é do autor.

No celeiro, está fresco e escuro. O cheiro forte do feno sobe-lhe ao nariz e vários espirros o sacodem. Ele deita na palha e tenta pensar em outra coisa, lembrando-se dos bons momentos em Valence. E entra em estado de sonolência.

Napoleão não foi sempre triste: percorrendo os campos para os lados de Chabeuil com seu amigo Des Mazis, correndo com o cavalo a galope e atravessando vilarejos com rédea solta, ele se sentia livre como nunca tinha sido.[131] À noite, a alegria sempre dependia do contato com a companhia. Às vezes, ele chegava a se inspirar: conseguia vencer a timidez de solitário orgulhoso, seja para defender suas ideias políticas e patrióticas, seja quando sentia que lhe queriam bem, principalmente quando jovens inteligentes e bonitas prestavam atenção a suas longas exposições um tanto sentenciosas.

Isso acontecera algumas vezes na casa da sra. Grégoire du Colombier, mulher encantadora e "do mais raro mérito": "ela governava a cidade e imediatamente se encantara com o jovem oficial de artilharia"[132], que recebia como filho. "Ela o introduziu na vida íntima de um abade de Saint-Rufe [...] que com frequência reunia o que havia de mais distinto no país"[133] e o levava para sua propriedade no campo, onde ele tinha toda a liberdade para conduzir longas conversas com sua filha Caroline:

> Impossível ser mais inocente que nós [...] marcávamos pequenos encontros; ainda me lembro de um, em pleno verão, ao raiar do dia; é difícil acreditar, mas toda a nossa felicidade se reduzia a comer cerejas juntos.*[134]

Isso é o que ele precisaria para ter coragem de concluir as *Lettres sur la Corse*: imaginar estar na companhia de uma dessas donzelas ideais, a exemplo de Júlia**, e dirigir-lhe primeiro uma longa apologia do amor pela pátria, o único amor digno de suplantar o amor pela glória, único amor qualificado

---

* Essas cerejas lembram o episódio bastante conhecido do início do livro IV das *Confissões* (póstumas, 1782/1789) de Rousseau.

** A heroína de *A nova Heloísa* (1761), de Rousseau.

para prevalecer sobre o amor paterno e sobre o amor filial (a exemplo de Brutus*) – um amor, enfim, que tem a vocação de superar e dominar o amor pelas mulheres. "Recém cheguei à idade da aurora das paixões; meu coração ainda é agitado pela revolução que o primeiro conhecimento dos homens produz em nossas ideias e mesmo assim *você exige, senhorita, que eu* discuta uma questão [o "paralelo entre o amor pela pátria e o amor pela glória"] que exigiria um conhecimento profundo do coração humano. Mas obedecer-lhe não é o único título que pode manter-me digno membro dessa sociedade íntima?".[135]

A implicação retórica desse fragmento escrito na primavera de 1788 é confrontar o desejo das mulheres com o sentimento patriótico. Denunciar diante de uma jovem amável os efeitos corruptores do amor: "Um povo entregue à galanteria perdeu o grau de energia necessário para conceber que um patriota possa existir". Prosseguir por meio de uma clássica oposição entre os antigos e os modernos: "Aqui reinou o amor, e lá o amor pela pátria". Convencer a "senhorita" (e convencer a si mesmo) de que ela não tem nenhuma razão para se vangloriar de pertencer a um "sexo cujo mérito consiste em um exterior brilhante". E, finalmente, propor-lhe o exemplo das "mulheres esparciatas"[136], Mães gloriosas – não tão longe da Virgem cristã, além de guerreiras –, capazes de imolar com alegria o esposo e o filho por amor à pátria.

No início de seu texto, Napoleão coloca-se a mesma pergunta que nós: "Quais são as paixões primitivas que constituem o patriotismo?".[137] Uma primeira resposta é esboçada insistindo na virtude dos lacedemônios: a figura imaginária (superegoica, diriam os freudianos) de uma Mãe intratável faz com que o republicano que o jovem quer ser, dedicado à pátria

---

* Trata-se aqui de Brutus, o antigo, fundador mítico da República romana, que não hesitou em mandar matar seus filhos conspiradores e monarquistas, pronunciar a sentença que os condenou e assistir à execução: a ação desse primeiro Brutus é o outro lado da do assassino de César, que afirmava ser descendente do primeiro. Encontramos três vezes, nas sete páginas do texto de Napoleão, o tema do "sacrifício" do "amor paterno" (ou filial) "ao patriotismo".

e ao Estado (à *Mátria*?), reprima em si, seguindo seu exemplo, todo o desejo de amar e de ser amado. Ele precisa chegar "pela força de [seus] órgãos" a "dominar todas as [suas] paixões" e exclamar como o lacedemônio Pedarete*: "Ah! Pudesse eu ser o último em amor que consentiria de bom grado, a esse preço, em ser apenas cidadão".[138] Não há dúvida de que desde essa época ele ambiciona possuir a *virtù* maior do governo de si e dos outros, tal como os antigos fixaram sua teoria e seu uso: dominar suas paixões eróticas.**

Napoleão sabe que não teve forças para resistir a esse bastante político "Não me toque"***, oposto na imaginação à senhorita das cerejas. Havia pouco que ele conhecia o prazer de sucumbir aos argumentos do adversário feminino, sendo que o prazer aumentava ao descobri-los mais imperiosos e irresistíveis do que sua linha de defesa pretensamente inviolável: "Você exige, senhorita, que eu...".

O fato se dá por volta do dia 22 novembro de 1787, em Paris, e ele imediatamente registra por escrito essa derrota (que ninguém pode garantir tenha sido a primeira ou a única). Na mesma noite, sob a luz de velas de seu pequeno quarto do Hôtel de Cherbourg, na Rue du Four-Saint-Honoré****, ele redobrara seu prazer relatando para si mesmo sua noite em tom galante, senão libertino:

> Saí do boulevard des Italiens e passei a passos largos pelas alamedas do Palais-Royal. Minha alma, agitada pelos sentimentos vigorosos que a caracterizam, me fazia suportar o frio com indiferença; mas quando a imaginação arrefeceu, senti os rigores do tempo e fui para as galerias. Eu estava no limiar das portas de ferro quando meus olhares pararam numa pessoa do outro sexo. A hora, a cintura, sua grande juventude não

---

* Os dois exemplos, de Pedarete e da mulher lacedemônia que prefere a vitória à vida de seus filhos, estão na mesma página de *Emílio ou da educação* (1762), de Rousseau (livro I, p. 14), que inspira Napoleão.

** Essa tradição remonta à *República* de Platão, lida por Napoleão.

*** "*Noli me tangere*" (não me toque) foram as palavras ditas por Jesus ressuscitado no domingo de Páscoa a Maria Madalena.

**** Hoje Rue Vauvilliers em Paris.

> me fizeram duvidar de que era uma puta. Encarei-a: ela parou não com o altaneiro das outras, mas com um ar que convinha perfeitamente ao porte de sua pessoa. Isso me impressionou. Sua timidez me encorajou e fui falar com ela...

No diálogo que se segue, Napoleão interpreta para si mesmo e para a sua companheira o papel do homem honesto que fica indignado com o fato de que tão frágil criatura seja assim obrigada a sofrer os rigores do inverno em hora tão tardia. Ele a faz passar por um interrogatório: essa maneira de obrigar o interlocutor a sintetizar-se total e prontamente sob o fogo cerrado de suas perguntas se tornará um dos procedimentos de sua arte de governar. A seus próprios olhos, ele se coloca no terreno sublime e viril da razão discursiva, por seu tom protetor e paterno, enquanto o impudico e banal autorretrato de sua Justine seduzida e abandonada sucessivamente por três oficiais ecoa nos ouvidos do leitor como uma falsa confidência maliciosa que anuncia Rétif de la Bretonne* ou o Marquês de Sade.** Nosso aprendiz de marquês não se deixa enganar por sua própria casuística e a interpreta, usufrui dela; a autoironia, o humor e a ambiguidade estão presentes a todo momento, especialmente em passagens como esta: "Ou é, pensei, uma pessoa que me será útil para a observação que quero fazer, ou não passa de uma estúpida".

A última frase desmonta o mecanismo retórico dessa falsa defesa interessada em fazer uma "observação" que é tudo menos intelectual (a não ser que também o seja): "Eu a havia irritado para que ela não fugisse, quando fosse pressionada pela argumentação que eu estava preparando, fingindo uma honestidade que eu queria provar-lhe que não tinha...".[139]

A técnica autoerótica é a mesma do texto anterior: "Você exige, senhorita, que eu...", com uma conclusão porém menos sublimada do que a exigida pela virtude cômoda da Júlia das cerejas.

---

* Rétif de la Bretonne (1734-1806): autor de romances libertinos como *L'Anti-Justine ou les Délices de l'amour*.

** Marquês de Sade (1740-1814).

Mesmo assim, tudo continua pudico e astucioso, apesar de abandonar definitivamente as margens sentimentais de *A nova Heloísa* para chegar à companhia mais viril do artilheiro Choderlos de Laclos*, o futuro general dos exércitos de Bonaparte: notamos que o "paralelo entre o amor à pátria" dirigia-se a uma Júlia, enquanto esse texto libertino, que não tem nem a profundidade moral nem a sutileza erótica de *As ligações perigosas*, só pode ter como destinatários os companheiros das longas noites na guarnição em Valence ou alhures.

O destino amoroso posterior do jovem confirmará que ali se desenhou uma nítida separação entre os sentimentos e o sexo (dizia-se *sensação* no final do século XVIII e início do XIX). A hipocrisia jesuítica e libertina de seu texto galante resulta de um forte intelectualismo defensivo e puritano**, que classicamente só tolera dois tipos de mulheres: a virgem mãe guerreira e a pequena puta positiva que não perde de vista seus negócios ("Vamos para sua casa" é a conclusão abrupta de seu pseudorrelato de inocência ultrajada).

A razão discursiva, lúcida e irônica, assume os apetites sensuais e diverte-se com a venalidade das Justine ou das Juliette***, enquanto a vontade de poder goza de sua empresa sádica sobre as virtuosas Júlia intelectuais e sensíveis. Napoleão relega as segundas ao papel de virgens guerreiras, estimulando castamente seu ideal político e sua ambição pública – por enquanto limitada aos salões –, enquanto as primeiras triunfam nos bastidores pela sensualidade. Mas a venalidade da transação exclui o apego e o sentimento: intercambiável,

---

* Pierre Ambroise François Choderlos de Laclos, oficial de artilharia (1741-1803), inventor da granada e autor do romance libertino *As ligações perigosas* (1782). Organiza em 1777 a escola de artilharia de Valence, onde Napoleão vive entre 1785 e 1786. General de brigada (artilharia) sob o Consulado.

** O narrador do texto acredita-se "maculado" pelo olhar "altivo" das putas: OLEM 1, p. 62.

*** Heroína de *L'Histoire de Juliette, ou les Prospérités du vice* (1801), do Marquês de Sade, seguida por *Justine ou les Malheurs de la vertu*. Essas duas obras valeram ao autor a prisão por ordem de Napoleão I e o encarceramento no asilo de Charenton durante os treze últimos anos de sua vida.

Justine é escolhida por sua tripla fraqueza: social (é uma prostituta das ruas), moral (é "de grande juventude" e "tímida") e física (sua "tez pálida" e seu "físico fraco").

O jovem teria lido *A nova Heloísa* (ele falará tudo de ruim que pensa a respeito do romance de Rousseau no *Memorial**) *e As ligações perigosas*? Em todo caso, ele se acha pronto para desenvolver diante de seus interlocutores masculinos seu credo racionalista, senão libertino, segundo o qual o sentimento é uma tradição** e que ele, Napoleão, nunca acreditou no amor, apenas na "sensação".***

Em outras palavras, depois que a estação das cerejas foi tirada de moda pelo descaramento parisiense, chega o momento de passar para as coisas sérias. Cinco dias depois do encontro do Palais-Royal, Napoleão retoma sua pluma às onze da noite sob a luz de velas de seu pequeno quarto do Four-Saint-Honoré e escreve as linhas inacabadas de sua "Introduction à une histoire de la Corse".**** Podemos ler de maneira implícita a lição moral que ele tira de sua aventura "venal": "Conheço minha fraqueza [...] (como um conhecimento sincero demais do coração humano destruído...), mas talvez para o tipo de escritos que componho seja a melhor situação de alma e de espírito. Tenho o entusiasmo que um estudo mais profundo dos homens muitas vezes destrói em nossos corações. A venalidade da idade viril não maculará minha pluma. Respiro somente a verdade; sinto a força para dizê-lo e, ao ler o ligeiro esboço de nossos infortúnios [a história da Córsega], vejo vossas lágrimas correrem".[140]

---

* Ele mais tarde afirmará ter lido *A nova Heloísa* aos nove anos: "*A nova Heloísa*! Li o livro aos nove anos. Ele me deixou transtornado" (Roederer, III, p. 460, citado por Tulard-Garros, *Napoléon au jour le jour*, Paris: Tallandier, p. 234, doravante referido como Tulard-Garros, seguido do número da página).

** "A maior parte dos sentimentos são tradições; nós os sentimos porque eles nos precederam" (*Memorial*, p. 272).

*** "[Napoleão] destacou parecer muito mais familiarizado com as sensações do que com os sentimentos" (*Memorial*, p. 243). (Ver também *Memorial*, p. 282, 508 etc.). Sobre a repressão do sentimento e do romanesco, ver *Memorial*, p. 282, 843, 844.

**** Esse texto (OLEM 1, p. 65) traz a indicação: "27 de novembro. Paris, 11 horas da noite".

Encerrado o tom galante e cômico, Rousseau inspira essa prosa um pouco abalada pela culpa, e a donzela das cerejas volta a ser a interlocutora ideal – banhada em lágrimas evidentemente. Da casuística ao cinismo, do cinismo à *repulsa*, o retorno do pêndulo erótico rumo à sublimação política e sentimental colore os devaneios de Napoleão sobre as mulheres com um tom nitidamente neurótico e sadomasoquista.

Como na história sobre a qual ele se demora bastante nas *Lettres sur la Corse*, contada à maneira de um *exemplum* antigo: Sampiero Corso*, uma das figuras lendárias da luta dos corsos contra os genoveses, originário de Bastelica, um dos bastiões dos Buonaparte, tinha uma mulher que ele amava, Vannina d'Ornano. Obrigada a exilar-se com os filhos, sozinha em Marselha, ela traiu o marido em troca da restituição pelos genoveses de seus bens na Córsega. Porém, os amigos de Sampiero interceptaram o navio em que ela havia embarcado e a levam a Aix. Sampiero "chega enfim à presença da mulher. Um silêncio feroz resiste obstinadamente a suas desculpas e às carícias dos filhos. O sentimento agudo de honra petrificou para sempre sua alma. [...] *Madame* [diz ele] com dureza, *entre o crime e o opróbrio, no meio só existe a morte...*". Vannina defende sua causa em vão: "A compaixão e o carinho que ele deveria ter despertado encontraram uma alma para sempre fechada à vida do sentimento... Vannina morreu... Vannina morreu das mãos de Sampiero...".[141]

A inflexível virtude romana do chefe político é tal que ele não hesita em estrangular as mulheres com suas próprias mãos: essas criaturas têm um "poder perigoso"[142], que o homem dedicado à pátria deve prevenir por todos os meios em seu poder, se não pelo assassinato, ao menos pela negação: "Quem não sabe que a única vitória contra o amor é a fuga?"[143], dirá o exilado de Santa Helena.

---

* Sampieru Corsu (1498-1567): *condottiere* a serviço dos Médici, do papa Clemente VII e, depois, de Francisco I (aliado dos corsos contra a dominação genovesa); ele teria estrangulado a mulher com as próprias mãos: Napoleone não ousa especificar esse detalhe, deixando seu texto inacabado.

O amor deve "ser a *ocupação* do homem ocioso, a *distração* do guerreiro, o *obstáculo* do soberano"[144], concluirá o imperador em um famoso aforismo.

"*Napoleone! Napoleone! Mamma è arrivata! Napoleone, Mamma, Minana e Giuseppe son'arrivati! Napoleone! Napoleoooone, dove sei?*": a voz aguda de seu irmãozinho Luigi ecoa em seu sonho. Uma silhueta escura surge no raio de sol projetado pela entrada do celeiro. Sua panturrilha esquerda vibra de novo; ele se ergue com o "rosto de furacão, a cabeça inclinada e os ouvidos em pé".[145] E depois relaxa: é apenas *Mammucia*, *Mammucia* Camilla, com seu cesto na cabeça, Geronimo sempre em suas saias. Ele se tapa de feno para assustar o irmãozinho, mas a rápida ama o pega pelas orelhas: "Você não tem vergonha, Napoleone? *Signora* Letizia está procurando você há uma hora!". Ele retoma o ar feroz. Camilla senta a seu lado, abraça-o apesar de seu movimento de recuo e tira do cesto uma garrafa de leite e figos: "Dei-lhe o leite do meu coração, agora só tenho o de minha cabra!".[146] Ele se deixa levar, finalmente descontraído. Ela espera que ele acabe de beber e comer, cuidando-o com o olhar como se ele corresse o risco de se afogar, depois desdobra com cuidado o uniforme que ela desamassa com tapinhas com a palma da mão. Por fim, entrega como que a contragosto a roupa azul, vermelha e dourada: "Vamos, meu filho, vista-se e honre sua mãe! *Signora* Letizia o espera".

Napoleão não tem uma relação particularmente carinhosa com a mãe. Ele se perguntará em Santa Helena se sua morte o faria chorar: "Serei um desnaturado? Dentro de mim, certamente amo minha mãe, e com todo o meu coração; não há nada que eu não faria por ela e, mesmo assim, se soubesse de sua morte, não creio que expressaria minha dor com lágrimas".*
Mais tarde, Letizia Bonaparte contaria que ele havia sido "o

---

* Napoleão continua: "E eu não afirmaria que o mesmo aconteceria pela morte de um amigo, de minha mulher ou de meu filho. Essa diferença será natural? Qual pode ser o motivo? [...] será simplesmente a inclinação natural ao egoísmo? Pertenço a um, e os outros me pertencem" (*Memorial*, p. 1278).

mais endiabrado de seus filhos, apesar de os outros serem do tipo que era preciso desmobiliar completamente um grande quarto".[147] Ela chamava Napoleone de "*Ribulione*: o que significa mais ou menos em ajacciano 'o perturbador'"[148], não hesitando em puni-lo com as próprias mãos, como na vez em que ele havia roubado os figos do pomar e então se empanturrado com eles.[149] Além dessa, houvera uma memorável palmada que ele contará na ilha de Elba ao filho bastardo que a condessa Maria Walewska* lhe dará: em setembro de 1786, recém-chegado à Córsega, o pequeno oficial de apenas dezesseis anos divertia-se pregando peças a *Minana* Saveria com sua irmãzinha Maria Paoletta (Pauline, seis anos), que ele acabara de conhecer (ela ainda não havia nascido quando ele partira para o internato no continente):

> Minha avó era muito idosa e encurvada; ela passava a impressão a mim e a Pauline de ser uma velha fada. Ela caminhava com uma bengala e seu carinho por nós sempre a levava a nos trazer bombons, o que não nos impedia de segui-la imitando seus gestos. Por azar, ela percebeu e queixou-se à Madame, dizendo-lhe que ela nos criava sem respeito pelos avós. Madame, apesar de nos amar bastante, não estava gostando e vi em seus olhos que estava em apuros. Pauline não tardou a receber a sua, porque era mais fácil levantar os saiotes do que desabotoar um culote. À noite, ela tentou comigo, mas em vão, e pensei estar livre. Na manhã do dia seguinte, ela me afastou quando fui beijá-la. Por fim, eu não pensava mais naquilo quando, ao longo do dia, Madame me disse: "Napoleão, você foi convidado a jantar na casa do governador, vá se vestir". Subi, bastante satisfeito de ir jantar com os oficiais, mas Madame era um gato espreitando um rato. Ela entrou de repente, fechou a porta atrás de si; eu vi que tinha caído numa armadilha, mas era tarde demais para fazer alguma coisa e precisei me submeter à palmada.[150]

---

* Anedota que Masson ouviu de Alexandre Walewski (Masson, p. 39). Contudo, sua datação é problemática, pois talvez ele tenha se enganado de irmã e não se trate de Pauline: o episódio da palmada poderia então ter ocorrido na infância, antes de sua partida para Brienne, o que seria mais verossímil.

Podemos pensar que Letizia tinha por Napoleão o fraco que uma mãe pode ter pelo filho que carrega o nome de seu primogênito morto – a menos que, pelo contrário, ela o tenha culpado internamente por ter sobrevivido a esse primeiro filho. A lembrança que o imperador destituído conservará dela estará cheia de "veneração"[151], mais do que de afeto. Ele descreve com uma ênfase convencional a beleza da jovem, "uma das mais belas mulheres de seu tempo"[152]: o retrato que restou da jovem confirma que ela não era feia, com "grandes olhos negros, ligeiramente fundos, um pouco enigmáticos". Seu porte altivo compensava sua baixa estatura, e a presença nos salões franceses, onde havia incontestavelmente brilhado em seus vinte anos, havia dado a ela algo de imperioso e determinado. A maior parte de seus retratos tardios passa a ideia de uma matrona vivaz, inteligente e forte: pouco letrada, devota, ela era capaz de cumprir todas as tarefas domésticas, que realizava com uma velha criada, às vezes duas. Corajosa fisicamente, carregando um cesto na cabeça, caminhando pelas montanhas ou montando a cavalo, ela combinava mais com as aventuras córsicas do que com o extraordinário destino continental que terá a partir de 1793. Talvez um pouco espantada com a vida solene a que lhe obrigarão os costumes imperiais, em todo caso sempre reticente, a mulher mais idosa de rosto alongado e severo, reservada, tem algo de vago nos olhos bem abertos, mistura ambígua de angústia e distração, que encontramos nos olhos azul-acinzentados de Napoleão. Depois de 1815, ela dirá que só tivera desgraças na vida e sobreviverá quinze anos ao filho pródigo que parece ter-lhe dado mais preocupações do que alegrias, apesar de sua gigantesca epopeia e certamente por causa dela. Ao ficar sabendo de seus primeiros sucessos, ela dirá uma frase famosa, talvez apócrifa, mas que diz muito a respeito do ceticismo que lhe é atribuído: "Contanto que dure!".

Por enquanto, Letizia tem apenas 38 anos e conserva todo o seu vigor de jovem aguerrida, apesar da paralisia de sua mão esquerda, sequela neurológica de um aborto espontâneo.[153] Aos olhos do filho, porém, ela já é "Madame Mère", título que, quando se tornar imperador, ele lhe dará na Corte. Jovem, ele a sonha como uma amazona, como Clorinda*: "Madame, quando da guerra de liberdade na Córsega, partilhou dos perigos do marido, que se revelou muito ardoroso. Ela às vezes o seguia a cavalo em expedições, sobretudo durante a gravidez de Napoleão. Tinha um grande caráter, força de espírito, muita elevação e orgulho".[154] Depois da morte do pai, ele vê nela uma nova Andrômaca (heroína de sua peça favorita de Racine), viúva inconsolável de Carlo.

É ela que lhe inspira seu imenso respeito fascinado (e talvez levemente horrorizado) pela faculdade de dar à luz, uma das chaves de sua relação com as mulheres: "Ela teve treze filhos [dos quais oito sobreviveram] e facilmente poderia ter tido muitos outros, tendo enviuvado por volta dos trinta anos, e tendo prolongado a faculdade de tê-los para além dos cinquenta"[155], ele curiosamente especifica em Santa Helena. Para Germaine de Staël, que em 1800 perguntará ao primeiro-cônsul "qual era a seus olhos a primeira mulher do mundo, morta ou viva", ele responderia sem hesitação: "A que teve mais filhos".[156] Depois da paixão por constituições, é o interesse pelas questões demográficas que domina suas preocupações políticas: o principal fator de sucesso de um governo é o aumento da população, dizem suas anotações de leitura.**

Há dois relatos de nascimento no *Memorial**** (lembremos que foram ditados pelo ilustre cativo): o do rei de Roma, seu herdeiro legítimo, e o dele, "em 15 de agosto de 1769, dia da Assunção, por volta do meio-dia": "Sua mãe, mulher forte moral e fisicamente, que havia lutado a guerra grávida dele, quis ir à missa devido à solenidade daquele dia"[157]; cantava-se, naquele dia, festa da Virgem, padroeira dos corsos, o *Dio vi salvi*

---

* Guerreira de *Jerusalém libertada* (*La Gerusalemme liberata*, Tasso), morta por engano pelo amante.

** Ver OLEM 2, p. 64; Jean Tulard observa "o interesse de Bonaparte pelas questões de criação e pelos problemas demográficos" em suas "Notes tirées de Bernardin de Saint-Pierre et de Buffon" (OLEM 1, p. 319).

*** O outro, bastante pormenorizado, é o do parto de Maria Luísa (*Memorial*, p. 474).

Regina.[158] Letizia fora obrigada a sair da missa e a "voltar apressadamente, [mas] não conseguiu chegar ao quarto de dormir e teve o filho em um dos velhos tapetes antigos com grandes imagens de heróis das fábulas ou talvez da *Ilíada*: era Napoleão".[159]

O tapete é uma invenção de Las Cases, que não podia deixar seu herói cair nos ladrilhos do chão. Contudo, mesmo não nascendo na epopeia troiana (que Las Cases sabe ser a leitura preferida do imperador), Napoleão indiscutivelmente nasceu na guerra. Sua mãe e seu pai tinham conseguido voltar para a casa de Ajaccio havia algum tempo, mas o retorno épico atravessando as montanhas depois da derrota de Ponte Novu não é apenas uma fábula do biógrafo.

Dois textos de Napoleão, muito próximos, mostram que ele associa totalmente seu nascimento com a guerra – e, para ser mais exato, com a derrota. O primeiro dos dois textos, escrito bem no início da Revolução, introduz suas *Lettres sur la Corse* inacabadas: "Mas sem dúvida o relato de nossos gemidos, trinta mil franceses, vomitados em nossas costas, derrubando o trono da liberdade, afogando-o em ondas de sangue, oferece o quadro de um povo que, em seu desalento, é acorrentado. Triste momento para o moralista, semelhante ao que mandou dizer a Brutus: 'Virtude, não passarias de uma quimera?'".[160] O outro texto, citado parcialmente no início do capítulo, é visivelmente uma reescrita do primeiro: "Nasci quando a pátria perecia. Trinta mil franceses vomitados em nossas costas, afogando o trono da liberdade em ondas de sangue; este foi o espetáculo odioso que primeiro marcou meu olhar. Os gritos do moribundo, os gemidos do oprimido, as lágrimas de desespero cercaram meu berço desde o nascimento".*

Napoleão visivelmente ruminou essa cena rica em imagens fortes muito antes de escrevê-la: reencontramos a ideia da "*pátria e das leis violadas*"[161] pela vitória francesa,

---

* Carta a Filippo Antonio Pasquale de Paoli, 12 de junho de 1789, *Corr.* I, p. 76. A autenticidade dessa carta é "problemática" (*op. cit.*, p. 77, nota 7); no entanto, visivelmente se trata de uma reformulação das *Lettres sur la Corse*.

já formulada em outro texto, e a menção recorrente aos "franceses vomitados em nossas costas".

O vômito havia sido o primeiro e o principal sintoma do câncer paterno. A associação do vômito com a conquista francesa confirma a ambivalência edipiana vista antes – aliás, o Brutus parricida surge logo na sequência. A não ser que os franceses tenham sido vomitados pelo pai, instigador da violação sanguinária da pátria. Cúmplice notório dos franceses, capaz, ao menos no nível do rumor e da fantasia, de entregar a mulher a seu governador militar, esse pai indigno pode ter sido inconscientemente acusado pelo filho de ter oferecido indevidamente o "trono" de Madame Mère, vítima de múltiplas gestações necessariamente sangrentas (o que não deve ter escapado àquele garoto perspicaz, por maiores que tenham sido as precauções tomadas).

Vimos que a pátria, no espírito de Napoleão, está associada às matronas/virgens guerreiras que ele eleva ao pináculo da moralidade republicana e com as quais ele identifica sua própria mãe: "Nasci quando a *mátria* perecia", ficamos tentados a ler. A fantasia da cena primitiva sanguinária e assassina que lemos aqui corrobora os indícios antes salientados de um contragolpe neurótico da sublimação política: a mãe, rainha da liberdade republicana, é fantasiada como uma virgem violada, colocando acima de todos os laços carnais (os maridos, os filhos) – e do amor físico – a sobrevivência da pátria com a qual é identificada. Ela é a encarnação da lei republicana *violada* pela invasão estrangeira – que Napoleão detesta acima de tudo: uma das constantes de sua retórica política será apresentar o comprometimento com o estrangeiro como um crime absoluto.

Além disso, o jovem se quer o *moralista* dessa cena fantasiosa, íntima e política: uma espécie de "juiz supremo"*, posição de destaque que será, para ele, a definição mais elevada do poder ao qual ele aspirou. Essa dissociação de si mesmo,

---

* "Pois nesta *imensa luta do presente contra o passado* [a Revolução] sou o árbitro e o mediador natural; eu havia aspirado a ser seu juiz supremo" (*Memorial*, p. 530).

ao mesmo tempo nascido da cena primitiva e *voyeur* imparcial, juiz e parte envolvida, resulta porém em certa tristeza e em um duradouro "desencorajamento": o *"Triste* momento" em que o moralista nasce para si mesmo, oferecendo-se o "espetáculo" daquilo que não deve ser visto (coito, assassinato, parto), inaugura um esforço de abstração e de desencarnação (de sublimação) que resulta em uma tendência ao isolamento melancólico (que pode chegar à tentação suicida).*

Essa disposição psicológica é, em Napoleão, o reverso de sua vontade de poder e do esforço de controle de si que ele imagina. Ninguém reina impunemente acima dos partidos e ninguém se abstrai sem sequelas das paixões e dos afetos correntes.

A vontade de domar a si mesmo não pode fazer com que o corpo não seja duradouramente afetado em sua memória sensorial (visão, audição): "espetáculo odioso", "gemidos", "gritos" etc. A própria imagem do vômito parece nascer de uma náusea persistente, de uma "repulsa"** que outros textos já citados também atestam.

La Case repara, em Santa Helena, que Napoleão "vomita com facilidade: uma simples tosse de irritação é suficiente para que devolva o jantar"[162]; podemos cogitar que ele está começando a ser atingido pelo câncer do estômago que o matará. Contudo, mais duas anedotas, também tiradas do *Memorial*, confirmam que essa facilidade para vomitar datava da infância.

O primeiro relato a apresenta como uma reação física à agressão moral; a cena ocorre em Brienne, época em que o menino havia se tornado "tranquilo" e "aplicado": "Um dia,

---

* Ela retornará com força no momento da queda: tentativa de suicídio na noite de 12 para 13 de abril de 1814, tentação suicida evocada em 2 de agosto de 1815 (*Memorial*, p. 81) e, mais uma vez, no dia 30 de abril de 1816 (*Memorial*, p. 562); ver também os outros textos em que Napoleão evoca o suicídio: nota de Jean Tulard, OLEM 1, p. 47, *Journal de Gourgaud*, t. II, p. 100, Bertrand, *Cahiers de Sainte-Hélène*, abril de 1818, p. 127, texto ditado pelo imperador a Marchand, t. XXXI da *Correspondance*.

** "Portanto, não posso seguir a única maneira de viver [na república ideal de seus ancestrais] que poderia me fazer suportar a vida, donde resulta uma *repulsa* por tudo", última frase de "Sur le suicide" (OLEM 1, p. 46).

o professor do quartel, de natureza brutal, sem consultar, dizia Napoleão, as nuanças físicas e morais do menino, condenou-o a usar a roupa de burel e a jantar de joelhos na porta do refeitório: é uma espécie de desonra. Napoleão tinha muito amor-próprio, um grande orgulho interior; no momento do cumprimento da pena, teve um vômito súbito e um violento ataque de nervos".[163]

Outra história, agora da época do Império, mostra que essa disposição psicofisiológica era uma constante: "Corvisart*, desejoso de falar-me com a coisa na mão, cometeu a abominação, a perfídia, de trazer para Saint-Cloud, envolto em seu lenço, um estômago; e aquela horrível visão me fez devolver na hora tudo o que tinha dentro do meu".[164]

Napoleão declara no entanto: "'Em minha vida nunca senti a cabeça, *nem meu estômago*'. O imperador repetia isso bastante; também pronunciou entre nós essas mesmas palavras talvez dez, vinte, trinta vezes, em momentos diferentes"[165], explica Las Cases, admirado com essa repetida denegação.

É possível lembrar aqui do famoso gesto da mão no estômago, que se tornou um lendário símbolo icônico do imperador.** Ele sentia dores de estômago? Ou protegia um ponto particularmente vulnerável de sua pessoa, o calcanhar de Aquiles, de certa forma, do guerreiro e do chefe político: sua "repulsa" pelo amor, identificado com a "venalidade"*** e com o crime. Se ele ainda não sentia dores no estômago, um certo "conhecimento sincero demais do coração humano destruído"[166] (o seu?) havia ficado em seu estômago.

Camilla ajuda-o a vestir o uniforme. Ele pensa que aquela mulher o ama, que ela o ama mais do que a seu filho,

---

* Médico pessoal do imperador.

** Que também vemos vários outros militares fazendo em quadros e gravuras da época.

*** "A *venalidade* da idade viril não maculará minha pluma" ("Sur le suicide", OLEM 1, p. 65).

o sombrio Ignatio*, seu irmão de leite, que ela o ama mais carinhosamente do que sua própria mãe, e fica comovido. E ele, será que ama aquela camponesa que fará assistir a seu coroamento para se vingar da ausência da mãe? É para ela que ele dará a Sposata e a outra vinha, a Cassetta, bem como uma casa que havia pertencido à família materna – contra a vontade da *signora* Letizia, que apoiará as intrigas dos herdeiros Ramolino para privar a ama de leite de seus bens. Contudo, Napoleão será firme e Letizia precisará ceder. Ele ainda confirmará em seu testamento o interesse que tinha pela ama: "Se por um capricho do destino não prosperar tudo o que fiz para ela, meus executores testamentários não a deixarão na miséria".[167]

"É à minha mãe que devo minha fortuna e tudo o que fiz de bom"[168], declarou ao fim da vida (1820). Ele também dizia: "O que quer que uma mãe faça, seus filhos não têm nenhum direito de censurá-la".[169] É possível inferir um amor desmesurado por uma mãe excepcional. Parece, mais do que isso, que Napoleão transformou Madame Mère em uma estátua do Comendador de sua ambição precoce. O *Dio vi salvi Regina* não ecoara em vão em cada um de seus aniversários**: não há messias dos tempos modernos sem Virgem mãe, ele se lembrará disso ao aperfeiçoar sua lenda de profeta político em Santa Helena. À jovem perdulária que lançava moda nos salões franceses da ilha e a quem o tio Lucciano censurava por gastar demais com suas roupas[170], Napoleão preferirá a recordação da matrona "parcimoniosa", beirando o "ridículo":

> "Depois de Waterloo, ela teria me dado tudo o que possuía para ajudar a restabelecer meus negócios; ela me ofereceu isso; ela teria condenado a si mesma ao pão negro sem reclamar. Porque nela o grande ainda vencia o pequeno: o

---

* Ignatio "abraçou o partido dos ingleses, entrou para a Marinha e, apesar de muito ignorante, era tão bom marinheiro e tão bravo soldado que chegou a comandar uma frota" (Masson, p. 29, segundo O'Meara).

** Ele havia nascido no dia 15 de agosto, dia da assunção da Virgem, padroeira dos corsos.

orgulho, a nobre ambição, vinham nela antes da avareza." E aqui o imperador observou que naquele exato instante ainda tinha presente na memória as lições de orgulho que havia recebido na infância e que elas tinham agido sobre ele a vida inteira. Madame Mère tinha uma alma forte e embebida nos maiores acontecimentos.[171]

Em outra passagem, ele a compara a Cornélia*, a mãe exemplar dos Graco**, que perdeu dez de seus doze filhos e sobre a qual Sêneca conta não ter expresso nenhuma tristeza e ter proibido que se lamentassem. A *signora* Letizia parece de fato, em todo caso, ter sido uma das fontes do apetite de grandeza do filho; sua aridez orgulhosa o encorajou a sonhar-se "filho de suas obras" e levou-o para a abstração de uma ambição desencarnada.

Napoleão não foi o aristocrata contrariado que Chateaubriand queira ver nele.*** Stendhal é que teve razão[172] ao comparar o destino do imperador ao do *condottiere* italiano Castruccio Castracani (século XIV), filho enjeitado que se tornou tirano de Lucca, a quem Maquiavel dedicara uma breve biografia como ao homem por excelência que deve tudo à fortuna.****

---

* "Madame respondeu como uma heroína, e como teria feito Cornélia, dizia Napoleão, dizendo que não conhecia duas leis; que ela, seus filhos, sua família, só conheciam as leis do dever e da honra" (*Memorial*, p. 692).

** Os Gracos (século II a.C.), homens de Estado da Roma antiga, vindos da *nobilitas*, renomados pela infrutífera tentativa de reformar o sistema social romano.

*** "No entanto, apesar de Napoleão não ter nascido príncipe, ele era, segundo a antiga expressão, filho de família. [...] Nascido de uma raça de fidalgos, que tinha alianças com os Orsini, os Lomelli, os Médici, Napoleão, violentado pela Revolução, só foi democrata por um momento [...] dominado por seu sangue, suas tendências eram aristocráticas", Chateaubriand (MOT X, 3 673).

**** "A totalidade ou a maioria daqueles que realizaram grandes coisas nesse mundo [...] tiveram um nascimento ou primórdios humildes ou obscuros, ou no mínimo fortemente contrariados pela fortuna; ou foram expostos às feras, ou tiveram pais tão vis que por vergonha eles se declararam filhos de Júpiter ou de algum outro deus. [...] Castruccio Castracani de Lucca foi um desses homens", Maquiavel, "La vie de Castruccio Castracani da Lucca", *Oeuvres complètes*, Paris, Gallimard, col. "Bibliothèque de la Pléiade", 1952, p. 913.

Napoleão contempla-se nos olhos maravilhados de Camilla: os ombros bem desenvolvidos, não grandes, mas não pequenos*, seu oficial do rei da França tem uma postura orgulhosa. Está vestido para a vitória. "Não conheço roupa mais bela que o meu uniforme de artilheiro", ele repetia com sua voz "profunda", "breve e seca", o "timbre surdo"[173]: "Era o uniforme azul com colarinho dobrado, paramentos e forro vermelho, casaco e culote azul. Um bordado vermelho alegra a frente do uniforme e os bolsos posicionados ao lado e recortados em escudo. Na Revolução, houve a mudança que foi acrescentada nas costas e o colarinho que foi levantado. Uma única dragona, em losangos alternados de ouro e seda, com uma contradragona".[174] Os olhos azul-acinzentados brilham de alegria no rosto sem barba de cor bistre[175] e depois se turvam: lá fora, na luz, a silhueta de Giuseppe desenha-se, hesitante, perscrutando a sombra do celeiro.

"Toma um assento, *Sila*!", ele grita. Ao que Giuseppe, rindo, responde correndo até ele de braços abertos: "Toma, e sobre todas as coisas / Observa exatamente a lei que te imponho...".**

---

* Napoleão tinha 1 metro e 68 de altura, o que na época era uma estatura mediana.

** Várias fontes atestam que os irmãos Bonaparte declamavam obras clássicas entre si, especialmente Racine.

A Revolução Francesa: amputação córsica e conversão à nação revolucionária

> "A Revolução, que nada mais era, em seu princípio, que o triunfo do direito, a ressurreição da justiça, a reação tardia da ideia contra a força brutal, poderia, sem provocação, empregar a violência? [...] Os esforços violentos, terríveis, que foi obrigada a fazer para não perecer, contra o mundo conjurado, foram considerados por uma geração esquecida a própria Revolução."
>
> Jules Michelet
> *História da Revolução Francesa*
> Prefácio de 1847

> "Bom Deus, o que são, porém, as revoluções!"
> Napoleão Bonaparte
> *Memorial de Santa Helena*[1]

Paris, noite de quinta para sexta-feira, de 9 para 10 de agosto de 1792, 3 horas

"A noite de 10 de agosto estava muito bonita, suavemente iluminada pela lua, tranquila até meia-noite, e mesmo até um pouco depois. Naquele momento, ainda não havia ninguém ou quase ninguém nas ruas. O *faubourg* Saint-Antoine, em especial, estava silencioso. A população dormia, esperando o combate"[2], conta Jules Michelet.

Napoleão fechara as pesadas venezianas de madeira de seu quarto: a Rue du Mail estava deserta, e o aposento mobiliado onde vivia havia mais de dois meses estava enfim silencioso. A noite chegava ao fim, mas não era para dormir que ele se fechava, e sim para trabalhar; mesmo em pleno dia ele trabalhava com as venezianas cerradas.³ Sua cabeça estava fervendo devido aos acontecimentos, e ele precisava fechar-se em si mesmo. Mas não era fácil: o sino tocara o alarme à meia-noite, eram três horas da manhã e a cidade fervilhava como se fosse meio-dia. Havia um rumor surdo que ecoava pelas paredes e tremulava sob sua pele.

Ele tinha escrito ao irmão havia três dias: "Tudo prenuncia acontecimentos violentos".⁴ A coalizão estrangeira que se formara em março ameaçava esmagar a França revolucionária, mas era de dentro que naquele dia chegava o perigo mais preocupante: a guerra civil.

Nos últimos três anos, o povo havia se colocado em marcha, e naquela noite parecia que nada o deteria. As classes sociais haviam perdido a paciência; as "últimas classes", principalmente camponeses das províncias, pequenos artesãos de Paris, operários, mendigos, vagabundos, bandidos misturavam-se aos burgueses e aos "ci-devant" (os aristocratas) nas estradas e ruas. Antes, havia os imobilistas, os que nunca saíam de suas paróquias, de suas quadras, imobilizados pelo medo, estarrecidos pelos mínimos acontecimentos, atrelados ao trabalho como o boi à carroça, pequenos e lentos. Agora, porém, um novo hábito fora adquirido, todos se misturavam, ganhando as estradas, trabalhadores e desocupados, ricos e pobres, mais os loucos, as putas e os miseráveis. Não se tratava mais de um Terceiro Estado, mas de um Quarto Estado, que surgira de repente nos palcos da História – os invisíveis, os intocáveis, tirados de seu sono secular e dos atoleiros sociais a que haviam sido relegados sem pensar, sem saber, suportando a fome, as sopas aguadas, a sujeira, o chão batido, as paredes úmidas, os invernos sem fogo e sem pão, as colheitas ruins, os especuladores de grãos e as catástrofes naturais. Mas acabara, eles não queriam mais aquilo, eles percorriam o país de norte a sul, de leste a oeste, "armados de estacas, machados, espadas, fuzis, espetos, bastões pontudos".⁵

Vindos de todos os lados, eles chegavam a Paris para salvar a "pátria em perigo"* e impedir o rei de reunir-se aos emigrados em Coblença.** Alistados na Guarda Nacional***, eles enfrentavam as tropas reais e, quando não estas, os guardas nacionais monarquistas ou constitucionais. Seus tamancos ecoavam pelas calçadas, e suas vozes roucas, cansadas, aos berros, enfurecidas, anunciavam por toda parte que eles haviam despertado e que não dormiriam mais. Aliás, onde dormir na cidade grande, se não tinham dinheiro para pagar um albergue e os subterrâneos estavam abarrotados? Assim, com os corpos pesados e inertes, eles desabavam de repente no meio do calçamento, as mãos deslizando pelas estacas, e despertavam sobressaltados, assustados, retomavam a marcha, pilhavam padarias e depósitos de grãos, embriagados pelo medo que despertavam, pela súbita força que descobriam em si. Eles vêm de Marselha, do sul e principalmente do oeste****, onde motins haviam eclodido durante o inverno e a primavera. Agora que o irmão da "Austríaca", o prussiano, e logo o inglês***** ameaçam as fronteiras do norte******, eles aceitam morrer pela nova nação, mas não sem

---

* A Assembleia havia declarado a "Pátria em perigo" no dia 11 de julho de 1792. A França estava em guerra contra a Áustria desde 20 de abril de 1792; a Prússia entrara na guerra em 6 de julho.

** O rei, desde o fracasso da fuga para Varennes, era prisioneiro nas Tulherias e só contava com a coalizão estrangeira aliada aos aristocratas emigrados, com base em Coblença, para retomar o poder que havia perdido.

*** A Guarda Nacional foi uma milícia burguesa instituída em julho de 1789 para prevenir as pilhagens. La Fayette fora nomeado comandante da Guarda Nacional parisiense em 15 de julho de 1789; a partir de julho de 1792, o recrutamento dos guardas nacionais ampliou-se por todas as classes mais pobres, apesar de um mínimo de rendimento ainda ser exigido; localmente, os inúmeros enfrentamentos opunham os guardas nacionais às tropas reais regulares.

**** Quinhentos federados marselheses, recrutados no início de julho para participar da segunda festa da Federação, entraram em Paris no final de julho cantando o hino do exército do Reno: *A marselhesa* (ver o filme de Jean Renoir, *A marselhesa*).

***** A Inglaterra entra na guerra em fevereiro de 1793.

****** As primeiras batalhas foram desastrosas para os revolucionários franceses.

levar consigo à guisa de talismã a cabeça do rei, aquele traidor, e a da rainha, aquela estrangeira, e enforcar todos os nobres da cidade real. Eles atiram suas estacas para o ar ao ritmo do *Ça ira* e vomitam injúrias, rindo: "*Ah ça ira, ça ira, ça ira, les aristocrates à la lanterne, ah ça ira, ça ira, ça ira, les aristocrates, on les pendra!*".*

Eles diziam que tudo ia bem e agora diziam que tudo daria certo. No dia 5 de outubro de 1789, tinham sido eles que haviam trazido o rei e sua família de Versalhes para o palácio das Tulherias** em Paris. Eles o haviam aclamado na primeira festa da Federação, em 14 de julho de 1790, quando ele prestara juramento à Nação e à Lei. Porém, no dia 18 de abril de 1791, eles o haviam impedido de passar a Páscoa em Saint-Cloud e, de fato, o fizeram prisioneiro em seu palácio. A fúria deles era descomunal, imperiosa desde que a família real fugira para Varennes no dia 20 de junho de 1791. Na época, os *sans-culottes* do Club des Cordeliers*** exigiam o fim da monarquia e a destituição do traidor: La Fayette os havia massacrado em 17 de julho de 1791 no Campo de Marte.

O furor havia aumentado quando Luís se recusara a assinar os decretos de banimento dos sacerdotes refratários**** e, em 20 de junho de 1792, depois da demissão dos ministros

---

* "*Ça ira, ça ira*": refrão emblemático da Revolução Francesa, que pode ser traduzido como "Vai dar certo, vai dar certo". O texto continua: "Os aristocratas serão enforcados / O despotismo expirará / A liberdade triunfará". (N.T.)

** Residência real desde o século XVI, o palácio das Tulherias, destruído em 1871, unia os dois braços do Louvre, hoje independentes.

*** Único clube aberto ao povo humilde, republicano, gratuito, que ajudava os indigentes, a partir de 21 de junho ele exige a destituição de Luís XVI; animado por Danton, Desmoulins e Hébert, ele se divide depois da queda dos girondinos (31 de maio de 1793) em Indulgentes (dantonistas) e Exagerados (hebertistas); o clube desempenha um papel importante na preparação da insurreição de 10 de agosto.

**** O decreto da Assembleia Legislativa de 29 de novembro de 1791 condenava ao banimento os membros do clero que se recusassem a prestar juramento à Constituição Civil do Clero (12 de julho de 1790: bispos e sacerdotes eleitos e retribuídos pelo Estado; independência total da Igreja da França perante o papado).

girondinos Roland, Clavière e Servan*, eles tinham se insurgido pela primeira vez, sem ainda ousar atacar o rei. Eles invadiram as Tulherias e a sala do Manège**, onde a Assembleia se reunia. Essa assembleia do Terceiro Estado, autoproclamada assembleia do povo em 12 de junho de 1789, primeiro constituinte e depois legislativa, ainda era um pequeno palco privado em que eles não eram nem mesmo espectadores... e eis que se convidam para o banquete dos bem-falantes e dos abastados, ao lado de todos os "senhores" que havia três anos teciam sutilezas escondendo seu monarquismo sob a máscara da constituição inglesa e da monarquia dita "constitucional".

A manifestação de 20 de junho de 1792, organizada pelos girondinos e por Pétion***, o prefeito de Paris, logo invadida pelo povo humilde dos subúrbios, conduzido pelo cervejeiro Santerre, havia deixado Napoleão perplexo: "O jardim das Tulherias estava fechado e quinze mil guardas nacionais o vigiavam. Eles botaram abaixo os portões, entraram no palácio, apontaram os canhões para os aposentos do rei, derrubaram quatro portas, ofereceram ao rei dois distintivos, um branco e um tricolor. Deixaram-no escolher. Escolha, disseram, reinar aqui ou em Coblença. O rei portou-se bem.

---

* Os ministros girondinos tinham sido chamados ao governo pelo rei em 23 de março de 1792, graças à aliança da Corte com La Fayette para a entrada na guerra. A palavra "girondino" designa a ala esquerda legalista da Assembleia, sendo que vários de seus deputados eram de Bordeaux; favoráveis ao sufrágio censitário, ao contrário dos montanheses, que preconizavam a abolição da distinção entre cidadãos "ativos" e cidadãos "passivos" em relação ao nível de impostos e, portanto, de fortuna; filiados ao Clube dos Jacobinos, originário da Sociedade dos Amigos da Constituição.

** Construção localizada na atual Rue de Rivoli, ao longo do jardim das Tulherias, que Luís XV havia aberto ao público, perto do palácio das Tulherias.

*** Pétion (1756-1794): deputado do Terceiro Estado nos Estados Gerais de 1789, tornou-se prefeito de Paris em 1791 com o apoio da Corte, vencendo La Fayette; em 20 de junho de 1792, ele tenta impedir o assalto do palácio das Tulherias e dos aposentos reais, mas é acusado pelo rei e pelo conselho do departamento de ter favorecido o motim; em 3 de agosto de 1792, é encarregado de levar a mensagem dos comissários das 48 seções exigindo a destituição do rei; tornando-se girondino, é guilhotinado em 25 de junho de 1793.

Colocou o boné vermelho.* A rainha e o príncipe real fizeram o mesmo. Eles deram de beber ao rei. Ficaram quatro horas dentro do palácio, o que forneceu amplo material para as declarações aristocráticas dos *feuillantins*.** Não deixa de ser verdade, porém, que tudo foi inconstitucional e exemplo muito perigoso", escreveu Napoleão.[6]

O jovem oficial de artilharia, com 22 anos em 1792, não se identificava com os *feuillants* (os monarquistas constitucionais que se opunham à destituição de Luís XVI), mas tinha acentuada simpatia por La Fayette e pelos grandes oradores da Constituinte (Mirabeau morrera no outono de 1791).

No dia 18 de junho, ele descrevera a situação política parisiense a Joseph***:

> Existem três partidos na França: o primeiro quer a Constituição [de setembro de 1791: monarquia constitucional] tal como ela está porque a acredita boa; o segundo considera a Constituição ruim, mas quer a liberdade, adota seus princípios. Ele deseja uma mudança, mas gostaria que essa mudança se operasse pelos meios da Constituição, isto é, pelo conselho de revisão que deverá ocorrer dentro de alguns anos. Esses dois partidos estão unidos e tendem, neste momento, a um mesmo objetivo, a manutenção da lei, da tranquilidade e de todas as autoridades constituídas. Esses dois partidos combatem o estrangeiro; assim, nós os confundimos e fazemos de ambos um só. O segundo partido quer a Constituição, mas, em vez do rei, quer um Senado. Ele se chama republicano, é o partido dos jacobinos. Eles querem aproveitar a guerra do irmão da rainha para operar esta grande revolução. O terceiro partido pensa que a Constituição é absurda e quer um déspota. – Entre estes, há muitos que gostariam de duas câmaras ou de um sistema moderado, mas essa terceira classe

---

* A tradição atribui-lhe uma palavra de reação ao gesto do rei: "*Che coglione!*". Porém, não se sabe se Napoleão assistiu à cena.

** Monarquistas constitucionais.

*** A partir deste capítulo, utilizaremos os nomes afrancesados dos irmãos e irmãs de Buonaparte, no mínimo porque apareciam no contexto corso como a elite afrancesada que de fato eram: poucos eram os corsos que falavam francês, menos ainda os que tinham se beneficiado de uma educação na França.

acredita que, sem a ajuda dos exércitos inimigos, nunca se conseguirá nada.⁷

Napoleão distinguia, portanto, *feuillants*, jacobinos e absolutistas (a Corte, os imigrados) sem reconhecer-se em nenhum desses partidos; sua única ligação era com a Sociedade dos Amigos da Constituição, que era o modo inicial, antes de julho de 1791, de reunir os que ainda não eram diferenciados pelos nomes de *"feuillants"* e "jacobinos": monarquistas constitucionais e republicanos. Em Paris, a primeira Sociedade dos Amigos da Constituição reunia-se desde 1789 no convento dominicano da Rue Saint-Jacques, daí o apelido de clube dos jacobinos. Em julho de 1791, no seio desse clube, os adversários desfavoráveis às petições que pediam a destituição do rei haviam rompido com o grupo e tomado o convento dos *feuillants* da Rue Saint-Honoré, deixando o nome jacobinos designar os republicanos que continuavam reunindo-se em torno de Robespierre no convento da Rue Saint-Jacques e que se unirão a alguns deputados girondinos.

"O sr. De La Fayette escreveu à Assembleia contra os jacobinos", explicou Napoleão ao irmão no dia 22 de junho. "Essa carta, que muitas pessoas acreditam falsificada, é muito forte."⁸ No dia 16 de junho, o marquês de La Fayette havia escrito do acampamento de Maubeuge para a Assembleia Nacional para explicar que a Constituição fora colocada em perigo pela "facção jacobina"; ele acusava os jacobinos (girondinos e montanheses) de causarem desordens públicas e propunha destruir o clube e restabelecer a ordem – o que implicaria a intervenção de seu exército. "Sr. De La Fayette, uma grande parte dos oficiais do exército, todos homens honestos, os ministros, o departamento de Paris estão de um lado; a maioria da Assembleia, os jacobinos e o populacho estão do outro. Os jacobinos não se moderam mais contra La Fayette, que pintam como um assassino, um patife, um miserável. Os jacobinos são loucos sem bom senso"⁹, comenta Napoleão. No dia 3 de julho, porém, ele matiza sua posição para Lucciano; La Fayette voltara sozinho para Paris, em 28 de junho, para confirmar perante o tribunal da Assembleia suas intenções de golpe de estado militar* para destruir os clubes e as sociedades secretas: "A iniciativa de La Fayette foi considerada, em relação ao homem, necessária, mas bastante perigosa para a liberdade pública.** Em matéria de revolução, um exemplo é uma lei, e foi um exemplo bastante perigoso esse que o general acabou de dar. A facção jacobinta*** não é quase mais nada; o povo, isto é, as últimas classes, estão irritadas e sem dúvida haverá um choque. E esse choque pode ser de natureza a acelerar a ruína da Constituição".[10]

Difícil aqui não pensar no 18 brumário: ao tomar o poder por meio de um golpe militar, o general Bonaparte se lembraria do "perigoso exemplo" dado por La Fayette em junho de 1792? Por enquanto, Napoleão parece suspenso, como a França, entre o "perigo" de um golpe de Estado monarquista e "a ruína da Constituição", consequência indubitável do levante popular que ele pressente; contudo, o temível flagelo que ele teme nos dois casos, a guerra civil, se abaterá sobre o país sob os golpes da coalizão prusso-austríaca.

Se até então não conhecia o manifesto de Brunswick****, difundido a partir de 28 de junho em Paris, ele logo seria informado a seu respeito. Publicado no dia 3 de agosto no *Le Moniteur*, esse texto violento, supostamente escrito pelo comandante da coalizão prusso-austríaca em guerra contra

---

* A ação é mal-iniciada: seu exército se recusa a segui-lo e a rainha não lhe confere sua confiança.

** Essa indulgência para com La Fayette ainda é perceptível no *Memorial*, mas torna-se condescendente: "Sua bondade política devia constantemente fazê-lo ser enganado pelos homens e pelas coisas" (*Memorial*, p. 804).

*** Designa aqui os ministros girondinos que organizaram a calamitosa jornada de 20 de junho, que enfraqueceu a esquerda parlamentar. Esse desprezo político de Napoleão pela posição centrista de compromisso dos girondinos é visto no *Memorial*, p. 812, apesar de sua proximidade social e cultural.

**** Proclamação dirigida ao povo de Paris, imposta ao chefe do exército prussiano, Charles-Guillaume-Ferdinand, duque de Brunswick, pelos meios da emigração monarquista francesa, e redigida na Corte ou pelo príncipe de Condé, emigrado que dirigia uma fração do exército contrarrevolucionário de Coblença.

a França, anunciando os mesmos objetivos dos emigrados monarquistas, a restauração da monarquia absoluta, leva ao auge a raiva popular e o terror despertado pela ameaça de uma invasão estrangeira iminente*: "Se qualquer violência fosse cometida contra o rei, haveria uma vingança para sempre memorável; Paris seria entregue à execução militar e à subversão total", dizia o manifesto.

Por muito tempo o país oscilaria entre a secular fidelidade ao corpo sagrado do monarca e o novo fervor pela nação nascente, expressão inédita da soberania. Em 23 de agosto de 1789, em Auxonne, Napoleão havia prestado juramento, como todos os oficiais, "à Nação, ao Rei e à Lei". Em 14 de julho de 1790, durante a primeira festa da Federação, o rei havia prestado, por sua vez, um juramento de fidelidade à Nação e à Lei; ele quebraria essa promessa pela primeira vez ao fugir para a fronteira em junho de 1791. Depois de Varennes, foi consumado o divórcio entre os franceses que gritavam "Viva o rei" e o "Viva a nação" dos patriotas. Contudo, o juramento do rei à nova Constituição, em 13 de setembro de 1791, apaziguara os espíritos: o manifesto de Brunswick violara esse segundo juramento; ficava claro, agora, que Luís XVI nunca se resignara a exercer a magistratura suprema *em nome da nação*, mas que queria reinar em seu próprio nome, como monarca absoluto**, e que contava com os prussianos e com os austríacos para restabelecer o Antigo Regime. Como dirá Napoleão, Luís XVI poderia ter tomado o partido de renunciar a ser o "chefe da *feudalidade*, para se tornar o chefe da *nação*; infelizmente, não soube tomar nenhum dos dois".[11]

As condições políticas para uma revolução haviam sido reunidas: o povo estava pronto para marchar, e a ala esquerda da Assembleia, que não tinha iniciativa, quis acompanhar o movimento entrando em contato com as seções parisienses

---

* Os prussianos e os emigrados cruzariam a fronteira no dia 19 de agosto de 1792.

** A Constituição de 1791, fruto do juramento do Jeu de Paume de 1789, abolia a monarquia absoluta, instituindo a separação dos poderes e a soberania nacional (monarquia constitucional).

e com os peticionários federados que exigiram, nos dias 17 e 23 de julho, a suspensão do rei. A entrada da Prússia na guerra precipitara as coisas (6 de julho); no dia 10 de julho, os ministros *feuillants* abandonaram o cargo; a pátria fora decretada "em perigo" no dia 11; no dia 20 de julho, o conselho de Paris, monarquista, pedira demissão; no dia 26, o girondino Condorcet redigira uma intimação ao rei; no dia 29, Robespierre exigira novas eleições legislativas e uma reforma constitucional que estabelecesse o sufrágio universal; no dia 30, os federados marselheses entraram em Paris; no dia 31, a seção Mauconseil declarara não reconhecer mais o rei, seguida no dia 4 de agosto pelas seções parisienses dos Quinze-Vingts e do *faubourg* Saint-Antoine. A seção dos Quinze-Vingts exigira, em 9 de agosto, que o destronamento fosse pronunciado naquele mesmo dia; caso contrário, ela faria soar o toque de alarme à meia-noite e atacaria a residência real das Tulherias. As 48 seções de Paris a seguiram, com exceção de uma.

As 48 seções parisienses, divisões comunais e territoriais que em 1790 substituíram os antigos "distritos" (o equivalente das atuais prefeituras dos *arrondissements*), eram representadas por um comitê civil de dezesseis membros eleitos, um comitê revolucionário e uma guarda municipal. No final de julho de 1792, elas decidiram abolir seu próprio chefe e a distinção entre cidadão "ativo" (capaz de pagar impostos) e "passivo", e suas assembleias passaram a se reunir permanentemente, à imagem da assembleia do Terceiro Estado em 1789, tornando-se a expressão política daqueles que começavam a ser chamado de *sans-culottes** (essencialmente, comerciantes e pequenos artesãos). Novos comissários foram eleitos por essas assembleias compostas de cidadãos ativos e passivos, e na noite de 9 de agosto as seções os investiram com seus poderes para substituir em nome do povo a municipalidade monarquista.

---

* Esse termo designava, antes da Revolução, os pobres e a ralé, mas começa a adquirir uma conotação positiva ao longo do verão de 1792.

À meia-noite*, a nova comuna dera o sinal para a insurreição fazendo soar os sinos de alarme. Mas nada poderia acontecer enquanto Pétion, o popularíssimo prefeito de Paris, continuasse retido no palácio das Tulherias, onde Luís XVI o havia convocado por volta das onze horas da noite. "Pensou-se em pedir que a Assembleia o solicitasse"[12], e ele sairia das Tulherias rumo à sala do Manège, prometendo voltar. Por volta das três horas da manhã, certificada a respeito do destino de Pétion, a comuna insurrecional ordenara aos guardas nacionais que abandonassem a arcada Saint-Jean sob o Hôtel de Ville, "principal saída da Rue Saint-Antoine, que desembocava na Place de Grève"[13], para dar passagem ao *faubourg* Saint-Antoine e à seção dos Quinze-Vingts, que deveriam chegar por ali. Por volta das seis horas da manhã, ela dera ordens para que a artilharia fosse afastada da Pont Neuf, lá posicionada para impedir o acesso às Tulherias dos membros das seções armados e dos federados acantonados nos Cordeliers. Os guardas nacionais obedeceram, acreditando estar obedecendo à antiga comuna monarquista. Os Cordeliers, o *faubourg* Saint-Marceau e os federados que cruzaram a Pont-Royal ficaram livres para se unir aos da margem direita (o *faubourg* Saint-Antoine e os Quinze-Vingts).

Paris, acordada, agitada, retinha a respiração.

No castelo, o rei, "gordo e pálido, vagando os olhos parados que não olhavam para ninguém"[14], desgrenhado, aterrado pela conta que acaba de fazer, passava em revista suas tropas de guardas suíços e guardas nacionais no pátio e nos jardins do palácio. A rainha, que recusara a opção da fuga, traumatizada com a aventura de junho de 1791, lançava um último olhar de encorajamento para os duzentos jovens e pálidos aristocratas monarquistas de uniforme decididos a morrer por ela.

Estava tudo pronto; a insurreição eclodiria a qualquer momento.

---

* Da noite de 9 para 10 de agosto.

A quinhentos metros dali, Napoleão, cotovelos sobre a mesa de seu quarto de janelas fechadas da Rue du Mail, cabeça entre as mãos, massageava o couro cabeludo com os dedos. Era difícil de acreditar nos próprios olhos e ouvidos, mas ele precisava admitir: aqueles iletrados é que derrubariam a monarquia naquela noite; eles é que logo mais fundariam uma República de um novo tipo, que nem mesmo Rousseau havia previsto.* Ele assistiria a uma segunda revolução naquela noite. Aqueles que, como ele, haviam lido *O contrato social* seriam obrigados a seguir o movimento, mas não o dirigiriam. Em 1789, a classe média (a burguesia e uma parte da nobreza) insurgira-se contra a monarquia absoluta, seus ricos aristocratas avassalados, seu clero, sua clientela e seus serviçais; em 1792, era o povo humilde, camponeses, artesãos, proletários das cidades, pequena-burguesia, que se revoltava contra a monarquia constitucional e contra a apropriação da revolução pelas classes ricas. Como se havia chegado àquele ponto? A nova nação resistiria a semelhante ataque? O novo contrato cívico em torno da soberania nacional e sua lei constitucional aguentaria sob os golpes violentos das multidões anárquicas?

O QUE NAPOLEÃO SABIA, EM 10 DE AGOSTO DE 1792, A RESPEITO DA VIOLÊNCIA E DOS MOTINS DA REVOLUÇÃO NA FRANÇA?

Desde 1786, o jovem oficial de artilharia lidava com perturbações à ordem pública que seu regimento ou sua companhia eram levados a reprimir *em nome do rei*. Em 12 de agosto de 1786, em Lyon, a metade do regimento de La Fère havia participado da repressão a uma greve maciça de *canuts***, que exigiam dois soldos de aumento: os líderes foram enforcados, para dar o exemplo, na praça Bellecour. "A missão dos artilheiros consistia em controlar as pontes da ci-

---

* Proclamação da República: 22 de setembro de 1792.

** *Canuts*: operários que trabalhavam nas fábricas de seda, especialmente em Lyon (eram 60 mil homens).

dade, que foi sitiada."[15] Napoleão havia visto os cadáveres dos supliciados oscilando no cadafalso; ele tinha dezessete anos.

Em março de 1789, acantonado em Auxonne desde junho de 1788, ele fora designado, junto com o primeiro-tenente Mémoire e o terceiro-tenente Laurent, para comandar três companhias (uma centena de homens) no restabelecimento da ordem em Seurre: motins haviam eclodido e dois comerciantes de Lyon, acusados de serem os atravessadores, foram mortos. "Seurre é uma cidade pequena, a oito léguas de distância de Auxonne. O povo se amotinara e se revoltara contra os oficiais municipais, pilhara lojas de trigo que atravessadores queriam levar para Lyon", explicou Napoleão à mãe. "O momento dos Estados [Gerais] se aproxima. Tudo o indica. A fermentação é grande em todas as cidades, burgos, campos. Que o céu faça com que essa centelha de patriotismo seja duradoura e que não venha deteriorar as coisas! É o que temo."[16]

Durante sua estada em Seurre, ocorreram as desordens na abadia de Cister, onde os monges trapistas revoltaram-se contra o seu administrador, acusado de mal repartir os benefícios das vindimas: "O tenente Bonaparte foi para lá com parte de seu destacamento e sem receber ordens de ninguém, deu razão ao abade, mandou prender três ou quatros monges mais rebeldes, encerrou-os no calabouço e parou completamente a insurreição".[17]

Em 15 de julho de 1789, ele relatava os motins de 12 de julho em Paris, de acordo com dois de seus colegas de regimento que enviaram notícias por correio: "Recebi agora notícias de Paris. [...] Elas são surpreendentes e extremamente alarmantes [...]. Fazia oito dias que haviam sido dadas ordens a quarenta mil homens de ir para Paris, dois batalhões de artilharia entre outros, com seus canhões. Com isso, os Estados Gerais fizeram as mais vivas ênfases para demonstrar o quanto aquilo fora feito para alarmá-los. O rei os tranquilizou com palavras vagas. No entanto, passado o domingo, dia 12, com a chegada das tropas, foram exigidas as perseguições dos senhores Necker [controlador-geral das Finanças], Montmorin [secretário de Estado nos Negócios Estrangeiros] e Puységur [ministro da Guerra]. O sr. De Breteuil foi nomeado primeiro-ministro e o sr. d'Amécourt, conselheiro do Parlamento, foi nomeado controlador-geral [das Finanças].* Assim que essa notícia se espalhou por Paris, o povo se armou, incendiou as barricadas, fechou os espetáculos, passeou o busto do sr. Necker por toda a cidade e, a seguir, foi em massa para Versalhes. [...] Talvez esta noite, talvez esta madrugada, o alarme geral soe para nos fazer ir para Dijon ou Lyon. Seria bastante desagradável e muito custoso para mim".[18]

Napoleão não seria chamado nem a Lyon nem a Dijon, mas os acontecimentos "desagradáveis" que temia não tardariam a chegar a Auxonne, onde seu regimento estava acantonado nos dias 19 e 20 de julho de 1789:

> 22 de julho de 1789 – Em meio ao barulho dos tambores, às armas, ao sangue, escrevo-lhe esta carta [dirigida a Joseph]. A plebe desta cidade, reforçada por um bando de bandidos estrangeiros** que vieram para pilhar, começou, no domingo à noite, a derrubar os prédios onde estão alojados os funcionários da Fazenda; pilharam a alfândega e várias casas. Soamos o alarme e nos deslocamos por toda parte. O general em comando [o barão du Teil] mandou-me chamar para dizer que ficasse com ele para dar as ordens e comunicar-lhe minhas observações. Fomos à prefeitura, onde ele discursou para os notáveis e os fez pegar em armas. Passei a noite numa cadeira da sala do general. A todo momento, recebíamos avisos de pilhagens e inúmeras foram as corridas que dei para dar ordens e distribuir os destacamentos. Ao longo de toda a noite tivemos 450 homens armados. Não queríamos atirar ou machucar demais; era o que dificultava. Ao amanhecer, uma das portas da cidade foi derrubada e o barulho recomeçou. O general tem 75 anos, ficou cansado. Ele chamou os líderes da burguesia e ordenou-lhes que recebessem ordens de mim, visto que eu conhecia suas intenções. Depois de muitas manobras, prendemos 33 deles e os colocamos no calabouço.

---

* Breteuil permanece no cargo apenas uma centena de horas, e D'Amércourt recusa a indicação, aceita por Chaumont de La Galaizière: ver notas de Jean Tular (*Corr.* I, p. 78).

** De fora da cidade.

Esqueci de dizer que, no início, discursei para os amotinados durante 45 minutos. Hoje estou no castelo da guarda com cinquenta homens. Aqui estão todos os prisioneiros. Ontem à noite, às onze horas, fui avisado de que tentavam escalar meu posto para retirar os prisioneiros, o que me fez passar a noite toda em alerta, e continuamos em alarme. Acho que vamos enforcar dois ou três, sem apelação.[19]

Napoleão participara da manutenção da ordem contra os amotinados (todos eram da plebe, à qual se misturavam, como em todas as insurreições, saqueadores). Contudo, especificaria seus sentimentos no dia 9 de agosto de 1789, enquanto o Grande Medo estava no auge havia um mês e o castelo do comandante do regimento de La Fère, o barão du Teil, havia sido pilhado: "[Os] camponeses e o populacho [...] cometeram grandes devastações por todos os lados, como na capital. O Terceiro Estado e as milícias, junto com as tropas, armaram-se para dar um basta àquilo. Mas quase sempre foram insuficientes, não querendo chegar às últimas consequências. O sangue correu por toda a França; porém, quase sempre foi o sangue impuro dos inimigos da Liberdade, da nação, que há muito tempo se empanturram às suas custas".[20]

Ele comentaria, a respeito da abolição dos privilégios feudais, na noite de 4 de agosto de 1789: "Isso tudo é brilhante, mas por enquanto só existe no papel. [...] todas as províncias renunciaram a seus direitos particulares. É um grande passo rumo ao bem".[21]

No domingo, 16 de agosto de 1789, os soldados e os suboficiais do regimento de La Fère, em especial os canhoneiros, amotinaram-se e exigiram a "*massa negra* contida nos cofres do regimento, manifestando-se diante da casa do coronel": "Depois que a soma foi dividida, entregaram-se à bebedeira e à embriaguez, forçando os oficiais a entrar na farândola".[22] O capitão Boubers, ao qual Napoleão era muito apegado, segundo Masson, foi violentamente maltratado. Devemos concluir, porém, como fez o biógrafo, que Napoleão era hostil às "revoltas a que assiste em Auxonne" e que a amotinação "choca seu espírito"?[23]

A partir de 1791, ele escolheria o partido "nacional" e "patriota", ao contrário da maioria dos oficiais superiores de seu regimento de infantaria.* Membro desde janeiro de 1791 da Sociedade dos Amigos da Constituição de Ajaccio e secretário da de Valence desde junho de 1791, ele acolheria favoravelmente a petição das sociedades do sul, que solicitavam "que o rei seja julgado"[24] depois da fuga da família real para Varennes. Ele lembrará pelo resto da vida da emoção sentida em 14 de julho de 1791, em Valence, no Champ de l'Union, quando prestara o juramento cívico de fidelidade à Assembleia, isto é, à Nação e à Lei. As músicas militares haviam celebrado o *Ça ira*, cujos acentos pareciam encobrir para sempre os ecos enfraquecidos do *Veni Creator* e do *Te deum* entoados alguns momentos antes. Ele explicará a Las Cases:

> Até ali, se tivesse recebido ordens de virar meus canhões para o povo, não tenho dúvidas de que o costume, os prejulgamentos, a educação e o nome do rei me teriam feito obedecer; porém, uma vez repetido o juramento nacional, eu seguiria apenas a nação. Minhas inclinações naturais viram-se, a partir de então, em harmonia com meus deveres.[25]

PARIS, NOITE DE QUINTA PARA SEXTA-FEIRA, DE 9 PARA 10 DE AGOSTO DE 1792, CONTINUAÇÃO

Em 7 de agosto de 1792, Napoleão havia escrito: "Depois de amanhã, será abordada a questão da destituição do rei [na Assembleia Nacional**]".[26] Como agora se tornava necessário escolher entre o rei e a nação, ele sem hesitar

---

* A maioria dos oficiais superiores em todo o país, com frequência aristocrata, é hostil à Revolução e emigra em massa. É preciso dizer que Napoleão continuou a frequentá-los: seu melhor amigos, Des Mazis, emigrará (nomeado camareiro pelo primeiro-cônsul depois de seu retorno; aliado aos Bourbon em 1815; ver Masson, p. 117).

** No entanto, os deputados separam-se sem chegar a um consenso: a ala esquerda jacobina (girondinos e montanheses) é minoritária.

escolheu a nação e, por que não, a República. Ele não tinha motivos para se apegar à transmissão hereditária do poder monárquico[27], tão distante das instituições políticas córsicas e italianas. Deliberando consigo mesmo os méritos comparados dos dois regimes, "república ou monarquia"*, ele acreditava possível e viável o surgimento de uma República. Porém, seu legalismo consagrado pelo "juramento nacional" não podia fazê-lo desejar a derrubada da monarquia constitucional instituída em setembro de 1791. O capitão Buonaparte da tropa de linha que ele estava prestes a se tornar, graças à deserção maciça e à emigração dos oficiais monarquistas**, era desfavorável, pelas circunstâncias, poderíamos dizer, aos motins populares, para os quais nem suas leituras de Rousseau nem seus conhecimentos da história romana o haviam preparado. Seu entusiasmo de 1791 diminuíra, e ele estava cansado das agitações insurrecionais. Ele acusava os jacobinos de correr o risco da guerra civil e teria preferido que a República pudesse ser proclamada pela via constitucional.

Enquanto lá fora os rumores cresciam, mas nenhum tiro era dado, esse turbilhão insondável, a "feição muito revolucionária" dos acontecimentos inauditos que se preparavam o deixam impactado, sem que ele consiga projetar-se neles: "Este país é assaltado em todos os sentidos pelos partidos mais encarniçados: é difícil apreender o fio de tantos projetos diferentes; não sei como isso acabará".[28]

Muito preocupado com seu próprio futuro e com o de sua família, ele estava "mais indeciso do que nunca".[29] Deveria unir-se a seu regimento na fronteira norte e combater os inimigos da liberdade? Como os girondinos, ele acreditava

---

* Esse texto provavelmente foi redigido depois do episódio de Varennes e do fuzilamento dos *cordeliers* republicanos no Champ-de-Mars no dia 17 de julho de 1791 (OLEM 2, p. 172).

** Napoleão é nomeado primeiro-tenente em 1º de junho de 1791; excluído em fevereiro de 1792 (porque está na Córsega), depois reintegrado e nomeado capitão em 21 de junho de 1792: ele só recebe em setembro a patente de capitão, um dos últimos atos legais assinados, em 30 de agosto, por Luís XVI, "suspenso" e prisioneiro do Temple.

na guerra contra o inimigo externo, a única capaz de salvar a unidade da nação nascente e superar os conflitos políticos de que ele não conseguia mais "apreender o fio". Além disso, se ele fosse lutar, ao menos sua posição pessoal seria garantida: "Quaisquer que fossem os acontecimentos, eu me veria estabelecido na França"[30], ele se tranquilizava na carta de 7 de agosto.

No entanto, a situação da Córsega o preocupava e ele não conseguia simplesmente esquecê-la – sobretudo porque precisaria tirar sua irmã Marianna de Saint-Cyr, onde ela era pensionista, e levá-la de volta para a ilha: dizia-se que a Escola Real estava prestes a ser suprimida.

Durante os longos semestres de licença que a hierarquia militar concedera-lhe de setembro de 1789 a janeiro de 1791 e de setembro de 1791 ao inverno de 1791-1792, ele havia tentado desempenhar o papel de protagonista na explosão revolucionária vivida pela Córsega. A onda de choque dos acontecimentos franceses havia recolocado em causa, na ilha, o sistema de colonização monárquica; porém, como na França, nada estava decidido e a questão do poder continuava em aberto: a quem a Revolução beneficiaria em definitivo, aos *paesani* do interior ou aos notáveis do litoral, dos quais o clã Bonaparte fazia parte? O retorno de Paoli, em julho de 1790, colocava a questão da independência política da ilha: se a Córsega continuasse francesa, seria possível conciliar a Constituição de 1755 com as novas instituições da França revolucionária? A família da Napoleão apostava na carta de uma possível conciliação entre o regime paolista e a Revolução Francesa. Contudo, as lutas entre as facções eram ferozes, e os ideais políticos que Napoleão ruminava em 1788, muito difíceis de colocar em prática. Ele descobrira que os interesses do povo camponês das montanhas, nostálgicos da constituição paolista, e os da minoria burguesa do litoral favoráveis à Revolução Francesa eram muito divergentes: lá, como em Paris, o "povo" do Terceiro Estado não era homogêneo. Isso complicava tudo de um modo singular e desencorajava o jovem: na Córsega, como veremos, ele se veria mergulhado no centro dessas contradições sociais que dividiam o campo patriota; enquanto isso, em Paris, elas estavam provocando uma segunda Revolução prestes a eclodir naquela noite de 10 de agosto.

Os historiadores muito insistiram no papel desempenhado pelas violências a que ele assistirá, na manhã de 10 de agosto, na desconfiança que depois disso ele manifestará em relação à democracia e ao regime parlamentar: elas o teriam definitivamente enojado do povo e vacinado contra a pretensão do Quarto Estado de desempenhar um papel político. Menos conhecido foi o caráter decisivo, nesse aspecto, de sua experiência política córsica, sobre a qual insistiremos aqui.

A REVOLUÇÃO DE NAPOLEÃO NA CÓRSEGA

Napoleão havia sonhado, aos vinte anos (em 1789), em ser o novo Paoli da Córsega, herdeiro do *Babbu*, seu filho espiritual. A revolta parlamentar da primavera de 1789 o havia entusiasmado porque enfim abria a perspectiva de uma nova era de liberdade na Córsega: tornava-se possível expulsar os monarquistas franceses sem precisar derramar sangue e poupando a necessidade de uma guerra civil. Acantonado em Auxonne (na Borgonha) naquele momento, ele havia escrito ao grande homem, exilado desde 12 de junho de 1789, a famosa carta que muito foi citada e comentada: "Nasci quando a pátria perecia etc.". Isso foi um mês antes da dispensa de Necker, e ele declarava querer enviar as *Lettres sur la Corse*, seu velho projeto de adolescente, ao "virtuoso ministro que governa o Estado". A Paoli, ele pedia que "aprovasse um trabalho em que tanto ele estará em questão": "Se o senhor condescender em encorajar os esforços de um jovem que viu nascer e cujos pais foram sempre ligados ao bom partido, eu ousaria pressagiar um sucesso favorável". Tentando, de passagem, reabilitar sua família aos olhos do velho general, enviando da parte de sua "mãe, Madame Letizia", "lembranças dos anos passados em Corte"*, ele claramente se diferenciava dos "anos vis que o

---

* Para lembrar Paoli da época em que Carlo Bonaparte era um ardoroso paolista: antes da vitória francesa de Ponte Novu.

amor corrompeu com um ganho sórdido", dos "traidores da pátria" que "para se justificar semearam calúnias contra o governo nacional e contra vossa pessoa".[31] O governo "nacional" de Paoli e sua Constituição de 1755 continuavam sendo, para Napoleão, a principal referência política e, em outra carta, mais ou menos da mesma época, ele pedia ao velho amigo de seu pai, Lorenzo Giubega, que "levasse ao pé do trono ou no seio dos Estados Gerais do reino os gemidos de nossa ilha": "Se perdermos essa oportunidade, seremos escravos para sempre...".[32]

Desde antes da tomada da Bastilha, portanto, ele havia compreendido que as condições eram favoráveis a uma evolução rápida da situação política na ilha. Ele procurava colocar-se no rastro de Paoli e se colocava à disposição para preparar seu retorno. Apresentando-se ao *Babbu* como historiador e arauto ou panfletista da causa paolista, ele reivindicava uma posição dirigente, apesar de sua pouca idade (vinte anos, como dissemos).

Durante as eleições córsicas de abril de 1789 para os Estados Gerais, perturbadas por irregularidades contra as quais Lorenzo Giubega protestara em Paris, Matteo Buttafoco* havia sido eleito deputado da nobreza por vinte das 77 famílias córsicas reconhecidamente nobres e favorecidas pela corte de Luís XVI. O deputado do clero fora Peretti della Rocca, vigário-geral da diocese de Aléria, eleito "por um corpo [de sacerdotes] essencialmente democrático e patriota"[33], embora igualmente monarquista: ele será hostil à constituição civil do clero, aceita por Luís XVI em dezembro de 1790. Os dois deputados do Terceiro Estado, o advogado no Conselho Superior Antoine-Christophe Saliceti e Pierre-Paul Colonna-Cesari della Rocca, capitão no Provincial-Corse (nobre eleito pelo Terceiro Estado, como Mirabeau em Aix), eram

---

* Esse oficial real havia pedido a Rousseau que escrevesse uma Constituição para a Córsega e por certo tempo havia servido de intermediário entre Paoli e a Corte, mas logo depois preconizara a anexação pura e simples da Córsega: grande inspirador da expedição francesa de 1768, esta lhe valera o título de marechal de campo.

dois "principais": notáveis que iam para a Córsega redigir os *cahiers de doléances* [cadernos de queixas] e acompanhar a primeira revolução (a de 1789).[34] Os acontecimentos da metrópole eram pouco e mal seguidos pelo resto da população, que não falava francês.[35]

Em pouco tempo, dois partidos se enfrentariam: de um lado, o partido dos que tiraram proveito da ocupação francesa e estavam ligados à Corte, em torno de Peretti, de Buttafoco, do governador Barrin (sucessor de Marbeuf), comandante-geral das tropas francesas de linha, e de François Gaffori*[36]; do outro lado, o partido "patriota", composto por fiéis de Paoli e por *fuorisciti* de volta ao país, por comerciantes partidários da abolição das fronteiras e da livre circulação do comércio, preocupados em livrar a Córsega do centralismo nivelador de Versalhes, mas também por partidários dos antigos privilégios locais, montanheses, pastores, camponeses do interior, artesãos etc.

Tumultos eclodiriam em Bastia no final de abril. Em Ajaccio, no dia 15 de agosto de 1789 (Napoleão ainda estava na França), a festa tradicional transformara-se em manifestação contra o bispo de Doria; nos dias subsequentes, os montanheses desceram para a costa para exigir a restituição do *Libro rosso*, "um registro da época de Gênova em que estavam consignados os direitos das comunidades"[37]: eles atacaram as concessões recentes ao sul do golfo de Ajaccio e quatro mil montanheses de Vico marcharam armados contra Cargèse.**[38] O sr. De La Férandière, comandante da praça de Ajaccio, e o podestade Tartaroli dispersaram os revoltosos.[39] Em Paris, diversos projetos circulavam: no círculo do rei, falava-se em revender a Córsega para os genoveses, mas La Fayette e Mirabeau eram favoráveis ao retorno de Paoli, exilado em Londres havia vinte anos, para restabelecer a ordem e a paz civil. No fim de agosto de 1789, um "comitê nacional" de 22

---

* Filho indigno do herói da primeira guerra de independência, sogro de Matteo Buttafoco, marechal de campo, segundo-comandante das tropas francesas.

** Onde vivia uma colônia grega e onde o governador Marbeuf construíra para si uma residência suntuosa.

membros, estabelecido em Bastia, fora encarregado de fazer respeitar as leis francesas da Assembleia Nacional e recrutou uma milícia (os voluntários da Guarda Nacional). Contudo, o governador real dera ordens para as tropas de linha: a partir de 16 de setembro, François Gaffori, seu imediato, dirigiria uma expedição militar pela ilha, desarmando os guardas municipais[40] e reprimindo os motins que eclodiam por toda parte.

Napoleão, de licença, desembarcou em Ajaccio no final de setembro de 1789. A cidade estava em ebulição: fora a primeira a ostentar o distintivo tricolor, a constituir uma milícia "patriota" e a se declarar pronta para acolher Paoli.[41] Dizia-se que os Buonaparte tinham estendido uma bandeirola em frente à sua residência: "Viva a Nação, viva Paoli, viva Mirabeau", transformando a Casa "em um local de encontro e de reuniões públicas para os jovens ativos e ambiciosos".[42] Em 31 de outubro, Napoleão redigiu uma mensagem da nova municipalidade de Ajaccio* a "nossos senhores da Assembleia Nacional", apoiando o projeto dos deputados do Terceiro Estado de substituir o governador ou o "comitê nacional" de Bastia por um comitê eleito, exigindo a retirada das tropas de linha e a possibilidade de poder armar a milícia municipal apesar da proibição dos comissários do rei. Os quatro primeiros signatários desse texto foram, em ordem: Buonaparte, "oficial de artilharia", Tartaroli P., Pozzo di Borgo, secretário dos eleitores da nobreza da Córsega, Lucciano Buonaparte, antigo arcediago.

As tropas de Gaffori (quatrocentos soldados do Provincial-Corse e do regimento suíço de Salis Grison) chegaram a Ajaccio no início de novembro e dissolveram a guarda municipal.[43] Em 5 de novembro, porém, uma insurreição eclodira em Bastia.[44] Os revoltosos elegeram como coronel da guarda municipal César-Mathieu de Petriconi, fiel tenente de Paoli. O alarme geral fora dado: confrontos violentos entre as tropas de linha e os voluntários da guarda deixariam dois mortos. O governador, feito refém na igreja onde os patriotas estavam reunidos, subscreveu as exigências dos insurgentes, e um "comitê patriótico" foi criado, enviando imediatamente

---

* Eleita em 17 de agosto; Joseph Bonaparte e Joseph Fesch eram membros.

para Paris três delegados.[45] Gaffori, declarado "inimigo da pátria", bateu em retirada. Em 20 de novembro, na Assembleia Nacional, Volney leu a *Lettre sur la Corse* dos delegados patriotas; Christophe Saliceti fez com que se votasse uma moção declarando que a ilha era "parte do Império francês" e que "seus habitantes serão regidos pela mesma Constituição que os demais franceses". Mirabeau solicitou a anistia para Paoli e todos os *fuorusciti*[46]: em 12 de dezembro, com o decreto de anistia que incluía o nome de Paoli, ecoam *Te deum* por todas as igrejas. No dia 15 de dezembro de 1790, Bastia tornou-se a capital do departamento insular*, criado ao mesmo tempo que os 83 outros departamentos do território francês. De 22 de fevereiro a 1º de março, uma assembleia reunida em Bastia sob a presidência de Petriconi e na presença de Clemente Paoli, o irmão e companheiro de armas do "general da nação", votou o retorno do *Babbu*, a suspensão dos Doze Nobres e a nomeação de um "comitê superior" provisório.

Os paolistas patriotas, fortalecidos por um "amplo apoio popular"[47], ganharam: Paoli deixou Londres no dia 20 de março de 1790. Foram os revolucionários franceses da Constituinte (em especial Mirabeau e La Fayette) que fizeram retornar a seu país o símbolo da independência da ilha, também impondo aos corsos uma sujeição legal sem precedentes ao novo poder "nacional".

Nas eleições municipais de Ajaccio de fevereiro e março de 1790, um conhecido dos Buonaparte, Jean-Jérôme Levie, fora eleito prefeito, e Joseph tornara-se oficial municipal, apesar de não ter atingido a idade legal.[48] Alguns ajaccianos protestaram contra a nomeação de Bastia como capital (sobretudo Mario Peraldi); eles queriam uma secessão, exigindo a divisão da ilha em dois departamentos.[49] Os Buonaparte eram contra (como Paoli**), e Joseph por fim conseguiu que os ajaccianos participassem das assembleias de "*aquém dos montes*".

---

* Dividido em nove distritos em 5 de fevereiro de 1790.

** Ele escreve uma carta a esse respeito no dia 17 de maio de 1790, publicada no dia 12 de junho no *Giornale Patriottico* de Buonarroti, Jean Tulard (*Corr.* I, nota 9).

Joseph e Napoleão, chamados de "os irmãos Graco", eram muito amigos naquela época de Philippe Masseria, o íntimo colaborador de Paoli em Londres. Eles faziam parte dos animadores do clã "patriota" de Ajaccio. Seus adversários monarquistas eram apoiados pelos oficiais das tropas de linha acantonadas na cidadela e comandados por La Férandière, que apontava seus canhões para a comuna. Os monarquistas tentavam explorar as agitações provocadas em uma parcela da população pela abolição dos votos monásticos (em 13 de fevereiro de 1790). No dia 9 de maio de 1790, na Piazza d'Olmo, Masseria e os dois irmãos Buonaparte foram atacados por cerca de quarenta camponeses fanáticos comandados pelo abade Recco (um sobrinho do antigo professor deles) e deveram sua salvação ao "bandido" Trenta Costa, um de seus "partidários", que os protege com seu corpo, pistola na mão.[50] No dia 10 de maio, montanheses armados, próximos dos Buonaparte, invadiram a cidade sob o pretexto de federar Ajaccio e Bastelica e de entregar uma bandeira tricolor ao prefeito de Bastelica, primo próximo dos Buonaparte; salvas de tiros foram dadas. No dia 19 de maio, La Férandière foi obrigado pela municipalidade a começar a desmontar os canhões da cidadela. No dia 24 de junho de 1790, Joseph deixou Ajaccio: ele fazia parte da delegação encarregada de buscar Paoli para trazê-lo de volta à Córsega.[51] Os patriotas pareciam ter definitivamente vencido.

Porém, no dia seguinte (25 de junho), conflitos reiniciaram com mais força: motins eclodiram porque o juiz real, sr. De Raquine, havia decidido soltar dois homens do "círculo aristocrático" que a municipalidade prendera por peculato.* Por outro lado, o *Livro vermelho* (o *Libro rosso*, que consignava os direitos das comunidades) estava perdido, e os *paesani*

---

* M. Souiris, administrador subdelegado, havia promulgado, três dias antes, a saber o dia seguinte a um importante dia de feira, o novo decreto sobre a livre venda de sal, enquanto este havia sido registrado em Bastia no dia 3 de maio, obtendo fraudulentamente benefícios consideráveis; M. de Cadenol, engenheiro de Pontes e Estradas encarregado da construção da ponte de Ucciani, era suspeito de falsificações.

acusavam Souiris de tê-lo escamoteado.⁵² Os revoltosos prenderam Souiris, Cadenol, Raquine e dois monarquistas que vieram a seu socorro, Lajaille (major de artilharia) e Descamps (diretor do hospital militar).⁵³ À noite, La Férandière reuniu um conselho de guerra e decidiu libertar os prisioneiros no dia seguinte à força, mas foi impedido por uma revolta de seus suboficiais e dos soldados, que avisaram a municipalidade.⁵⁴

Napoleão, dizia-se, saíra da Casa Buonaparte com um fuzil na mão, de pantufas, casaco e sem chapéu, teria sido aclamado pelo povo e, "para proteger aqueles que ela ameaçava, mais do que para persegui-los, teria assumido a responsabilidade"⁵⁵ da prisão dos monarquistas. "Nenhum testemunho preciso"⁵⁶ confirma isso, ao que parece. No entanto, ele seria o autor do memorando justificativo da municipalidade de Ajaccio que será afixado nos muros da cidade e enviado para Paris.

O certo é que Napoleão tomou consciência, nessa ocasião, das contradições sociais específicas da Revolução na Córsega, nas quais se verá pessoalmente envolvido. Sua carta à Assembleia de outubro de 1789 já dava uma indicação essencial a respeito disso: "O numerário só circula no país por intermédio das tropas, triste resultado de uma má administração".⁵⁷ Em outras palavras: não havia dinheiro na Córsega. Essa diferença de situação econômica entre a França e a ilha explica por que a Revolução, e particularmente a venda dos bens nacionais, que começará um pouco depois na ilha, só beneficiará uma ínfima parte da população*; e os Buonaparte, em especial Napoleão, farão parte dos raros notáveis com condições de comprar terras com dinheiro vivo. Em contrapartida, os camponeses e pastores do interior não poderão ter acesso à propriedade, ao contrário de uma parcela dos camponeses franceses, por falta de "numerário".

A essa marginalização social dos habitantes do interior se somará uma injustiça que toca Napoleão a fundo: o me-

---

* Quinhentos proprietários, de uma população de 150 mil habitantes, serão compradores, dentre os quais Saliceti, Tortaroli, Arena, Buonaparte (Paoli, p. 251).

morando justificativo de junho de 1790, do qual ele muito provavelmente foi autor, fazia menção à perda do *Livro vermelho* que consignava os direitos comunais ancestrais. Os montanheses, no início, haviam sido favoráveis à Revolução Francesa porque ela lhes possibilitava reivindicar os "direitos das comunidades" (direitos de pastagem e outros direitos de passagem de pastores pelas terras do litoral e das cidades) dos quais a monarquia francesa os havia espoliado.* Ora, a centralização legislativa revolucionária, longe de garantir as franquias da tradição comunal de usufruto coletivo das terras, favorecerá sua destruição legal.

Nesse ponto, em Ajaccio, o conflito entre moradores da cidade (*citadini*) e montanheses (*paesani*) tornou-se particularmente violento no dia 15 de dezembro de 1790, quando uma "expedição punitiva de trabalhadores e oficiais municipais foi feita contra os pastores isolados do campo circundante: agredidos e acorrentados, acusados de terem se oposto à justiça com armas nas mãos, depois de terem invadido o território comunal"[58], eles foram atirados na prisão da cidade. Dois meses depois, em 25 de fevereiro de 1791, um decreto da municipalidade de Ajaccio suprimiu "com toda legalidade e em nome da Constituição"[59] os direitos ancestrais de usufruto das terras municipais reivindicados pelos montanheses: os *prese* passam a ser reservados aos "cidadãos ativos" da cidade e do Borgu (cidadãos capazes de pagar impostos: cultivadores, marinheiros e pescadores do litoral).

Em toda a ilha, as municipalidades apresentaram o mesmo tipo de decreto, e os habitantes do interior, privados de seus direitos, tornaram-se a partir desse momento os reféns das lutas políticas e das lutas entre as facções: os monarquistas tentaram explorar sua cólera para conseguir uma aliança, também apostando em seu apego aos monges e ao antigo clero não constitucional. Além disso, o antigo funcionamento patriarcal das aldeias fazia com que os montanheses fossem

---

* Eles haviam descido para o litoral em 15 de agosto de 1789 para exigir a restituição do *Libro rosso*.

localmente os "partidários" dos chefes de clã (como a família Buonaparte) que às vezes se enfrentam em uma guerra secular (a *vendetta*) sem relação com as lutas políticas. Por fim, massivamente recrutados pela Guarda Nacional a partir de 1789 por patriotismo (constituíam o grosso do recrutamento), os *paesani* opunham-se às tropas de linha acantonadas no litoral. Ao mesmo tempo "guerrilheiros" e guardas nacionais, eles ficam divididos entre os monarquistas, os chefes de clã (que pertencem a todos os campos políticos), os paolistas e os patriotas pró-franceses.

Napoleão, que vimos apegado às instituições patriarcais e à democracia à moda antiga do "governo municipal"[60], não era o único a ter consciência do problema. Paoli, antes mesmo de seu retorno para a Córsega, obtivera do governo parisiense a permissão para o pagamento em gêneros dos impostos na ilha. Mas aí cessaria a compreensão dos revolucionários franceses, de todas as tendências políticas, a respeito do reconhecimento da especificidade córsica, o que explicará o conflito futuro entre paolistas e patriotas pró-franceses. A Assembleia Constituinte, no entanto, nomeou Paoli comandante-geral das tropas de linha francesas (em substituição ao antigo governador), mas também comandante da Guarda Nacional córsica. Considerado pelos *paesani* como o chefe da nação córsica e o único fiador dos direitos ancestrais, o ex-"general da Nação" conseguirá reuni-los sob seu estandarte.

Paoli chegou a Paris no dia 3 de abril de 1790: foi aclamado pela Assembleia Nacional no dia 22 de abril como um novo Washington, passou em revista a Guarda Nacional parisiense ao lado de La Fayette no dia 25, foi recebido triunfalmente por Robespierre no Clube dos Jacobinos no dia 26 e, no dia 30, foi recebido em audiência nas Tulherias por Luís XVI.[61] O *Babbu* deixou a capital um mês depois: foi recebido por uma multidão em delírio[62] ao chegar em Bastia no dia 17 de julho. Napoleão fora encontrar-se com o irmão e assistiu às festividades. Ele se alegrou, como todos os seus compatriotas, de ter visto o "nobre ancião de cabelos brancos, estatura elevada, olhar doce e penetrante"[63] exclamar beijando a terra: "Ó, minha pátria, deixei-te escrava e encontro-te livre".[64] Ele apreciou especialmente o fato de que o "ditador moral da nação córsica"[65] tenha levado seus compatriotas a "jurar uma fidelidade perpétua e uma plena adesão à feliz Constituição que nos une a esta nação sob as mesmas leis e sob um rei cidadão"[66] e que tenha afirmado, no dia 20 de julho, por uma carta circular, sua ligação com a Revolução Francesa. Os dois lados de Napoleão, o corso e o francês, viram-se momentaneamente reconciliados. Além disso, Paoli era muito próximo politicamente de La Fayette ou de Mirabeau, que Napoleão admirava desde as vésperas da Revolução, como vimos. É possível imaginar a emoção do jovem de vinte anos quando, na quinta-feira, 5 de agosto de 1790, encontrou-se pela primeira vez com o homem que considerava havia anos seu pai espiritual: ele foi recebido com a delegação de Ajaccio e foi apresentado por seu irmão Joseph.[67]

Ele passaria dois meses de festa e banquetes no círculo de Paoli, frequentando os oficiais corsos "históricos": Clément Paoli, Muratti, Abbatucci, César-Mathieu de Petriconi, o pai Guelfucci...[68] Por toda parte ecoavam *Te deum*, salvas de tiros, música e cantos profanos; dançava-se até tarde da noite "nas praças iluminadas por velas e tochas"[69], como no domingo, 15 de agosto, dia de seu aniversário, em que grandes luzes queimavam em homenagem a Paoli...*

Numa carta de 22 de agosto para Joseph, que voltara para Ajaccio, ele também evoca suas relações pessoais com Buonarrotti, o rico toscano fundador do *Giornale Patriottico*, jornal patriótico da ilha, os jantares com Ponte, o abade Varese ou o "bandido" Zampaglino (partidário dos Buonaparte), "o embarque [à força] de Gaffori**, a prisão de Boccheciampe e de Cuttoli".[70] No dia 27 de agosto, ele aplaudiu Saliceti por ter defendido Paoli na Assembleia: o *Babbu* havia sido acusado

---

* Napoleão dá, com suas cartas, instruções aos seus para receber Paoli em Ajaccio na Rue Malerba (não se sabe se isso de fato ocorreu): "Retirem o retrato de Marbeuf" (*Corr.* I, p. 83).

** Paoli mandara prender Gaffori assim que chegara à ilha, depois o fizera embarcar para a França em agosto.

pelos monarquistas de armar uma milícia de oito mil homens e de querer "expulsar os franceses para a Inglaterra".[71]

Todavia, ele também mencionou um esfriamento da relação com Masseria e confirmou as dissensões que nasciam com o clã Peraldi (Napoleão não queria que Mario Peraldi presidisse a assembleia de Ajaccio). Desde as eleições primárias de agosto*, vozes discordantes se faziam ouvir no campo patriota: Paoli não armara oito mil homens mas 1,5 mil de seus partidários e, além dos tumultos causados pelo campo monarquista**, ajustes de contas entre clãs e facções rivais transversais aos dois campos monarquista e patriota produziam uma certa confusão. Mesmo assim, o *Babbu* conseguiu a façanha de ser eleito presidente*** do conselho geral da Assembleia de Orezza por 338 votos dos 341 votantes no escrutínio pessoal e secreto; ele lembrou sua "adesão total"[72] à França revolucionária, mas conservou o termo "nação" para designar a Córsega.

A *Consulta* ocorreu de 9 a 27 de setembro de 1790 no convento de San Francesco d'Orezza; além dos quatrocentos deputados vindos dos nove distritos, dos quais Joseph fazia parte representando Ajaccio com Mario Peraldi, Ponte, Tartaroli, Masseria e Charles-André Pozzo di Borgo representando Alata, mil homens armados chegaram de toda a ilha, mas não puderam assistir aos debates.[73] Entre eles, Napoleão.

Ele aproveitara uma prorrogação de sua licença no fim do ano de 1789 e recebera uma nova autorização de licença no dia 29 de maio de 1790 para beber as águas de Orezza: todos aqueles anos ele vinha sofrendo ataques recorrentes de malária.[74] No entanto, em 30 de agosto, ele não tomaria a

---

* Assembleias primárias que elegiam os deputados reunidos em setembro em Orezza; elas elegiam os juízes de paz (*paceru*) e 144 funcionários, administradores e empregados.

** Buttafoco e Marbeuf tiveram suas efígies queimadas como "traidores da pátria" (Paoli, p. 212).

*** Saliceti foi eleito procurador-síndico (vice-presidente do conselho geral); Barthélémy Arena substituiu-o na Constituinte. Os dezoito membros do diretório do departamento foram eleitos na primeira assembleia do conselho geral em 1º de outubro, em Bastia (Paoli, p. 221).

estrada rumo à estação termal no nordeste da Córsega* para se tratar, mas para ser um dos quinhentos cavaleiros que escoltaram o *Babbu* em sua cavalgada pela ilha até o convento San Francisco e tentar distinguir-se junto a ele:

> [Em Santa Helena], ele se lembrava com orgulho que, antes de fazer vinte anos**, ele havia feito parte de uma grande excursão de Paoli a Ponte di Novu. O cortejo era numeroso; mais de quinhentos de seus homens o acompanhavam a cavalo; Napoleão cavalgava a seu lado; Paoli lhe explicava, durante o caminho, as posições, os locais de resistência ou de triunfo da guerra da liberdade.*** Ele lhe dava detalhes dessa luta gloriosa; e pelas observações de seu jovem companheiro, pelo caráter que ele lhe deixara entrever, pela opinião que ele lhe havia inspirado, ele disse: "Ó, Napoleão! Nada tens de moderno! Pertences totalmente a Plutarco!"[75]

Alguns biógrafos dizem que esta última frase teria saído direto da imaginação de Las Cases.[76] Podemos supor, em contrapartida que se trata de uma lembrança compensatória ou reparatória e que Napoleão sonhou com essa entronização por Paoli porque muito a havia desejado. Mas nenhum dos documentos de que dispomos (entre outros, as cartas de Paoli) confirmam que ela de fato ocorreu. Mesmo assim, concordaremos com o biógrafo François Paoli que essa cena real ou imaginária teve uma função na memória e nas afeições de Napoleão: "Tentar apagar Ponte Novu", em outras palavras, a derrota, ou ainda, em sua psicologia, a vergonha da aliança francesa de seu pai. Naquele dia, cavalgando ao lado ou no mínimo não muito longe do "ditador moral da pátria", reconciliado consigo mesmo, ele só sentiria "orgulho".

Contudo, Napoleão não teve sorte com os pais, reais e simbólicos. E este em breve se revelará decepcionante. Não

---

* O convento de Orezza era o local onde ocorriam as assembleias tradicionais que reuniam todos os deputados dos *pièves* [circunscrições territoriais] – é um símbolo da luta patriótica córsica.

** Ele tinha 21 anos.

*** Em Ponte Novu, onde, quando Napoleão nasceu, a "pátria perecia".

seguiremos o biógrafo Masson, que afirma que o jovem teria imediatamente julgado que o velho cansado que Paoli era* não estaria à altura das expectativas que despertava, em especial como general e homem de guerra.[77] Enquanto Paoli expunha os planos militares da Batalha de Ponte Novu, Napoleão teria feito uma observação perfeitamente impertinente: "O resultado dessas disposições foi o que aconteceu".[78] Se não é verossímil que "Napoleão e Paoli chocaram-se"[79] desde aquele momento, e se é absolutamente equivocado dizer que eles não tinham "nenhuma ideia em comum"[80], em contrapartida é muito provável que o jovem ambicioso tenha considerado que "Paoli não prestava atenção suficiente em sua pessoa".[81] Masson é bem claro: "Paoli precisava lidar com uns e outros [as diversas facções e clãs] e menos, talvez, com os Buonaparte do que com outros".[82] É certo que o vencido de 1768 exercia sua "desconfiança natural a respeito dos Buonaparte", porque não esquecera que o pai e a mãe tinham se comprometido fortemente com o governador real Marbeuf. Colocando os irmãos Buonaparte de lado, "mas em segundo plano, colocando-os à prova e mantendo-os sob seu controle"[83], ele desconfiava da evidente ambição pessoal de Napoleão e de sua grande independência de espírito. Porém, acima de tudo, ele não precisava nem um pouco de sua pessoa.

Quanto ao retrato caricatural, bastante "bonapartista", do biógrafo Masson, substituindo as acusações monarquistas por um Paoli anglófilo que se preparava desde o início a entregar a Córsega aos ingleses, enquanto os Buonaparte teriam escolhido a França desde 1789, ele não se sustenta ao examinarmos os fatos. No máximo Paoli, "na direção do pensamento de Mirabeau", desenvolveu em Orezza uma visão bastante "utópica" da nação córsica, que ele desejava soberana senão independente, em um contexto de paz europeia com a Inglaterra, logo desmentido pela realidade: a Inglaterra

---

* Ele tinha 65 anos em 1790: isolado em sua aldeia de Rostino depois do fim da assembleia, aparece pouco no conselho geral do departamento, deixando a realidade do poder a Saliceti, procurador-síndico, e a Barthélémy, deputado da Constituinte; depois, a partir do outono de 1792, a Pozzo di Borgo.

declarou guerra à França em fevereiro de 1793.[84] É verdade que o "general da nação" teria preferido a independência sob protetorado francês, ou um "laço federal"[85] com o continente, mais do que uma assimilação total à França, à qual ele tentará resistir[86], sobretudo pelas razões econômicas e sociais que vimos. Contudo, o velho chefe político não conseguia iludir-se a respeito de uma autonomia total da ilha e procurava antes reforçar sua autoridade tentando arbitrar as relações franco-inglesas.

Não há nenhuma dúvida de que Napoleão compartilhava totalmente de suas visões naquela época: para ele, a "pátria" continuava sendo a Córsega[87], e ele aprovava seu pragmatismo sobre as questões religiosas*, bem como sobre as questões sociais e políticas. Todavia, quando enviou a Paoli, em março de 1791, sua "Lettre à Matteo Buttafoco", seu primeiro escrito político publicado**, a resposta do *Babbu* foi contundente: em tom irritado, o velho general não disse um elogio sequer e considerou, pelo contrário, inútil a refutação do monarquista Buttafoco, e mesmo prejudicial, pois dava importância política ao chefe do partido monarquista***: "Recebi a brochura de seu irmão", escreveu ele a Joseph, "ela teria causado maior impressão se tivesse dito menos e se tivesse demonstrado menos parcialidade".[88] Paoli se esquivaria claramente do pedido feito por Napoleão da abertura de seus arquivos para que o jovem autor das *Lettres sur la Corse* pudesse continuar suas pesquisas: "A história não é escrita nos anos de juventude", ele disse abruptamente, encorajando seu jovem interlocutor

---

* Religioso praticante, Paoli mesmo assim impôs a Constituição Civil do Clero: 90% do clero prestam o juramento (Paoli, p. 226). Napoleão, em seu *Discours sur le bonheur*, do verão de 1791, observará que em 1755 Paoli já "derrubara o clero, atribuindo à nação os bens dos bispos" (OLEM 2, p. 203).

** Napoleão escreve esse texto no gabinete da residência familiar Les Milellis (Tulard, 51), depois o lê em 23 de janeiro de 1791 diante de toda a nova Sociedade dos Amigos da Constituição de Ajaccio, da qual seu jovem irmão Lucien havia sido eleito secretário; de volta à França em 6 de fevereiro de 1791, ele o publica e envia um exemplar a Paoli em 16 de março.

*** Não compartilharemos da admiração de Stendhal por este texto e seremos da opinião de Jean Tulard, para quem apenas a peroração final "chama a atenção" (Tulard, 52): "Ó, Lameth! Ó, Robespierre! Ó, Pétion! Ó, Volney! Ó, Mirabeau! Ó, Barnave! Ó, Bailly! Ó, La Fayette!" (*Corr.* I, p. 96).

a coletar anedotas para mais tarde e para "realçar" a importância de uma história que ele julgava menor "pela qualidade dos caracteres que nela figuraram"[89] (falsa modéstia típica do estilo de Paoli). Em suma, ele administrava os Buonaparte, mas não os favorecia.

A frieza de seu tom não desencorajou o fervor de Napoleão, pois ele quase imediatamente escreveu (primavera-verão de 1791) um texto contendo uma nova apologia de Paoli e de sua constituição de 1755, o "Discours sur le bonheur".

Regressando à França em 6 de fevereiro de 1791, primeiro a Auxonne e depois a Valence, ele retomou a vida da guarnição, que lhe dava todo o tempo do mundo para ser o preceptor de seu irmão mais novo Louis*, que levara consigo, também retomando seus estudos pessoais e suas ambições literárias. Aproveitando essa ocasião de colocar-se à distância dos acontecimentos corsos e revolucionários, ele retomou as coisas de onde as havia deixado em 1788, isto é, em Rousseau e em sua meditação sobre o amor.

Em seu "Dialogue sur l'amour", escrito naquela época, encontramos a ideia já bem-estabelecida de que o amor era uma "fraqueza"[90], apoderando-se do homem em situação de isolamento: "O que é o amor? A sensação de fraqueza com que o homem solitário ou isolado não tarda em ser impregnado, ao mesmo tempo a sensação de sua impotência e de sua imortalidade".[91] Essa fraqueza degenera em "doença": "Não queremos sarar; porque depois de ter experimentado as sensações, a embriaguez do amor, tememos a horrível solidão do coração, o vazio de sensações".[92]

Napoleão coloca em cena, nesse texto, seu amigo Des Mazis em transe amoroso e um certo "Bonaparte" que apela à vontade, à "força" moral, à "virtude" do apaixonado para que ele sare de seu mal.

---

* Luigi, que estava com doze anos, não podia se formar na Córsega, no estado de desorganização em que se encontrava o sistema de ensino (que antes da Revolução era garantido pelos religiosos) e "nenhum pedido tivera êxito junto às escolas reais" (Paoli, p. 225).

O texto é interessante porque podemos observar o jovem afastando-se de seu mestre da juventude, Rousseau, mas refletindo com as ferramentas que o filósofo lhe fornecera: oposição entre o estado de natureza e a sociedade e, principalmente, a noção de "direito natural", base conceitual da crítica social rousseauísta.* Apesar de o "Bonaparte" do texto admitir um "direito natural" às sensações, ao sentimento e à felicidade, ele ordena o apaixonado a submeter-se às leis da sociedade e aos prejulgamentos que delas decorrem: "O senhor tem vinte anos, monsieur, escolhei: renunciai à vossa condição, à vossa fortuna, e abandonai um mundo que detestais, ou, inscrevendo-vos entre os cidadãos, submetei-vos a suas leis".[93]

O "Dialogue sur l'amour" de certo modo invertia o lugar-comum típico do século XVIII da crítica sobre o "prejulgamento", considerando que ele era "a base de todas as instituições sociais". A passagem ao estado de sociedade, que em Rousseau era uma catástrofe, torna-se, sob a pluma de Napoleão, um dever: "Foi preciso tomar o homem desde sua origem para dele fazer, se possível, uma outra criatura".[94] À moral natural de Rousseau ele opõe uma ética aristocrática claramente inspirada aqui em Platão** e nos estoicos, que consiste em uma ascese (das paixões eróticas, mas não apenas delas) visando ao domínio de si, que os filósofos da Antiguidade consideravam uma propedêutica necessária ao domínio dos outros, reservado aos futuros governantes.***

---

* Essa noção de "direito natural" oposto ao direito positivo (regras jurídicas em vigor) nasce no século XVI, quando os homens interrogam-se a respeito do caráter universal da natureza humana (nos índios da América ou nos escravos negros): os teóricos da escola de Salamanca e o filósofo holandês Grotius (1583-1645) dedicam-se a definir um direito prescritivo que estaria ligado à natureza do homem; os filósofos dos séculos XVII e XVIII, Hobbes, Locke, Rousseau, retomam essa questão. A declaração dos direitos do homem de 1789 é a tradução política dessas reflexões. Marx, à esquerda, e o contrarrevolucionário Joseph de Maistre, à direita, criticarão o caráter demasiadamente abstrato do individualismo universalista decorrente.

** Platão, em *Alcibíades*, é o primeiro a teorizar esse domínio de si e dos outros.

*** O estoicismo tardio "democratiza" essas práticas de ascese, no entanto reservadas a uma elite de homens ociosos e livres.

Napoleão aprofundará, nesse sentido, suas divergências com o filósofo em seu "Discours sur le bonheur", escrito durante o verão e endereçado à academia de Lyon. Fundada pelo abade Raynal* em 1780, o concurso dessa academia exigia, naquele ano de 1790, a resposta à seguinte pergunta: "Quais verdades e quais sentimentos são mais importantes de ser inculcados nos homens para a felicidade?".

O estado do homem "mais miserável de todos" lhe parece ser sem paixões (ou sem "apetites"): o horror de ter o "coração vazio" retorna com insistência em todos os seus textos.[95] Ele descreve a acídia apática do homem melancólico "desencorajado por qualquer coisa" e ela lhe parece curiosamente comparável à solidão do sábio: "Ele estuda, ele discute, sua razão estará satisfeita, mas terá ele um coração? Para onde o conduzirá esse acúmulo de conhecimentos diversos? O vazio da solidão, uma inquietação interna lhe dirá: não! Não sou feliz".[96] Podemos imaginar o jovem de vinte anos e cheio de vigor escrevendo à luz de velas em seu pequeno quarto de Valence ou de Auxonne, enquanto Luigi dormia no colchão do gabinete contíguo, e revoltando-se contra os pesados estudos que ele se impunha. Não deixa de afirmar:

> Nossa organização intelectual tem apetites menos imperiosos e de satisfação muito mais preciosa. É no inteiro desenvolvimento deles que consiste de fato nossa felicidade. Sentir e pensar, estes são propriamente o feito do homem, estes são seus títulos à supremacia que adquiriu, que conserva, que conservará para sempre [...]. Os olhos da razão protegem o homem do precipício das paixões, assim como seus decretos modificam até mesmo o sentimento de seus direitos.[97]

---

* Talvez tenha sido Raynal que lhe tenha dado a ideia de concorrer, sugere Masson (199). Ele o conhecera em Marselha ou Valence em agosto de 1789 (Tulard, p. 49) e escrevera-lhe em 24 de junho de 1790 para enviar-lhe as primeiras *Lettres sur la Corse*: "Agora temos os mesmos interesses, as mesmas atenções, não mais um mar nos separando", ele havia declarado a respeito da Revolução (*Corr.* I, p. 86).

Sublimação intelectual e melancolia: estes são os polos positivo e negativo da personalidade que o jovem escritor está construindo para si mesmo e que ele quer sobrepor às paixões de seu caráter natural.

Da felicidade individual, Napoleão passa à questão da felicidade coletiva, em que o equivalente do sentimento ponderado lhe parece ser a legislação justa de acordo com o "direito natural", a única que permite resolver, escreve ele, o "problema político, de modo que o menor tenha alguma coisa": "O homem, ao nascer, traz consigo direitos sobre a porção dos frutos da terra necessários para sua existência[98] [...] Por que o preguiçoso tem tudo e o homem que trabalha, quase nada?".[99] Que na primeira ponta da cadeia social "esteja o homem rico, consinto, mas que na última não esteja o miserável; que seja ou o pequeno proprietário, ou o pequeno comerciante, ou o hábil artesão que pode, com um trabalho moderado, alimentar, vestir, alojar sua família".[100] A chave para a felicidade coletiva, social e política consiste, portanto, na erradicação da grande pobreza, de um lado, e do outro, diretamente na ascese cristã e aristocrática de Fénelon, mais do que no "direito natural" de Rousseau, na moderação, no desdém aos "bens supérfluos"* e à intemperança desordenada:

> O estado do rico é o império da imaginação desregrada, da vaidade, dos prazeres dos sentidos, dos caprichos, das fantasias [...]. Nunca o invejes e, se te oferecerem todas as riquezas da região, meu único amigo, joga-as para longe de ti, a menos que seja para partilhá-las com teus concidadãos. Mas meu filho [o texto coloca em cena um diálogo entre um pai moribundo e seu filho], este ato de força, de magnanimidade só vem de um deus... Sê homem**, mas sê-o realmente. Vive mestre de ti: sem força, meu filho, não há nem virtude nem felicidade.[101]

---

* Expressão tirada de *Les Aventures de Télémaque* (1699), romance didático de Fénelon (1651-1715), muito lido no século XVIII e relido pelo imperador em Santa Helena (*Memorial*, p. 424 e p. 1341): é mais que provável que ele ao menos tenha lido alguns trechos ao longo de sua formação.

** Napoleão não chega a exigir a divisão das riquezas.

Essa projeção do jovem em um discurso paterno exemplar poderia levar-nos a pensar aqui que o momento da busca de um guia ou de um pai espiritual chegou ao fim; porém, é justamente nessa parte do texto que surge o nome de Paoli e a descrição mais idílica e mais completa que Napoleão fez de seu governo de 1755.* As duas principais afirmações sobre esse regime que ele idealiza são, contudo, bastante problemáticas. Na primeira, ele diz que "a história do andamento de seu governo é quase a da atual revolução".[102] Na segunda, ele lhe atribui o mérito do direito das comunidades. No entanto, Napoleão sabia que a Revolução Francesa estava acabando com esses direitos ancestrais que Paoli havia de fato reinscrito em sua Constituição, mas que não havia criado: esta era justamente uma das diferenças mais notáveis entre a política paolista de preservação dos antigos costumes patriarcais e o regime revolucionário francês. Todavia, preocupado em não criar uma chaga entre a nação revolucionária da qual era oficial e a pátria córsica, o jovem preferia acreditar que a conciliação era possível, pois ainda esperava que ela poderia, no fim, acontecer.

Ele desconfiará dos jacobinos em 1792, mas nesse texto escrito um ano antes da noite de 10 de agosto ele criticará o sufrágio censitário, alinhando-se com a posição de Robespierre, que queria o sufrágio universal. Não há dúvida de que o jovem oficial ainda se preocupava, naquele verão de 1791, com os excluídos da Revolução formados pelos moradores da Córsega profunda e pelas "últimas classes" da França. Ele havia entendido que estas constituíam um elemento-chave da situação, e os acontecimentos parisienses de 1792, assim como os da Córsega, logo lhe dariam razão. Os biógrafos muito insistiram em seu horror da plebe amotinada, porém é ainda mais importante enfatizar a revolta contra a injustiça social por

---

* A Constituição de Paoli estava "baseada nos mesmos princípios que a atual, mas ainda nas mesmas divisões administrativas. Havia municipalidades, distritos, procuradores-síndicos, procuradores da comuna. Ele derrubou o clero, atribuiu à nação o bem dos bispos; por fim, o andamento de seu governo foi quase o da atual revolução" (OLEM 2, p. 203).

ele expressa.* Será preciso tentar compreender o que gastou ou quebrou sua incontestável veia social e democrática de 1791.

Igualmente surpreendentes (apesar de ainda sob influência da "religião natural" rousseauísta) são suas declarações sob a pluma do futuro redator da Concordata, que, em outra passagem, chegará a se pronunciar a favor do casamento dos sacerdotes:

> Adorei Deus [diz o pai moribundo em um pseudodiálogo com seus filhos], pois vivi feliz e preparei a felicidade de vocês. Fazer sua felicidade, concorrer para a dos homens, é o único culto digno do Eterno [...]. Vivam alegres, portanto, para proveito próprio e para agradar ao criador desse vasto universo.[103]

Não é a fé em Deus que consola o velho de sua morte próxima, mas a imortalidade da alma e a continuação das gerações:

> A morte é um estado da alma, é uma mudança de casa: o que isso tem de tão triste? Meu pai me chama da outra vida: um dia, eu os chamarei por minha vez; vocês chamarão a seus filhos. Assim passam os séculos.[104]

Imortalidade da alma, fé em um Deus que é o "ser supremo": estamos muito perto do teísmo voltairiano ou do de Robespierre. Quanto à cena da agonia do pai consolador, ela tem a evidente função psicológica de exorcizar de uma vez por todas, se isso é possível, as angústias nascidas com a morte de seu pai, Carlo.**

---

* O texto contém uma "violenta denúncia da injustiça social que Gracchus Babeuf não teria desaprovado" (Tulard, p. 61-62).

** Cujos vestígios encontramos aqui: as paixões excessivas (como eram as de Carlo) que "avariam o estômago" e a doença estomacal (que mata o pai) são utilizadas como imagem da morte moral das nações de sentimento depravado: "Quando a doença se manifesta pelo estômago, o médico esgota em vão sua experiência; o centro do restabelecimento é atacado; pouco ou nenhum socorro resta esperar de sua arte" (OLEM 2, p. 216).

A condenação da ambição despótica é mais previsível, porém ele escolhe de maneira mais original e interessante, se pensarmos em seu destino posterior, fazer dela uma descrição psicológica: ela seria um "delírio violento e irrefletido que só cessa com a vida".[105]

É compreensível que Napoleão tenha queimado o exemplar desse texto que Talleyrand lhe mostrará por volta de 1805 em um salão das Tulherias: talvez ele tenha tido medo de reconhecer-se na "ambição de tez pálida, olhos desvairados, passos precipitados, movimentos irregulares, riso sardônico"*...[106] E pior ainda devem ter-lhe parecido os seguintes trechos, quase anarquistas:

> Que o legislador diga ao homem, em cada linha, que vive para ele e não por algum outro, que todas a suas ações, bem como as do governo, devem ter por objetivo sua felicidade neste mundo; que ele lhe diga que em seus olhos está escrita a independência, em sua fisionomia, a liberdade, que a sociedade foi feita para ele e que ele só lhe deve seus sacrifícios sob esta condição[107] [...] Visto que o homem só experimenta a felicidade em uma vida de acordo com sua organização, visto que, por sua organização intelectual, a razão é a regra de suas ações, visto que a coação o deprava, o aniquila, nunca devemos forçar ninguém a adotar ideias que não sejam sentidas. / Liberdade de pensar total e absoluta, liberdade de falar e de escrever não ferindo a ordem social** é, portanto, o fundamento da moralidade, da liberdade e da felicidade individual[108] [...] Resistir à opressão é seu mais belo direito, aquele que os tiranos mais temem: em todas as épocas ele os alarmou[109] [...] Quanto à liberdade moral, seus principais inimigos se reduzem a dois: as más leis políticas, a dominação do poderoso e do usurpador.[110]

---

* A anedota foi tirada do *Memorial* (p. 125), mas é corroborada pelo fato de que o memorando efetivamente desapareceu da coleção da academia de Lyon (ver Jean Tulard, OLEM 2, p. 195).

** Note-se que essa curiosa restrição possibilita a todos os abusos de poder, como os do primeiro-cônsul e do imperador.

Esse texto inteiro, bastante mal-escrito, mas de vocabulário rebuscado*, manifesta, tanto quanto sua ambição política, o desejo de glória literária de Napoleão naquele momento – em reação, talvez, ao evidente desinteresse de Paoli por seu primeiro escrito político publicado ("Lettre à Matteo Buttafoco"). O início da segunda parte, em especial, inscreve plenamente o jovem aspirante a escritor no pré-romantismo inspirado por Rousseau; citaremos duas passagens notáveis:

> Sabeis que a basílica de São Pedro de Roma é grande como uma cidade. Uma lâmpada fica na frente do altar principal. Entrai nela às dez horas da noite; caminhareis tateando; aquela fraca luz permite-vos ver apenas ela. Pensais estar apenas entrando; já está na hora da aurora. Ela entra pelas janelas. A palidez da manhã sucede às trevas da noite; finalmente a vedes, para sairdes, mas lá ficastes por seis horas! Se eu pudesse escrever vossos pensamentos, como eles interessariam ao moralista![111]

> Vossa família está deitada, as luzes apagadas, mas não o fogo, pois as geadas de janeiro caem sobre a vegetação de vosso jardim... O que fazeis por várias horas?... Usufruís de vós mesmos.[112]

Escrito essencialmente ao longo do mês de agosto de 1791, entregue na última hora, em 25 de agosto, esse texto será "declarado abaixo do medíocre"[113] pela academia de Lyon. Mais uma afronta para o ambicioso de tez pálida: suas ambições políticas córsicas haviam sido contrariadas por Paoli; dessa vez suas ambições literárias é que sofreram um golpe. Mas restava-lhe a glória militar: será nela que ele apostará ao voltar à Córsega em setembro de 1791.

No início do outono de 1791, ocorreriam eleições na Assembleia Legislativa.** Joseph não foi eleito, para grande

---

* Napoleão tinha "Cahiers d'expression" com "palavras estranhas, sonoras, inusitadas, termos científicos ou estrangeiros" (Masson, p. 269).

** Foram eleitos deputados Mario Peraldi, por Ajaccio, Pozzo di Borgo, Arena, Leonetti, Pietri, Boerio.

decepção da família, mas tornou-se membro do diretório do departamento, do qual Saliceti foi eleito procurador-síndico; Joseph Fesch tornou-se vigário-geral do bispo constitucional.* As dissensões se acentuaram no campo "patriota": Barthélémy Arena se apresentara como sobrinho de Paoli. Outro motivo de atrito, Paoli** acusou o mesmo deputado Arena, o jornalista Buonarotti e Panattieri de serem em parte responsáveis pelos acontecimentos de Bastia ocorridos no mês de junho[114]: uma parte da cidade, excitada por Peretti e Buttafoco, se sublevara contra a Constituição Civil do Clero e a havia revogado.*** A municipalidade não se manifestara. Paoli, obrigado a fazer a tropa intervir, não gostara do fato de, a seguir, o conselho geral ter decidido, durante a sua ausência, a suspensão da municipalidade de que Petriconi, um de seus fiéis tenentes, dirigia a Guarda Nacional.

Segundo o decreto de 4 de agosto de 1791, quatro batalhões de voluntários nacionais dirigidos por tenentes-coronéis eleitos pelos homens**** deveriam ser recrutados na Córsega. O recrutamento havia começado em 14 de outubro de 1791. Napoleão pedira ao ministro da Guerra, no final de outubro, via general Rossi, parente dos Buonaparte, para ser nomeado ajudante-major do segundo batalhão (o de Ajaccio e de Tallano). O ministro aceitou sua nomeação para esse posto no dia 14 de janeiro de 1792, mas especificou que ele precisaria unir-se a seu regimento na tropa de linha entre 25 de dezembro de 1791 e 10 de janeiro de 1792, sob pena de destituição (devido a problemas de emigração massiva dos oficiais). Napoleão, que havia voltado para a Córsega em setembro e ainda estava lá, será efetivamente eliminado dos quadros do exército por

---

* O bispo Guasco havia sido eleito pelos sacerdotes em 7 de maio, em Bastia, segundo as novas disposições da Constituição Civil do Clero.

** Reeleito presidente do conselho geral, com 340 dos 346 votos dados.

*** Corte tornou-se capital do departamento.

**** Um batalhão era composto por 568 homens, divididos em nove companhias de 63 homens; uma companhia era dirigida por três oficiais, sete suboficiais, compreendendo 52 soldados e um tambor; o estado-maior do batalhão era constituído por dois tenentes-coronéis eleitos, um ajudante-major nomeado, um ajudante suboficial, um quartel-mestre oficial tesoureiro, um tambor mestre e um armeiro (Masson, p. 277).

ausência sem motivo quando de uma revista geral.[115] Bastante preocupado com seu destino, ele renunciou ao posto de ajudante-major e decidiu apresentar-se para a eleição ao posto de tenente-coronel de seu batalhão, única patente dos voluntários nacionais suscetível de isentá-lo da obrigação de apresentar-se ao regimento, o que deveria permitir – e de fato permitirá sua reintegração ao exército regular.

O recrutamento dos voluntários era muito lento e a eleição foi fixada para o dia 1º de abril de 1792. Até lá, ele se ocupou em gerir a pequena herança que recebera do tio Lucciano, morto no dia 16 de outubro de 1791*, e em adquirir bens nacionais. Em fevereiro de 1792, ele conheceu o sr. De Volney**, o secretário da Assembleia e famoso autor de *Les Ruines*, uma das obras literárias mais importantes daquela época: ele o acompanhou em uma volta pela ilha.[116] Volney comprou, seguindo seus conselhos, seiscentos hectares de bens nacionais, em especial a propriedade de La Confina, perto de Ajaccio. Experimentador ambicioso*** ou especulador interes-

---

* No dia 13 de dezembro de 1791, Napoleão comprou em partes iguais com o tio Fesch (o futuro cardeal) as terras de Saint-Antoine de Vignale (oito mil libras) e a metade da casa Trabacchina proveniente do cabido de Ajaccio pelo equivalente a pouco mais de três anos de seu soldo (Masson, nota 1, p. 277, Paoli, p. 266). Os monarquistas falaram em excomungar os Bonaparte por essa compra de bens do clero.

** Filósofo e orientalista francês, precursor dos etnólogos, antropólogos e sociólogos do século XX, ateu materialista. No dia 17 de fevereiro de 1792, Napoleão escreveu a M. de Sucy, comissário das guerras: "M. de Volney, conhecido na República das Letras por seu *Voyage en Égypte*, por suas *Mémoires sur l'agriculture*, por suas discussões políticas e comerciais sobre o tratado de 56 [pelo qual os genoveses autorizaram os franceses a ocupar a Córsega], por sua *Méditation sur les ruines*, também o é nos anais patriotas por sua constância em apoiar o bom partido na Assembleia Constituinte. Ele quer estabelecer-se aqui e passar tranquilamente a vida em meio a um povo simples, a um solo fecundo e à primavera eterna de nossa região" (*Corr.* I, p. 103).

*** Ele queria que os bens nacionais fossem divididos em pequenas parcelas, para multiplicar os proprietários, e esperava realizar, como simples indivíduo, os projetos de melhoramento agrícola que propusera como ministro da Agricultura em 1787: ele faz testes de cultura na propriedade de La Confina, que chama de suas Petites-Indes [Pequenas Índias]; sua propriedade será vendida em leilão por Paoli.

sado, as opiniões divergem a respeito do aristocrata esclarecido que em todo caso se colocará ao lado dos patriotas franceses contra Paoli desde o início das hostilidades.

Napoleão estava determinado a ser eleito pelos voluntários do batalhão ajacciano e usou de todo o seu poder, econômico e relacional, para chegar a seus fins. As consequências daquela eleição eram duplas: por um lado, tratava-se de ocupar um posto-chave na Córsega, sob o comando direito de Paoli; por outro lado, tratava-se de não perder o estatuto de oficial no exército regular francês aquartelado no continente. Ele não podia se permitir aquele fracasso. Ora, a situação era muito complexa e os candidatos, numerosos: cada clã ajacciano tinha o seu, e certas famílias, como os Peraldi ou os Pozzo di Borgo, estavam mais em evidência – Charles Pozzo di Borgo e Mario Peraldi, parentes dos principais rivais de Napoleão, eram deputados na Assembleia Legislativa. Os Buonaparte podiam contar com o apoio da municipalidade, onde tinham inúmeros amigos, mas aquilo pouco adiantava. O que faria a diferença seria a capacidade de convencer os montanheses, que formavam o grosso do recrutamento. Sem dúvida, havia muito dinheiro envolvido, bem como promessas de pastagem aos homens que haviam acabado de ser despossuídos (um ano antes, no dia 25 de fevereiro de 1791) de seus direitos comunitários ancestrais. A situação era crítica, porque os meios dos Buonaparte eram limitados, apesar da numerosa parentela e de seus "partidários" das aldeias de Bocognano e Bastelica. Novo proprietário (com seu tio Fesch, de bens do clero colocados à venda no fim de 1791), Napoleão permite aos pastores de Bocognano "continuar a fazer seus rebanhos pastarem na 'presa' de Capo di Feno"[117]: talvez ele tivesse comprado aquelas terras de Saint-Antoine e de Vignale pensando em conquistar os montanheses de cujos votos precisava. Contudo, os Pozzo di Borgo, uma família nobre, estavam mais bem-implantados na montanha, e os Peraldi eram mais ricos. Napoleão foi obrigado a aliar-se com outro candidato, Jean-Baptiste Quenza (Pierre-Paul Quenza, seu irmão, era administrador do departamento, como Joseph), mas foi obrigado a ceder-lhe o primeiro lugar: no fim, solicitou o posto de segundo tenente-coronel.

No dia 30 de março, à noite, três comissários do departamento encarregados de presidir as eleições chegaram a Ajaccio, e os clãs presentes disputaram a honra (bastante interessada) de hospedá-los: eles tinham uma verdadeira influência no voto dos montanheses. Por fim, Pierre-Paul Quenza foi recebido na casa dos Ramolino (a família de Letizia), François Grimaldi na casa de Joseph Fesch e sua mãe, a avó de Napoleão, mas Charles-François Murati, o terceiro comissário, ficou na casa dos Peraldi. Preocupado em ter o máximo de vantagens, Napoleão decidiu nada mais nada menos que raptar Murati, dizendo que este fora sequestrado pelos Peraldi. Ao cair da noite, um dos pastores de Bocognano (um "partidário" dos Buonaparte), François Bonelli, foi com três outros homens à casa Peraldi, armado até os dentes: ele "fez com que abrissem a porta, entrou na sala de jantar, apontou para Peraldi, forçou o comissário Murati a segui-lo, levou-o até Napoleão. Napoleão recebeu-o com extrema gentileza, disse-lhe que queria apenas garantir total liberdade e oferecer-lhe hospitalidade. Foi Murati quem se desculpou"[118] e passou a noite na Casa Buonaparte. No dia seguinte, os Peraldi ameaçaram incendiar a Casa Buonaparte, mas as janelas estavam cheias de homens armados, comandados pelo "bandido" Zampaglino[119] (outro fiel e temido seguidor dos Buonaparte).

O dia da eleição chegou. Todos os voluntários foram reunidos na igreja Saint-François; as armas foram proibidas, mas "estiletes e pistolas" haviam sido escondidos sob as roupas. Os deputados Peraldi e Pozzo di Borgo, que poderiam ter feito o voto pender a favor de seus parentes, ficaram retidos em Paris. Quenza e Buonaparte foram eleitos. Matteo Pozzo di Borgo denunciou o "banditismo" da véspera e quis anular a eleição, mas foi expulso.[120]

Napoleão ganhou provisoriamente – apesar da altíssima (e baixíssima) luta. Através de Pozzo di Borgo e de Peraldi, ele irritou muito Paoli, que era amigo dos dois deputados (Pozzo logo se tornaria seu braço direito).[121] A festa foi "ruidosa, agressiva, pouco propícia a apaziguar os ânimos: passeio pela cidade com a bandeira à frente, insultos e injúrias grosseiras sob as janelas dos vencidos, música do batalhão, farândolas".[122] É verdade que Napoleão foi "reconhecido oficialmente pelos seus, pelo povo de sua ilha", e pôde disputar com Joseph "a supremacia sobre o clã familiar".[123] Contudo, a situação era extremamente tensa e, oito dias depois, um motim eclodiu em Ajaccio.

A essa luta entre clãs, que atiçava o ressentimento dos montanheses voluntários instrumentalizados e muito irritados, somou-se a questão religiosa. Os citadinos, ligados aos capuchinhos instalados na cidade desde tempos imemoriais, não aceitaram a expulsão dos religiosos pela supressão da ordem, confirmada por um decreto do procurador-síndico Saliceti no mês de novembro. Naturalmente, o campo contrarrevolucionário tirou proveito dessa cólera e construiu, peça por peça, segundo Napoleão*, o incidente que desencadeou os tumultos. Outra causa para os motins: os voluntários (*paesani*) estavam acantonados na cidade, e os excessos do ano anterior, somados aos ódios ancestrais, faziam-nos detestar os ajaccianos.

Tudo começou no dia 8 de abril, com uma disputa entre jogadores de boliche na rua da catedral: depois de algumas injúrias, estiletes foram sacados, e a seguir um dos agressores voltou com uma pistola e "feriu mortalmente um guarda nacional da companhia Ortoli di Tallano"[124] que tentava intervir. Uma dúzia de voluntários chegaram então ao local com o segundo tenente-coronel Buonaparte; eles são atacados pela multidão aos gritos de "*Adosso a le barrete! Adosso a le paesani! Adosso alle spalette!*" (Ataque aos barretes! Ataque aos montanheses! Ataque às dragonas). O jovem capitão voluntário Rocca Serra recebeu um tiro de fuzil vindo de uma janela: morreu de imediato. Outros tiros foram dados. Napoleão e Quenza pediram ao novo comandante da cidadela,

---

* "Não há dúvida de que foi um complô construído, fomentado pela religião" (*Corr.* I, p. 106).

Maillard*, munições para se defender. Maillard recusou-se a dá-las, o que enfureceu ainda mais os voluntários atacados pelos citadinos. No dia seguinte, 9 de abril de 1792, à saída da missa, tiros foram disparados perto da catedral: o abade Santo Peraldi, atingido, pouco depois não resistiu aos ferimentos. A multidão pressionou a municipalidade a fazer Maillard agir contra os voluntários: eles foram obrigados a recuar para fora dos muros ao convento Saint-François. Às cinco horas da noite, Maillard fez soar o alarme geral e proclamou a lei marcial contra a vontade da municipalidade; no entanto, era tarde demais para usar os canhões. Ao entardecer e à noite, alguns voluntários desceram até a cidade, mataram bois para comê-los, interditaram o acesso às fontes, pilharam a farinha de dois moinhos e as casas do subúrbio.** Uma convenção de cessar-fogo foi assinada no dia seguinte (por Buonaparte, ao que parece), obrigando os voluntários a se acantonar "nos vilarejos do interior".[125] Todavia, Quenza se recusou a obedecer e os saques continuaram. A municipalidade se queixou a De Rossi, em Corte, que pediu aos voluntários que se submetessem à solicitação da guarda municipal. Um assalto das tropas de linha estava previsto para o dia 12: entrementes, uma trégua foi estabelecida à espera dos comissários do departamento, que chegam no dia 16. Napoleão foi ao encontro deles: Barthélémy Arrighi era seu primo e Pierre-Paul Colonna Cesari era cunhado de Quenza. Os voluntários foram desarmados e evacuados; os comissários cumpriram 34 ordens de prisão (a maior parte dos prisioneiros logo foi liberada). Somente os relatórios de Fesch e do abade Cotti foram favoráveis a Quenza e a Buonaparte. Os moradores da cidade teriam preferido que os dois tenentes-coronéis fossem presos, mas apenas o abade Cotti foi suspenso de suas funções pelo diretório do distrito por abuso de poder.[126] Apesar da viva oposição de Napoleão, Arrighi dispersou o segundo batalhão de voluntários nacionais:

---

* La Férandière havia emigrado. Maillard também era monarquista.

** O próprio Bonaparte, segundo o relato de Grandin, teria designado a pilhagem das casas das famílias Cuneo, Susini, Tartarol e J.B. Bacciochi (Paoli, p. 269).

duas companhias foram enviadas a Bonifacio, as duas outras a Corte.

Para Napoleão, foi uma importante derrota: ele foi até Corte para se justificar e percebeu que queriam fazer dele o bode expiatório da questão.[127] Joseph escreveu a Napoleão em uma carta de 14 de maio: Paoli "não quer se amalgamar conosco".[128] Contudo, as relações com o *Babbu* não parecem tão degradadas. Segundo De Franceschi[129], Napoleão obteve do velho general uma missão ao lado de Leonetti, deputado na Legislativa: ele deveria ir a Paris entregar-lhe os documentos que permitiram tranquilizar o poder parisiense a respeito da "pretensa insurreição de Ajaccio"[130] (segundo o próprio Paoli). O *Babbu* estava quase tanto quanto Napoleão interessado em minimizar o incidente de Ajaccio: ele queria poder continuar sendo considerado o homem da paz civil. Essa aliança tática com o general permitiu a Napoleão neutralizar, pelo menos temporariamente, a hostilidade dos deputados Pozzo di Borgo e Peraldi, que haviam se tornado seus inimigos irredutíveis. Ele chegou a Paris em 28 de maio de 1792, de onde escreveu palavras premonitórias a Joseph: "Mantenha-se firme com o general Paoli. Ele pode tudo e é tudo. Ele será tudo no futuro que ninguém no mundo pode prever".[131]

Paris, noite de quinta para sexta-feira, de 9 para 10 de agosto de 1792: 6 horas da manhã

Em seu quarto da Rue du Mail, ao amanhecer do dia 10 de agosto, quando já está claro e a insurreição demora a eclodir, o quase-capitão de artilharia do exército regular francês* e tenente-coronel dos voluntários nacionais corsos pergunta-se se suas desventuras insulares apenas preparam outras, mais temíveis ainda. Ele sabe que Paoli era o único a poder mais ou menos controlar a situação na ilha, mas também que o *Babbu*

---

* Vimos que sua patente de capitão ainda não foi assinada por Luís XVI.

nunca lhe daria o lugar que ele sonhava. Mais grave que isso, ele agora sabia que a Córsega ideal da Constituição de 1755, que em 1791 ele descrevia como uma sociedade igualitária em que os homens de todas as categorias (mesmo as mulheres) podiam fazer suas vozes serem ouvidas nas assembleias e ter certeza de uma vida digna e provida do necessário, essa Córsega não seria para logo. A entrada do dinheiro, por meio do Estado francês revolucionário, havia exacerbado o espírito de partido e a ruptura entre o interior e o litoral. Ele estava em boa posição para saber que, ao contrário do que acontecia na França, a venda dos bens nacionais só beneficiava uma minoria – os Saliceti, os Arena – que dirige o departamento. Ele sabia que aqueles homens, que eram os aproveitadores da Revolução, como, em menor medida, ele próprio era, tinham todo o interesse do mundo a apostar a fundo na carta da anexação à França e a unir-se ao partido jacobino prestes a tomar o poder naquela noite de 10 de agosto. Ele também sabia que os *paesani* do interior, que deveriam logicamente constituir a base social dos jacobinos corsos, estavam, pelo contrário, desligando-se daquela Revolução Francesa da qual sabiam que nada tinham a esperar. Inúmeros voluntários nacionais ajaccianos revoltados, cujas desordens ele precisara administrar, eram "partidários" de Pozzo di Borgo, e todos eram incondicionalmente fiéis a Paoli, porque viam nele, com toda razão, a última chance de sobrevivência de seus direitos ancestrais contra o centralismo francês. Como tenente-coronel do batalhão de voluntários corsos de Ajaccio, Napoleão precisara assumir o confronto com os moradores da cidade: ele havia sido protegido pelo departamento, que o havia preservado e enviado em missão a Paris por Paoli para se justificar. Porém, essa confiança demonstrada pelo velho general não impediu que os deputados paolistas em Paris, Pozzo di Borgo e Peraldi (que sentam com os moderados), o tratassem com frieza; foi quase com naturalidade que ele se aproximou de Arena, o deputado do Terceiro Estado corso aliado aos jacobinos. De todo modo, ele logo precisaria escolher um lado. O abismo aumentava entre os patriotas pró-franceses (Arena,

Saliceti) e os paolistas (Pozzo di Borgo, Peraldi) – como se o espectro de Carlo se vingasse de ter sido amaldiçoado pelos filhos, como se uma maldição externa devesse fatalmente separar os Buonaparte dos patriotas paolistas. Os paolistas já acusavam os homens do departamento, Saliceti e os irmãos Arena, de peculato.* Como os jacobinos poderiam despertar o mesmo fervor político que ele havia sentido em 1789 ou em 1791, se as convicções democráticas e sociais alardeadas em Paris perdiam todo o sentido em Ajaccio: ele sabia que os representantes do momento, os Arena e os Saliceti, só se aliavam a eles para defender seus interesses de proprietários e para existir politicamente diante de Paoli – o que causaria a um Arena ou um Saliceti a destruição do antigo modo de vida patriarcal e as consequências humanas disso (êxodo rural e chegada às cidades de camponeses-proletários desterrados que teriam perdido tudo)?

Na mensagem de moderação política que ele enviara à família três dias antes de 10 de agosto, transpareciam suas desilusões políticas, nas quais se enraizava o pragmatismo cheio de cinismo que a seguir o caracterizará como homem de Estado. Ele escrevera a Joseph:

> Todos estão atrás de seus interesses e querem triunfar às custas de horror, de calúnia; hoje as intrigas são mais baixas do que nunca. Tudo isso destrói a ambição. Temos pena dos que desempenham um papel, sobretudo quando poderiam se abster dele: viver tranquilo, gozar dos afetos da família, de si mesmo, este, meu caro, quando dispomos de quatro a cinco mil libras de renda, é o partido que devemos tomar, quando temos entre 25 e 40 anos, isto é, quando a imaginação, serenada, não mais nos atormenta.[132]

Irritado, inclusive repugnado pelos acontecimentos corsos, ele estava com pouco fervor político naquela noite

---

* Malversações dos administradores do departamento haviam sido denunciadas em Paris pelo relatório de Louis Monestier, em 1º de abril de 1792, que acusa Arena. Pozzo di Borgo, que se tornaria o novo procurador-síndico em setembro, no lugar de Saliceti, retomaria essas acusações, enquanto Paoli temporizaria e seria indulgente.

de 10 de agosto e pregava à família um imobilismo prudente. Ele incitava os seus, em todas as suas cartas, a tratar com deferência o jacobino Arena, que era, escrevia ele, do "bando dominante"[133], também exortando à moderação seu impetuoso irmão Lucien (que agora tinha dezessete anos), sempre disposto a adotar as ideias mais avançadas: "Recomendo moderação em tudo; em tudo, entenda bem, se quiser viver feliz".[134]

Porém, às seis horas da manhã, depois que o alarme soou e os *sans-culottes* e os federados marselheses começaram a desfilar embaixo de suas janelas rumo às Tulherias*, ao primeiro tiro de fuzil ele se juntou à confusão, como havia feito em Ajaccio nos dias de motim:

> Eu estava, naquela época odiosa, em Paris, alojado na Rue du Mail, na Place des Victoires. Ao ouvir o alarme e a notícia do assalto às Tulherias, corri até o Carrousel, à casa de Fauvelet, irmão de Bourrienne, que lá tinha uma loja de móveis. Ele havia sido meu colega na Escola Militar de Brienne. Foi daquela casa, que diga-se de passagem nunca mais consegui reencontrar depois das grandes mudanças que foram feitas, que pude ver à vontade todos os detalhes daquele dia. Antes de chegar ao Carrousel, eu havia encontrado na Rue des Petits-Champs um grupo de homens hediondos passeando uma cabeça na ponta de uma estaca. Vendo-me razoavelmente bem-vestido, e achando-me com cara de senhor, eles vieram até mim para me fazer gritar *Viva a Nação!*, o que fiz sem problema, como se pode imaginar. O castelo havia sido atacado pela pior canalha. O rei com certeza tinha para sua defesa no mínimo tantas tropas quanto teria na Convenção de 13 vendemiário, e os inimigos desta eram muito mais disciplinados e temíveis. A maior parte da Guarda Nacional se mostrou a favor do rei. [...] Depois que o palácio foi invadido e o rei levado para o seio da Assembleia, aventurei-me a entrar no jardim. Nunca, desde então, nenhum de meus campos de batalha me passou a impressão de tantos cadáveres quanto a daquela quantidade de suíços, seja porque o tamanho reduzido do local ressaltasse o número, seja porque aquela foi a primeira impressão desse tipo que tive. Vi mulheres

---

* Por volta das seis horas, quinze mil homens chegaram ao *faubourg* Saint-Antoine e uniram-se aos cinco mil revoltosos do *faubourg* Saint-Marceau na Pont Neuf, dirigindo-se para as Tulherias.

> bem-vestidas fazendo as piores indecências sobre os cadáveres dos suíços. Percorri todos os cafés dos arredores da Assembleia: em toda parte a irritação era extrema; a raiva estava em todos os corações, ela se revelava em todos os rostos, apesar de não serem pessoas da classe do povo; e aqueles locais deviam ser cotidianamente frequentados pelos mesmos clientes, pois apesar de eu não ter nada de diferente em minhas roupas, ou talvez porque meu rosto estava mais calmo, era fácil perceber que eu excitava vários olhares hostis e desconfiados, como um desconhecido ou suspeito.*[135]

O que Napoleão viu naquele dia, e que recordaria em Santa Helena, foi o primeiro ato do Terror — em que todos logo seriam, sucessivamente, *suspeitos*. O medo do inimigo externo às portas de Paris, a cólera e o ódio desenfreados pelos monarquistas traidores da pátria, presentes mesmo nas mulheres, muito ativas, de fato, durante as jornadas revolucionárias, as cabeças carregadas na ponta de estacas, essas eram as premissas de uma convulsão social que se tornaria uma "guerra total" que assolaria a Europa como um todo. Primeira cena do gênero, a que Napoleão assiste com os próprios olhos, de uma selvageria e de tipo completamente novo, de motor *político* e, portanto, *nacional*.

A guerra e o crime são um dos mais antigos meios do poder, mas a noite de 10 de agosto inaugurou um novo tipo de violência de massa que não era predatória como as guerras feudais, que não era apenas destruidora como as revoltas camponesas, que não afirmava ser feita em nome de um deus, da glória, da força ou da grandeza: aquela nova violência racionalizava o assassinato em nome de uma nova transcendência, universal, abstrata e laica, que estava no seio da política contemporânea e que, querendo ou não, a fundamenta.

---

* Joseph atestou que Napoleão lhe enviara uma carta (nunca reencontrada) datada de 10 de agosto à noite (Joseph, *Mémoires*, I, p. 47); ela conteria as seguintes afirmações: "Se Luís XVI tivesse aparecido a cavalo, a vitória teria sido sua: foi o que me pareceu ao ver o espírito que animava os grupos da manhã. – Depois da vitória dos marselheses, vi um a ponto de matar um homem da guarda pessoal e disse-lhe: – Homem do Sul, salvemos esse infeliz! – Você é do Sul? – Sim. – Muito bem! Salvemo-lo!" (Masson, p. 314).

Comentou-se com muita complacência o horror inaugural que Napoleão teria sentido. A visão dos seiscentos suíços degolados nos jardins das Tulherias, misturados aos quatrocentos cadáveres dos invasores, deve ter sido mesmo horripilante, e com certeza o horrorizou tanto quanto ele afirma. No entanto, ele verá muito mais, e aquela carnificina preliminar não o desviará de sua vocação militar. Talvez nenhum outro homem tenha visto tantos campos de batalha devastados quanto ele verá. Mesmo assim, a lembrança do dia 10 de agosto sempre o atormentará, porque, no fundo, ele aprovava aquela violência racionalmente motivada por razões tanto psicológicas quanto políticas.

É notável que, no *Memorial*, apesar de tomar todas as precauções retóricas para se distanciar politicamente do Terror, ele na verdade o justifique:

> Regra geral: não existe revolução social sem terror. [...] Como dizer a todos os [...] que usufruem de todas as fortunas: Fora daqui! É óbvio que eles se defenderão: é preciso, portanto, deixá-los aterrorizados, fazê-los fugir, e foi isso que a forca e as execuções populares fizeram. [...] As revoluções mais bem-fundamentadas destroem tudo na hora e só substituem no futuro. A nossa pareceu de uma fatalidade irresistível, porque foi uma erupção moral tão inevitável quanto as erupções físicas, um verdadeiro vulcão.*[136]

Em outras palavras e em suma: o Terror foi uma fatalidade social inevitável e uma mutação moral comparável aos fenômenos da natureza.

Como todo mundo ou quase (mas ele está entre os primeiros), ele a seguir negará esse consentimento profundo diabolizando a cena fundadora daquilo que poderíamos chamar de "morte política"**, colocando somente sobre o Terror todo o peso dos massacres que aquela noite de 10 de agosto inaugurou.

---

* "No entanto, conclui o imperador, uma revolução é dos maiores males com que o céu pode flagelar a terra." Essa espiritualização e essa naturalização da Revolução como um mal necessário se tornará um lugar-comum, retomado, por exemplo, pelo escritor Romain Rolland no início do século XX.

** Preciso reconhecer aqui minha dívida para com meu pai, de quem tomo esse conceito emprestado, aplicado por ele aos grandes expurgos stalinistas.

Ele logo se tornaria o símbolo e o grande inspirador da nova legitimação da "morte política", conduzindo a Europa para o declive da "guerra total"*, que se define pela implicação sempre crescente das populações civis.** O motor estritamente político desse desencadeamento sem precedentes da violência será substituído pelos ódios *nacionais* – mas a noção de *soberania nacional* está ela própria baseada na de *soberania do povo* e nela tem sua raiz profunda, apesar de pervertida, e veremos Napoleão desempenhar um papel fundamental nesse deslocamento semântico.

As guerras napoleônicas serão prolongadas, no século XX, pelos dois conflitos que envolverão o mundo inteiro, chegando ao ápice do horror com 68 milhões de mortos (duas vezes mais civis que militares) na Segunda Guerra Mundial.

É forçoso reconhecer que a noite de 10 de agosto e seus mil mortos foi apenas, em horror, o balbuciar e a fraca centelha dessas grandes hecatombes que estenderão seu manto de escuridão sobre a Europa e o mundo: o Terror***, ao todo, fará dez vezes menos mortos que as guerras revolucionárias (contando apenas os mortos franceses)****, vinte vezes menos que as guerras

---

* Chamamos de "guerra total" um conflito armado que concentra todos os recursos disponíveis do Estado e cujos objetivos não são mais unicamente militares, mas ideologicamente subordinados à política, provocando perdas civis, mobilizando as opiniões públicas pela propaganda e pela censura. Guerras totais existiram antes das guerras revolucionárias, porém fazendo apelo a outro tipo de causa que não o "nacionalismo" ligado à noção de soberania popular nascido com a Revolução Francesa.

** A figura de Napoleão desempenha um papel fundamental no espírito de revanche que conduziu a III República à carnificina da Primeira Guerra Mundial (1914-1918), que inaugurou o triste equilíbrio entre mortes civis e militares.

*** Saldo humano do Terror: dezesseis a dezessete mil guilhotinados, 25 mil execuções sumárias, quinhentos mil presos.

**** Saldo das guerras revolucionárias do lado francês: quatrocentos a seiscentos mil mortos ou feridos (duzentos mil austríacos e imperiais, 45 mil russos, vinte mil ingleses, nove mil prussianos etc.).

napoleônicas (*idem*)*, trinta vezes menos que a Primeira Guerra Mundial (*idem*).** A isso é preciso acrescentar que o massacre dos membros da Comuna, em 1871, fará em menos de uma semana no mínimo metade de mortos de dois anos de Terror.*** Esse novo tipo de violência é revolucionária e contrarrevolucionária: as duas faces de um mesmo fenômeno político.

Napoleão continuará sendo um modelo absoluto para todos os ditadores e demais generais dos exércitos "republicanos" que enviam populações inteiras para o matadouro em nome de suas supostas guerras justas. Ainda é preciso explicar como um jovem assustado com o dia 10 de agosto tornou-se o símbolo dessa "política das mãos sujas", como ele poderia ser chamado depois de Sartre.

Naquela noite de 10 de agosto, ele ficou sinceramente traumatizado pelo aspecto social daquela "fatalidade irresistível" do Terror: a irrupção incontrolável das classes despossuídas na cena política. Como ele, os revolucionários também ficaram apavorados com o surgimento de um quarto estado não previsto pelo programa revolucionário de 1789 – nem mesmo pelos jacobinos (que, recordemos, não "controlam" esse movimento). Essa onda impetuosa derruba, como dominós, os últimos bastiões da defesa "constitucional" dos aristocratas "zelosos inovadores" e de outros generais "adeptos das ideias novas" da burguesia confortável. Estes acreditavam poder manter o rei em sua posição, juiz de paz e testemunho de uma legítima redistribuição dos bens e dos favores nas classes superiores da sociedade. Queriam submeter aquele estado monárquico em bancarrota havia trinta

---

* Saldo das guerras napoleônicas: oitocentos mil mortos franceses (trezentos mil austríacos ou imperiais mortos ou desaparecidos, quatrocentos mil russos, duzentos mil prussianos, trezentos mil ingleses, trezentos mil espanhóis); ao todo: entre 2,5 milhões e 3,5 milhões de mortos, dentre os quais um milhão de civis.

** Saldo de 1914-1918 para a França: 1,4 milhão de mortos. Para a Alemanha, mais de dois milhões.

*** Destruição da Comuna de Paris pelas tropas versalhenses de Thiers, entre 22 e 28 de maio de 1871: pouco menos de 25 mil mortos, combatentes e civis do lado dos membros da Comuna, 937 do lado dos versalhenses.

anos e acabar com a sociedade de castas e seus impostos feudais que poupavam os nobres e os religiosos. Queriam negociar com as mãos livres. Sonhavam com um governo de assembleia, em que os deputados, notáveis entre os notáveis, administrariam como magistrados ajuizados e magnânimos as riquezas do país. Napoleão, do alto de seus vinte anos, queria ser um deles.

Contudo, sem medir direito o alcance de sua ação, eles tinham levantado a tampa da *igualdade* com a abolição dos privilégios (na noite de 4 de agosto de 1789) e com a Declaração dos Direitos do Homem (novembro de 1789), e eis que, da marmita social em ebulição, saiu uma coisa totalmente diferente da República romana: os "pobres". Foi esse pobrerio, essa canalha, esse populacho das seções que Napoleão viu degolando seiscentos guardas suíços no palácio das Tulherias e derrubando definitivamente a monarquia. Ele sabia que essa nova classe nada tinha a perder ou a ganhar, e era por isso que ela o assustava. O que eles queriam, o que era possível conceder-lhes? A venda dos bens nacionais era a pedra angular da Revolução, ele o repetirá com frequência*, ela era sua razão social, seria sobre essa base de novos proprietários que se construiria a nova sociedade. Que dizer dos *paesani* corsos aliados a Paoli, que dizer dos *sans-culottes* franceses que morreram naquela manhã pela República?

No fundo, no dia 10 de agosto de 1792 Napoleão chegou ao limite de suas capacidades de compreensão política e nunca ultrapassará aquele ponto. Entrando de cabeça baixa no Terror revolucionário** como em uma "fatalidade" tão espantosa quanto "irresistível"[137], ele se agarra à legalidade nacional e ao braço armado do Estado titubeante. Isso o faria

---

* "O caso dos bens nacionais foi um dos primeiros contrafortes do espírito e do partido nacional" (*Memorial*, p. 617).

** O primeiro Terror revolucionário teve início do dia 10 de agosto e culminou com os massacres de setembro; o segundo teve início em março de 1793 (criação do tribunal revolucionário) e culminou com a execução dos hebertistas em março de 1794, dos dantonistas em 5 de abril de 1794; o Grande Terror de junho-julho, encerrado em 9 Termidor (27 de julho de 1794) com a queda de Robespierre, preludiou a reação termidoriana igualmente sanguinária.

escrever, segundo Joseph, na tarde do dia 10 de agosto (depois do fim da insurreição), que "se Luís XVI tivesse aparecido a cavalo, a vitória teria sido sua".[138] Isso também explicaria o fato de, após a queda da monarquia e do estabelecimento dos jacobinos no poder, ele se ter aliado sem escrúpulos ao novo estado "terrorista", escolhendo colocar seu talento militar inteiramente a serviço da nação revolucionária republicana.*
Monarquia constitucional ou república: o que importava para ele era a continuidade de um Estado nacional forte.

Stendhal escreveu em seu inacabado *A vida de Napoleão* que o imperador nunca teria compreendido o "terceiro grau de civilização" ao qual aspirará a Convenção eleita em setembro de 1792, a saber: o "governo representativo sob um ou vários chefes", forma política "nova e muito nova", "sublime produto tardio, mas produto necessário da invenção da imprensa".** Profundamente aristocrático e profundamente revolucionário, Napoleão viveu a transição entre dois mundos; do mundo novo, ele só conseguiria ser o "tirano do século XIX"[139] que o autor de *A cartuxa de Parma* verá nele.

Seu irmão Lucien, jacobino muito mais convincente, tinha um pressentimento correto naquela época – cansado das críticas altaneiras de Napoleão e de seus conselhos de moderação ou de "baixa política"***, ele escreveu a Joseph em 24 de junho de 1792: "Acredito-o capaz de virar a casaca"; e especificou: "Sempre distingui em Napoleone uma ambição não de todo egoísta, mas que supera dentro dele seu amor pelo

---

* Napoleão até o fim considerará as guerras "napoleônicas" como uma continuação das guerras revolucionárias, arrancando o reconhecimento da "República" [*sic*] por parte de todas as potências europeias, inclusive do papa através da Concordata de 1802.

** "Napoleão foi o que produziu de melhor o segundo grau da civilização, a aristocracia sob um ou vários chefes – e o reino da França antes de 1789 não passava de uma aristocracia religiosa e militar, de toga e espada", regime do qual ele em parte é o filho pródigo.

*** "Na atual situação", escreve Napoleão em 22 de junho de 1792, "vejo uma única verdade, a de que é preciso não melindrar os que podem ser ou foram nossos amigos" (*Corr.* I, p. 113): isto é, o clã do jacobino Arena, tanto quanto o de Paoli.

bem público; acredito que, num Estado livre, seja um homem perigoso... Ele me parece inclinado à tirania, e acredito que assim seria se fosse rei e que seu nome representaria para a posteridade e para o patriota sensível um horror".[140]

Napoleão, o Corso, estava em boa posição para pressentir que o postulado universalista da igualdade de direitos entre os cidadãos rompia antigas solidariedades entre as classes mais pobres* e que o dinheiro, introduzido como princípio regulador onde antes era ignorado, transformaria os pastores livres das montanhas em hordas de proletários urbanos presos a um trabalho desumano e ao anonimato das grandes cidades. E ele tomou seu partido: a Revolução não era capaz de instituir a igualdade social e a comunidade dos bens reivindicados pelos *Giovannali* corsos do século XVI.**

Contudo, homens tinham morrido naquela manhã por uma ideia, por uma promessa: pela igualdade dos direitos e pelo "direito natural" a viver dignamente.

A natureza da Revolução era dupla, pensava Napoleão, de interesse e de "convicção" ou, se preferirmos, de fé. E, na cabeça daquele "populacho" ferido, seria preciso derramar o bálsamo da promessa de um mundo mais igualitário, como padres prometendo o paraíso em outra vida, ao passo que as classes privilegiadas sempre preferirão seu próprio conforto à liberdade.

Dentro do próprio Napoleão, em sua fidelidade incondicional à nação revolucionária, os dois motores mesclavam-se de maneira igualmente confusa: tratava-se de lançar a pedra fundamental de um mundo em que um dia, talvez – quando? não sabemos –, o "último" dos homens não será "o miserável", mas "o pequeno proprietário ou o hábil artesão".[141] Seria essa

* Foi o espírito da lei Le Chapelier, de 14 de junho de 1791, que proscreveu as organizações operárias, as corporações de ofício, as uniões camponesas e operárias, bem como as confrarias, proibiu as greves e a constituição de sindicatos e mutuais, mas não proibia nem os clubes patronais nem os trustes e ententes monopolistas.

** Exterminados pelos cruzados do papa como heréticos, os sectários dos irmãos Giovannali (franciscanos) pregavam por volta de 1360-1370 "os grandes dogmas da igualdade, da soberania do povo, da impostura de qualquer autoridade que não emanasse dele", Napoleão, *Lettres sur la Corse* (OLEM 2, p. 78).

esperança que o faria aceitar o sacrifício de sua identidade córsica. Confundindo-a com sua própria ascensão social e sua glória pessoal, será ela que Napoleão sinceramente quererá encarnar ao tomar o poder.

Ele se devotaria definitivamente a essa nação revolucionária, nascida como ele "das ondas de sangue afogando o trono da liberdade". Ele faria dela sua nova religião, religião "natural" e "cívica"[142] – na qual o advento da democracia social seria o apocalipse e o fim da História. Ele se sentia ligado *espiritualmente* a essa promessa de um reino da justiça, mas não *politicamente*: para que ela sobrevivesse, qualquer forma de governo seria adequada.

Porém, antes de pensar em tornar-se o sutil campeão jesuíta dessa nova Roma, a Nação, será preciso beber até o fim da amarga poção do exílio. Por mais mal-empenhadas que lhe parecessem suas ambições insulares naquele verão de 1792, ele ainda precisava da confirmação espetacular de seu fracasso político na Córsega para se tornar francês.

A REVOLUÇÃO NA CÓRSEGA, SEQUÊNCIA E FIM.
CONVERSÃO À NAÇÃO FRANCESA

Em 1º de setembro de 1792, Napoleão buscou Marianna em Saint-Cyr, passando por Versalhes.* O irmão e a irmã passaram os dias seguintes atrás das janelas fechadas da Rue du Mail, enquanto lá fora tocavam-se os sinos e o chamado de reunião geral, o canhão de alarme soava, as barreiras e as portas eram fechadas: a capitulação de Verdun abriria a rota de Paris para Brunswick e os austro-prussianos.** Os setembristas, enlouquecidos, massacram ao longo de cinco dias os prisioneiros e os suspeitos.*** Danton, o novo líder

---

* Onde recebeu a indenização de viagem que havia pedido aos administradores do distrito; a Casa Real de Saint-Cyr, criada por Madame de Pompadour, fora suprimida em 7 de agosto.

** Longwy caíra em 26 de agosto, Verdun capitulara em 2 de setembro: a rota de Paris estava aberta.

*** De 2 a 6 ou 7 de setembro: mais de 1,3 mil mortos em Paris e 150 mortos no resto da França.

do momento, brada na Assembleia: "Audácia, mais audácia, sempre audácia e a França estará salva". No dia 9, a calma volta e as barreiras são abertas; Napoleão e Marianna podem sair de Paris.[143] Em Marselha, porém, onde chegaram no dia 15, foi impossível encontrar um barco. Eles só conseguirão desembarcar em Ajaccio um mês depois. Nesse ínterim, a situação militar inverteu-se milagrosamente: Napoleão ficaria sabendo que em Valmy, no dia 20 de setembro, os franceses haviam sido vitoriosos e que a invasão fora repelida; a artilharia concebida por Gribeauval havia desempenhado um papel decisivo. Em 21 de setembro, a República "una e indivisível" fora proclamada, e Georges Danton, nomeado ministro da Justiça.*

Em Ajaccio, as novidades não são tão boas: em setembro, Joseph fora de novo derrotado nas eleições legislativas. Saliceti voltara a ser deputado (ele desempenhará um papel importante na Convenção) e, em dezembro, Pozzo di Borgo assumirá o cargo de procurador-síndico do departamento, derrotando Volney, o amigo de Napoleão e de Saliceti. Pozzo se tornaria o herdeiro instituído de Paoli (mais retirado do que nunca) e, de fato, o chefe do governo civil da Córsega (Paoli continuará sendo o comandante das tropas de linha e de voluntários). Os paolistas, minoritários na Convenção (dois de seis deputados), bloqueiam com força o departamento: Joseph devia ir embora como todos os que saíam. Desde setembro, Pozzo atacava a antiga direção seguida por Saliceti, retomando as acusações de malversação.** Saliceti e o clã Arena-Buonarroti responderam com as armas de que dispunham no momento – a proximidade do poder parisiense – e denunciaram nas eleições de dezembro "uma verdadeira contrarrevolução".[144] Paoli não saiu enfraquecido por ter apenas dois próximos na Convenção, mas também porque a situação parisiense o ultrapassa. Até então, La

---

* No dia 10 de agosto, Luís XVI fora suspenso e um Conselho executivo provisório de seis membros, nomeado. Danton seria demitido em outubro: o divórcio entre montanheses e girondinos seria então consumado.

** Saliceti foi acusado de afastar seus adversários de uma venda pública colocando-os na prisão, e um dos irmãos de Arena (Paoli, p. 301), o ex-deputado, suspeito de ter saído do departamento levando a caixa militar.

Fayette, que também admirava Pozzo*, era seu informante: o amigo de George Washington, redator de uma das versões da Declaração dos Direitos do Homem e do Cidadão de 1789, acusado de ser um novo Cromwell, fora declarado "traidor da nação" no dia 10 de agosto de 1792. O próprio rei Luís XVI, a quem o *Babbu* devia seu retorno, estava preso no Temple!**

Além disso, Saliceti e seus homens tinham conseguido vender ao novo poder parisiense, muito ativo contra os insulares acusados de não recolherem os impostos e de não participarem do esforço de guerra, o projeto de uma ofensiva militar córsica contra a Sardenha (aprovada em 8 de setembro). O envolvimento dos corsos na guerra externa também apresentava uma vantagem pela qual se interessavam tanto os membros da Convenção quanto certos negociantes de grãos: a apreensão do trigo sardo. Foi um comerciante de grãos, Constantini, quem primeiro defendeu a ideia dessa expedição[145], e foi isso que Mario Peraldi, ex-deputado de Ajaccio e rico armador, nomeado comissário da preparação da aventura sarda, foi explicar a Paoli em 17 de outubro.

O general também havia convocado Napoleão, recebendo-o alguns dias depois. Houve quem dissesse que ele quisera enviá-lo para a Sardenha para se livrar dele[146]; parece mais provável que, na falta de oficiais de artilharia (a nova arma da vitória), ele tenha chamado o jovem capitão-tenente-coronel porque finalmente precisava dele (de seus talentos militares); mesmo assim, ele não se importa de colocá-lo à frente de uma ação que lhe parece fadada ao fracasso – fracasso pelo qual ele suspeita que Paris o fará assumir a responsabilidade. Afora suas reticências em desempenhar o papel do grande libertador da Sardenha e em fazer da Córsega o braço armado da França

---

* Oriundo da nobreza, ele fazia parte da maioria de deputados que tinham se recusado a condenar La Fayette na véspera do dia 10 de agosto.

** A situação estava, portanto, no exato inverso da situação parisiense: Paoli e Pozzo, lafayettistas, detinham o poder executivo, enquanto os deputados saliceistas os isolavam do poder da Convenção. Paoli havia predito em uma carta a Cesari em 27 de março de 1792: "O clube dos jacobinos será nossa ruína" (Paoli, p. 308).

revolucionária, ele se deparava com reais problemas materiais. As tropas de voluntários nacionais estavam desorganizadas, revoltosas, pouco ou nada equipadas. Ele era obrigado a emprestar dinheiro para a caixa militar com o soldo das tropas de linha, o que desagrada aos soldados. Os voluntários marselheses demoraram para chegar em reforço e, quando chegaram, foi pior: provocaram todo tipo de graves perturbações à ordem pública*, talvez excitados pelo ex-deputado Arena[147], tanto que foi necessário separá-los das tropas insulares.

Napoleão, por sua vez, parecia um ardente partidário da expedição sarda, conforme uma carta de 18 de outubro.** Ele estava impaciente para colocar em prática, pela primeira vez, sua habilidade de artilheiro. Na superfície, suas relações não eram ruins nem com Paoli nem com Pozzo.*** E, ao longo de todo o outono e do mês de janeiro, ele mobilizou toda a sua energia para tentar organizar o segundo batalhão, equipar seus homens, restabelecer a disciplina (os *paesani* tinham uma séria tendência a desertar para ir cuidar dos campos, por falta de víveres e de dinheiro). Ele não estava a par da ofensiva política que Saliceti e Arena começam contra Paoli: só receberá a carta de Saliceti que o informava dela, datada de 9 de janeiro, ao voltar da expedição.****

---

* Esses homens "recrutados às pressas no submundo dos portos" são qualificados por Napoleão de "anarquistas que levavam a toda parte o terror, buscavam aristocratas e sacerdotes em toda parte e tinham sede de sangue e de crime" (citado por Paoli, p. 311).

** "A Savoia e o condado de Nice foram tomados [pelo exército francês depois da Batalha de Valmy] e a Sardenha logo será atacada. Os soldados da liberdade sempre triunfarão sobre os escravos assalariados de alguns tiranos" (*Corr*. I, p. 125).

*** Mas Pozzo escreveu em suas cartas: Napoleone "*causa di tutto*" é um desses "tigres sanguinários que não devemos deixar desfrutar de sua barbárie", um "Jourdan da Córsega" (Paoli, p. 304).

**** Masson a reproduz na íntegra (p. 322-323): "Considero em geral essas últimas eleições como uma verdadeira contrarrevolução, mas não estou com medo. Os resultados serão bons para a liberdade de nosso país e, ou muito me engano, ou a Córsega aproxima-se do momento de ver a aurora da verdadeira liberdade iluminar as nuvens espessas que cobrem seu horizonte. Saberemos um pouco mais dentro de três ou quatro meses".

Paoli escreveu ao ministro da Guerra em 2 de janeiro: "Os que se ocuparam diretamente desse caso [da Sardenha] exageraram os recursos desse departamento; seu zelo, que era maior do que seus conhecimentos militares, os enganou".[148] Numa carta de 24 de novembro, endereçada aos deputados Bozzi e Andrei, ele escreveu de maneira ainda mais explícita: "Não há ordem nem inteligência, e só pode dar certo com um desses milagres da santa liberdade [...] farei portanto tudo o que puder, mas ficarei de guarda para que, em caso de fracasso da operação, eles não pensem em me atribuir a responsabilidade".[149] Má vontade ou seu comando foi voluntariamente sabotado? Ele parece ter sido informado com bastante atraso do plano de ataque adotado em 23 de julho de 1792 em Paris pelo comitê militar dirigido por Lazare Carnot.

Desde o início de janeiro, Saliceti espalhou rumores na Convenção de que uma contrarrevolução estava em marcha na Córsega e de que Paoli queria entregar a ilha aos ingleses. O resultado foi que o comando da 23ª divisão militar foi incorporado ao exército da Itália e de fato retirado do general corso, que propôs por sua vez, em 28 de janeiro de 1793, "abandonar funções tornadas inúteis pela desconfiança".[150] Em Paris, havia impaciência por nada acontecer para os lados da Sardenha: em 1º de fevereiro de 1793, dia da entrada na guerra da Inglaterra e da Holanda, o girondino Clavière indiretamente acusou Paoli, em um clima de ódio e desconfiança em relação ao corso, chamado de "sanguessuga" da República: de fato, a situação do general, "investido de todos os poderes políticos, militares, administrativos, judiciários, religiosos, que aliás era incapaz de exercer", era considerada uma anomalia institucional em relação ao direito comum dos outros departamentos.[151] A Convenção decidiu enviar à Córsega três comissários, oficialmente para avaliar as condições de defesa das fortalezas córsicas, mas na verdade investidos de poderes ilimitados: Saliceti, Delcher e Ferry.*[152] No dia 4 de fevereiro de 1793, os comissários das costas do Mediterrâneo, Brunel,

---

* Os dois acólitos de Saliceti não falavam nem corso nem italiano.

Royer e Le Tourneur, escreveram ao Comitê de Defesa Geral que Paoli, "antigo estipendiário do Gabinete Britânico", fazia todos os cidadãos temerem que ele entregasse a Córsega "à primeira esquadra inglesa que parecesse ameaçá-lo".[153] Em 5 de fevereiro, Saliceti obteve da Convenção a supressão dos quatro batalhões de voluntários corsos que Paoli comandava e a substituição deles por quatro batalhões de infantaria ligeira, comandados por chefes não eleitos. Em 7 de fevereiro, os comissários escreveram a Paoli de Toulon "para convidá-lo a vir conferenciar com eles a respeito das medidas a serem tomadas para a defesa da Córsega": Paoli responde no dia 5 de março com uma desculpa (sua idade avançada, suas enfermidades etc., que o impediam de deslocar-se).[154]

Apesar de a batalha não ter sido iniciada na Sardenha e, consequentemente, sem que seu fracasso tenha desempenhado algum papel na questão, Paoli foi destituído pela Convenção de seus dois comandos militares e do poder civil. A ruptura com Paris foi consumada. Foi uma catástrofe tanto para os corsos quanto para os franceses: o clã Saliceti-Arena parece de fato ter sacrificado o interesse geral em proveito de seus interesses particulares, construindo uma cabala política contra os paolistas para opor-se às acusações de corrupção.

Napoleão, por sua vez, havia saído de Ajaccio no dia 10 de janeiro de 1793, com seus voluntários, rumo a Bonifacio, que só teriam atingido no dia 22 de janeiro devido a uma violenta tempestade. Chegando lá, ele e seus homens teriam esperado os voluntários do 4º batalhão, depois munições e víveres, que teriam demorado a chegar de Ajaccio. Eles só teriam embarcado para a Sardenha no dia 20 de fevereiro, ao passo que a expedição principal começava a voltar – coisa que não poderiam saber: no plano inicial, as duas ofensivas deveriam ocorrer ao mesmo tempo, e os dois exércitos deveriam a seguir se unir.[155]

A esquadra principal havia fracassado, portanto: Latouche-Tréville havia atacado a ilha de São Pedro, a noroeste de Cagliari, no dia 8 de janeiro de 1793, e havia inclusive plantado uma árvore da Liberdade. Truguet havia ido a seu encontro no dia 13 de janeiro, mas o restante de sua esquadra só chegara a Cagliari no dia 2 de fevereiro. No dia 14 de fevereiro, quatro mil homens (1,4 mil das tropas de linhas e 2,6 mil voluntários marselheses) desembarcaram na baía de Santa Elia sob as ordens de Casabianca; ali, porém, os marselheses reiteraram de maneira ainda pior seu comportamento na Córsega: pilhagens, incêndios e, mais espantosamente, após uma saída noturna, eles acabaram matando uns aos outros por acharem que eram inimigos! A seguir, conseguiram levar os soldados de linha a um motim, obrigando os oficiais a ordenar a retirada sob ameaças de "forca".

O pretenso contra-ataque para desviar a atenção, do qual deveriam participar os voluntários corsos guiados por Quenza e Napoleão, conheceu um destino similar e quase tão lamentável quanto, com três semanas de intervalo, dessa vez no noroeste da Sardenha. Mil homens (750 voluntários corsos, dentre os quais os batalhões de Napoleão, e 250 marinheiros) sob o comando do general De Cesari, parente e amigo de Paoli[156], desembarcaram na ilha San Stefano, diante da ilha La Maddalena, em 22 de fevereiro. No dia 23, eles tomaram uma torre defendida por trinta guardas suíços e instalaram sua artilharia numa altura de onde bombardearam o porto de La Maddalena. Um desembarque na ilha (que serviria de base de abastecimento para as tropas franco-córsicas) estava previsto para o dia seguinte, mas uma revolta eclodiu entre os marinheiros: Cesari foi obrigado a ordenar a retirada "em meio a um 'salve-se quem puder'". Todas as peças de artilharia que Napoleão havia preparado foram abandonadas no local e encravadas.[157] Os oficiais (Buonaparte incluído) precisaram redigir um relatório no dia 27 isentando o comandante (Cesari) de qualquer responsabilidade no ocorrido. Napoleão escreveu, no dia 2 de março, uma carta a Paoli prestando contas da expedição.[158]

Ferido em seu orgulho com esse desastroso batismo de fogo, o jovem capitão de artilharia escreverá nos meses seguintes nada menos que dois relatórios e três contraprojetos de conquista[159] da Sardenha menos favoráveis ao amigo de

Paoli – mas é preciso dizer que, nesse ínterim, ele se aliará aos salicetistas na falta de outra saída para si e para a sua família.

De todo modo, a aventura sarda parece ter sido desde o início mal pensada, porque as recomendações de segredo e celeridade do inspirador Constantini[160] não haviam sido respeitadas, é o mínimo que podemos dizer, e porque as tropas, principiantes, mal ou pouco equipadas, tinham sofrido de um não menos evidente problema de comando. Como Paoli havia previsto, Paris atribuiu-lhe a responsabilidade pelo fracasso. Porém, o golpe de misericórdia da ruptura definitiva com os membros da Convenção lhe será dado pelo próprio irmão de Napoleão!

Lucien (ele estava com dezoito anos), nomeado secretário da Sociedade dos Amigos da Constituição em 1791, havia acompanhado Huguet de Sémonville* a Toulon, onde os dois tinham chegado no dia 25 de fevereiro de 1793. Lá, encontrou Saliceti e Arena, que vinham de Paris para ir à Córsega, o primeiro como comissário mandatado pela Convenção. O jovem patriota corso, que talvez se considerasse o Robespierre de Danton-Saliceti**, pronunciou em 14 de março, no clube patriótico do departamento do Var, um discurso extraordinariamente agressivo contra o velho general[161]: "O departamento da Córsega geme sob a opressão mais aflitiva [...] cidadãos são sacrificados à aristocracia mais violenta [...]. O tenente-geral Paoli, a quem a nação francesa concedeu sua confiança, protege, dirige esses atentados, tendo a devoção de um regimento suíço, que ainda está em guarnição pago pela França [...]. Ele não é o defensor do povo, mas seu tirano. [...]

---

* Personalidade política da diplomacia francesa (1759-1839), ligado a Mirabeau, La Fayette, Talleyrand; foi nomeado embaixador em Constantinopla pela Convenção; passou pela Córsega, de onde um barco devia conduzi-lo. Vítima de uma denúncia, porém, voltou a Paris para se desculpar.

** Lucien, gêmeo impedido da "grande espada" que lhe fazia as vezes de irmão, escrevia à família no verão de 1792: "Vocês não podem imaginar com que profundidade meu espírito é entusiasta; sinto em mim a coragem de ser tiranicida e, se os maus nos prendessem de novo com correntes, eu morreria com um punhal na mão" (Masson, p. 305-306).

A privacidade dos correios foi violada, as cartas são abertas e apreendidas [...]. Paoli é culpado; ele quer ser soberano nesse departamento: nele exerce todo o despotismo [...]. Pronunciai sem demora sua destituição. Entregai sua cabeça ao gládio da lei".[162] Lucien expressava, com uma impetuosidade pouco comum, todo o rancor acumulado pelos Buonaparte contra o *Babbu*.

Naquele momento, na Córsega, os paolistas ainda queriam considerar a chegada iminente dos comissários como uma oportunidade para se justificarem. No dia 15 de março, Paoli publicou, como sinal de remissão, o manifesto "Aux Corses libres et français" [Aos corsos livres e franceses], reafirmando seus sentimentos de ligação à França e à Revolução; no dia 20 de março, o conselho geral enviou uma mensagem de justificação ponto por ponto à Convenção. Quando Napoleão, no início de abril, em Ajaccio, votou contra a fusão da Sociedade dos Amigos da Constituição com o clube criado pelos paolistas, ele claramente se colocava ao lado de Saliceti*; porém, tratava-se apenas, naquele momento, de colocar-se localmente diante dos paolistas majoritários em Ajaccio (seus amigos tinham perdido a prefeitura nas eleições de dezembro, vencidas pelos clãs Pozzo di Boro e Peraldi). Não era ainda uma escolha política definitiva. Ao voltar da Sardenha, ele recebera uma carta que Saliceti havia enviado no dia 9 de janeiro e, consciente de ter dado sua última cartada junto a Paoli na Sardenha e de ter perdido, ele agora se dirige aos comissários parisienses, de quem esperava a vitória, o que não significava que tivesse se tornado do dia para a noite um jacobino convicto (Saliceti sentava-se, na Assembleia, junto com os montanheses) ou um antipaolista de primeiro grau.

Ele não estava a par da ofensiva do irmão em Toulon, cujos efeitos logo se manifestariam: o discurso de Lucien havia sido enviado ao deputado do Var, Escudier, que o

---

* No entanto, ele não devia ter apreciado a dissolução autoritária dos batalhões de voluntários por Saliceti, mas até o dia 19 de abril (carta a Quenza) ele pensava que "ficaria no lugar", conforme a promessa feita por Paoli em 1º de março de manter os *paesani* em seus postos se eles se mantivessem tranquilos.

recebeu no dia 2 de abril. Data fatal, segundo Masson: na véspera, a Convenção recebera a notícia da traição de Dumouriez (o comandante do exército do norte e vencedor de Valmy[163] havia sido derrotado na Batalha de Neerwinden, em 18 de março de 1793, e preferira passar para o lado do inimigo a ter de justificar-se ao tribunal da Convenção). Com essas notícias em mente, os membros da Convenção, que precisavam enfrentar a Europa inteira coalizada contra a França, ouviram Escudier explicar que Paoli era responsável pelo fracasso da expedição da Sardenha e que queria entregar a ilha aos ingleses*: em 21 de abril, um decreto de prisão seria emitido contra o general.

Quando a notícia chega à Córsega, no dia 14 de abril, até mesmo Saliceti é pego de surpresa: ele havia encontrado o *Babbu* no dia 13 e um acordo estava prestes a ser concluído.[164] O departamento só publicaria a notícia no dia 18; Napoleão a descobre no dia 20. Ela significava a guerra civil que ele temia acima de tudo. Os corsos, irritados com as primeiras medidas tomadas por Saliceti – a libertação arbitrária de Philippe Arena** –, colocaram-se ao lado de Paoli, guardas nacionais e *paesani* à frente.

Napoleão reagiu e tentou lutar contra a corrente, escrevendo já no dia seguinte duas mensagens à Convenção e depois à municipalidade de Ajaccio, fazendo, pela última vez de sua vida, um elogio ao *Babbu*, solicitando a revogação do decreto contra ele e indo no mesmo sentido da circular publicada por Paoli depois do encontro com Saliceti[165]: "Pereceremos se nos embatermos", concluía

---

* Essa acusação, retomada pelos historiadores bonapartistas, não se baseia em grande coisa: seguimos aqui a tese de De Franceschi, retomada por François Paoli (ver Tulard, p. 58).

** Philippe Antoine Arena, coronel da Guarda Nacional, tesoureiro-geral provisório das despesas da Córsega, irmão do ex-deputado Barthélémy Arena, havia sido preso pelo novo departamento paolista por abandono de cargo e roubo ao caixa.

ele.* Pela última vez, ele tentou operar a síntese entre seu patriotismo corso e a Revolução Francesa por meio do sonho da Constituição paolista, entre a França paterna e a Córsega paolista, entre seus dois pais, o genitor e o espiritual, entre a lei republicana ideal e a realidade política córsica. No entanto, essas iniciativas desesperadas foram definitivamente aniquiladas pela publicação de uma carta de Lucien a Joseph que os paolistas interceptaram e em que o mais jacobino dos Buonaparte se vangloriava de estar na origem do decreto de prisão lançado contra Paoli**; ora, "levar Pascal Paoli ao tribunal da Convenção era o mesmo que condená-lo à guilhotina", observou corretamente François Paoli.[166]

Esse verdadeiro parricídio (na intenção, pelo menos), algumas semanas depois da morte de Luís XVI (guilhotinado em 21 de janeiro de 1793), recairia sobre Napoleão e sobre todo o clã Buonaparte, segundo o costume corso da *vendetta*.

Em Ajaccio, a municipalidade paolista imediatamente mandou prender os amigos dos comissários jacobinos, chamou os partidários da montanha para reforçar a cidadela comandada por Colonna di Leca (um primo de Paoli) e, no dia 25 de abril, espalhou o boato de que o tenente-coronel Buonaparte preparava um "complô republicano": ele teria aproveitado a transferência dos canhões de um navio encalhado na praia para entrar na cidadela com seus partidários; a ponte levadiça, contudo, teria sido erguida a tempo.[167] No início de maio, Paoli retomará essas acusações, sem ter nenhum elemento para avaliar

---

* Masson (p. 336) apresenta o texto da mensagem à Convenção: Napoleão chama Paoli de "patriarca da liberdade, precursor da República francesa. Assim pensam os patriotas, assim crê o povo. Rendei-vos a nossas vozes. Calai a calúnia e os homens profundamente perversos que a utilizam".

** Essa carta de Lucien, do dia 12, dizia: "Depois de uma mensagem à cidade de Toulon, proposta e redigida por mim no comitê do clube, a Convenção decretou a prisão de Paoli e de Pozzo di Borgo [...]. Foi assim que dei um golpe decisivo em meus inimigos" (Masson, p. 335); embaixo da carta publicada, os partidários de Paoli haviam escrito: "Os Buonaparte antigamente alimentados e criados com o dinheiro de Marbeuf são agora os principais agentes da conspiração contra o povo" (Paoli, p. 339).

sua veracidade. Seja como for, no dia 3 de maio, ao alvorecer, Napoleão saiu de Ajaccio acompanhado por um guarda-costas (um de seus pastores) para ir a Corte: ele descobriu, no caminho, que o Diretório queria mandar prendê-lo. No dia 5 de maio, deu meia-volta e retornou para Bocognano; no dia 6 pela manhã, foi para um albergue discutir com chefes corsos, cuja presença lhe fora indicada: era uma armadilha, e ele foi preso pelos Morelli. Dois de seus partidários, Santo Ricci e Vizzavona, chamado "Ribollo", obtiveram dos Morelli, com quem tinham boas relações, permissão para levar o prisioneiro para almoçar na casa de Ribollo; Napoleão passaria por uma escada nos fundos da casa, onde dois de seus homens o aguardavam; ele fora visto por seus carcereiros, mas conseguiria escapar. À noite, ele dormiu em Ucciani e, no dia seguinte, entrou clandestinamente em Ajaccio.[168] Lá, conseguiu chegar, à noite, à casa de Levie, o antigo prefeito aliado da Casa Buonaparte. Na noite seguinte (9 de maio), os guardas fizeram uma revista na casa de Levie, repleta de homens armados, mas não ousaram fazer nada. Napoleão foi levado para a praia em que a gôndola de um certo Mingone o esperava para levá-lo a Marcinaggio, de onde saiu para Bastia para encontrar-se com os patriotas pró-franceses (Saliceti e Arena) e organizar uma contraofensiva marítima contra os paolistas. Ele não quisera aquilo, mas, na verdade, viu-se relegado ao campo francês e, a partir daquele momento, passou a acusar Paoli de manobras contrarrevolucionárias e de conluio com o inimigo, atribuindo-lhe a responsabilidade pela guerra civil.* Ele passava a combater em nome da nação revolucionária.

---

* Napoleão fará com que se acredite na ideia (em especial os cronistas corsos bonapartistas) de que sempre havia sido pró-francês e Paoli, um agente dos ingleses desde 1790, desaparecendo com documentos, como até mesmo Masson desconfia (Masson, p. 320). Ver as cartas de Bonaparte ao cidadão Saliceti de 26 de outubro de 1796 (5 brumário, ano V) e de 19 de outubro de 1796 a Berthier: "Dei ordens para que prendessem o cidadão Panattieri, secretário de Paoli. Esse intriguista prega na Córsega, em nome de Paoli, que é do interesse dos amigos da República e da liberdade apagar as lembranças dos corsos" (Paoli, p. 299).

Em Ajaccio (na noite de 24 para 25 de maio), Letizia estava na grande sala do primeiro andar depois do boa-noite das crianças quando alguém bateu à porta: Nunzio Costa de Bastelica (um dos "partidários" dos Buonaparte) viera avisá-la de que os paolistas tinham jurado colocar as mãos em todos os Buonaparte, "mortos ou vivos", e que era preciso fugir. As duas crianças mais jovens, Maria Nunziata e Geronimo, são confiadas à avó Fesch com alguns objetos pessoais; Letizia, seu filho Luigi, suas filhas Marianna e Maria Paolina (Pauline) e o tio Fesch seguiram Costa e sua pequena tropa de partidários armados de punhais e fuzis, que os escoltou pela noite por entre os matagais e rochedos até a torre do Capitello, ponto de encontro indicado por Napoleão. Foi bem a tempo: no dia seguinte, a Casa Buonaparte foi pilhada e talvez tenha sido em parte queimada (as opiniões divergem nesse ponto).[169]

No dia 9 de maio, Brunet, o general-chefe do exército da Itália, havia aconselhado seu ministro a empregar meios de conciliação, julgando que a questão córsica decorria principalmente de uma luta de clãs (o clã Arena-Saliceti contra o clã Paoli).[170] Contudo, era tarde demais.

Em Bastia, os três comissários destituíram o departamento no dia 13 e chamaram quatro mil homens da tropa acantonada em Toulon, ameaçando mobilizar um exército de trinta mil homens ou entregar a Córsega aos genoveses, fazendo uma lista de oito mil patriotas condenados à morte ou ao exílio. No lado oposto, os padres clamavam todos a se armar a favor de Paoli e do Diretório; no dia 15, o conselho geral acusou Saliceti de prevaricação; no dia 16, o conselho geral foi destituído[171]; Paoli e Pozzo di Borgo organizaram, em resposta, uma *Consulta* em Corte nos dias 27, 28 e 29 de maio de 1793.[172]

Os comissários decidiram aproveitar a partida dos homens para Corte para atacar Ajaccio (eles não controlavam apenas as cidades marítimas – Bastia, Calvi e Saint-Florent): Napoleão organizou um plano de ataque em terra e mar e desembarcou na aurora do dia 24 de maio com uma pequena frota* na praia de Provenzale, de onde contatou seus "partidários" para organizar a fuga de sua família. Ele os embarcou a bordo de um xaveco que os levou a Girolata, de onde foram para Calvi, refugiando-se na casa de Lorenzo Giubega. Enquanto isso, comandada por Napoleão, a frota baixou âncora em Ajaccio, foi violentamente atacada pelos canhões do *Vengeur* e pelos da cidadela; os *paesani* armados enchiam as colinas de Aspreto, ao sul de Ajaccio, e arengavam os barcos, impedindo o desembarque. Napoleão (e Lacombe Saint-Michel) tentou uma dupla ofensiva no sítio de Cala di Figo, no território de Vignale, perto da torre de Orbitello, mas sem sucesso, apesar da habilidade que o jovem oficial de artilharia lembrará ter demonstrado: "Carreguei uma bala, apontei e cortei o galho sobre o qual um daqueles oradores estava empoleirado. Ele caiu; sua queda dispersou a multidão; ela se espalhou, não a vimos mais".[173] Em 3 de junho, Napoleão decidiu retirar-se, embarcando consigo sessenta homens, dentre os quais Louis Coti, o procurador-síndico do distrito. No dia 4, ele chegava a Calvi.

No dia 11, embarcou toda a família para a França no *Prosélyte*.

Mil refugiados corsos desembarcariam no litoral da Provence, essencialmente burgueses abastados das cidades, proprietários e comerciantes.[174] A população rural mantivera-se fiel a Paoli.** Bonaparte de fato congregava os robespierristas, mas por intermédio do clã Saliceti-Arena, mais reacionário no plano social do que o "contrarrevolucionário" Paoli[175]; em Paris, os Montanheses (amigos de Danton e Robespierre) haviam tomado o poder durante os dias de motim entre 31 de

---

* Uma fragata, uma corveta, duas chalupas canhoneiras e alguns navios de transporte, segundo Masson, p. 346; uma corveta (*La Belette*), um brigue (*Le Hasard*), duas gabarras e ao todo apenas quatrocentos homens, segundo Paoli, p. 355.

** Inclusive alguns partidários dos Buonaparte, que os ajudam a fugir por fidelidade clânica.

maio e 2 de junho de 1793.* "As ideologias mais avançadas nem sempre são as que têm o apoio dos mais pobres", diria Jean Tulard[176]: vimos por quê. Os ingleses, a quem Paoli apela em agosto, desembarcarão na Córsega no dia 16 de janeiro de 1794.**

Exilado definitivo***, amputado para sempre de uma parte de si mesmo (as paisagens córsicas e os *paesani* que conhecia desde a infância), unindo-se a Carlo na infâmia e devotado a uma "desonra eterna" pelos paolistas****, Napoleão, encontrando na França o Terror jacobino, escolheu identificar-se para sempre com a nação francesa; não se tratava de uma nova "pátria", mas de uma entidade "universal" e abstrata, como ele próprio seria desde então. Ele aderiu menos à Constituição do Ano II e à Declaração dos Direitos do Homem, de 1793, do que à continuidade do novo Estado revolucionário que ele servirá como militar. Exasperado com a política, foi obrigado e forçado a renunciar à sua identidade córsica para se fazer "nacional". De corso a francês – ou melhor, a totalmente romano.

---

* Início da insurreição federalista girondina, à qual foi abusivamente associada a questão córsica, segundo Jean Tulard.

** Os ingleses tolerarão ainda menos que os franceses a grande influência de Paoli e o afastarão em 14 de outubro de 1795: ele se alegrará com a tomada do poder pelo primeiro-cônsul, mas declinará sua oferta de tornar-se cidadão francês sob a condição de anunciar seu arrependimento (ele morreria em Londres em 1807). Saint-Florent capitulará em fevereiro de 1794, Bastia, em 25 de maio, e Calvi, em 10 de agosto. As tropas do Diretório desembarcarão em Marcinaggio em outubro de 1796, definitivamente incorporando a Córsega à França.

*** Napoleão passará uma semana na Córsega ao voltar do Egito: lá preparará o golpe de Estado de 18 brumário, que ocorrerá um mês depois.

**** Paoli, p. 358: acusação pronunciada em 29 de maio na *Consulta* de Corte, onde se propôs "infligir aos indivíduos que compõem as famílias Buonaparte e Arena uma desonra eterna que tornasse seus nomes e suas memórias detestáveis aos patriotas do departamento". Pozzo di Borgo odiará Napoleão pelo resto da vida e o combaterá em governos interpostos; ele intervirá "para agravar suas condições de detenção em Santa Helena" (Paoli, p. 369).

De Robespierre a Barras, de Toulon ao 13 vendemiário

> "Ele venceu em tudo e superou as esperanças do povo e do exército que lhe devia seus sucessos."
> NAPOLEÃO BONAPARTE
> *Eugénie et Clisson*

Napoleão desembarcou com os seus no litoral francês em 11 de junho de 1793 e instalou-os numa moradia provisória nas colinas de Toulon.* A partir desse momento, e para sempre, o verdadeiro chefe da família (era o único a poder garantir a sobrevivência do clã), ele se uniria a seu regimento, acantonado em Nice. O Sul estava em plena insurreição federalista: os girondinos haviam perdido o poder durante as jornadas parisienses de 31 de maio e 2 de junho, porém, mais fortes na província, sublevaram as cidades de Marselha, Avignon, Nîmes, Montpellier, Bordeaux...

No 4º regimento de artilharia, ele receberia diversas tarefas: construir um forno de reverberação, ir a Avignon escolher um carregamento de pólvora. Alguns biógrafos afirmam que, no fim de julho, ele participou da reconquista da cidade dos papas pelas tropas regulares sob o comando do general Carteaux.

No dia 29, em todo caso, ele escreveu e publicou *Le Souper de Beaucaire*, brochura de propaganda contra o federalismo**, talvez um pouco matizada demais e literária demais para a função que deveria preencher (não fará sucesso algum). Saliceti, que havia se tornado um dos representantes em missão do Comitê de Salvação Pública para a região do Midi (ao lado

---

* No vilarejo de La Valette, nas primeiras encostas do monte Faron: dois quartos alugados à viúva Cordeil.

** O federalismo era a doutrina girondina segundo a qual cada departamento francês deveria funcionar como um pequeno Estado autônomo.

de Augustin Robespierre), mesmo assim mandou imprimir uma segunda edição às custas da República.

Napoleão teria escrito esse texto em Beaucaire, pequena cidade de feira ao sul de Avignon, inspirado nas conversas políticas entre viajantes e comerciantes reunidos ao acaso nos cafés. Nele já percebemos sua grande ideia de reconciliação nacional, que ainda não inclui os monarquistas, nem Paoli, mas somente os girondinos, os inimigos do momento, que ele admite poderem ter sido "caluniados".[1] O narrador se designa no diálogo como "o militar": é certo que sua pluma, cada vez mais alerta e densa, estava a serviço do poder jacobino robespierrista, presa da guerra civil e da guerra exterior. Foi como militar que ele descreveu a insurreição federalista e procurou brilhar aos olhos de seus leitores (em primeiro lugar, os onipotentes representantes em missão): de fato, o texto é muito específico a respeito das posições recíprocas das tropas, dos recursos e das forças à sua disposição, em especial no que concerne à artilharia. Nele encontramos um dos preceitos preferidos do futuro general Bonaparte: "Na arte militar, uma das teorias diz que aquele que permanece em suas trincheiras é vencido".[2] No plano político, sua posição é acima de tudo legalista: "O centro de unidade é a Convenção; é o verdadeiro soberano, sobretudo quando o povo está dividido".[3] Quem não via isso era um "inimigo da pátria", ou mesmo um "malfeitor" ou um "anarquista"[4], no mínimo o triste membro de uma "facção" e, na verdade, contrarrevolucionário, mesmo quando republicano. O que importava era a "unidade da República"[5]: aqui, Napoleão estava incontestavelmente do lado do centralismo jacobino contra o federalismo girondino. Qualquer fragmentação enfraquecia o Estado, e a guerra civil beneficiava estrangeiros e monarquistas. A República não estava "cercada da mais monstruosa das coalizões [estrangeiras], que ameaça sufocá-la ao nascer"[6]: "Não percebeis que o combate dos patriotas e dos déspotas da Europa é um combate até a morte?".[7] Vemos, de fato, que esse combate exalta o jovem, que ele passa a se identificar com ele.

Ao mesmo tempo, descobrimos que os montanheses e seus representantes em missão tinham a reputação de ser "homens de sangue"[8] e que toda sorte de atrocidades lhes é atribuída: o "militar" não se demora contestando essas acusações e tampouco justifica a política da Montanha. Em contrapartida, transparece um evidente ressentimento do "povo", constantemente "desencaminhado por um pequeno número de conspiradores e intriguistas".[9] A questão córsica, tão recente, deixara no autor do texto uma grande amargura. Ele preferiu se dirigir, naquele momento, como narrador-personagem, aos comerciantes e fabricantes abastados (dois comerciantes de Marselha, um fabricante de Montpellier), que estavam "fixos no curso do negócio que aumenta as fortunas"[10], dizia ele, não sem certa ironia desdenhosa. Aqueles homens eram a base social dos girondinos federalistas, eram os burgueses ambiciosos dos quais ele próprio se sentia socialmente mais próximo. A guerra civil não devia comprometer aquela "elite": "Deixai as regiões pobres lutarem até o derradeiro fim, explicou o 'militar' aos marselheses; o morador do Vivarais, de Cévennes, da Córsega, expõe-se sem temor ao combate: se vencerem, terão alcançado seu objetivo; se perderem, estarão, como antes, em condições de fazer a paz e na mesma posição".[11] Em outras palavras, a base social dos girondinos era a mesma da nação revolucionária: os extremistas passarão, a República permanecerá. Os negociantes, proprietários e demais especuladores de bens nacionais eram sua força viva. O parecer de Napoleão a respeito da revolução foi dado; ele nunca mudará.

Um mês depois, o propagandista zeloso foi agradecido por seus bons e leais serviços à República jacobina: Saliceti o nomeou comandante da artilharia de Carteaux*, em substituição ao tenente-coronel Dommartin, ferido no dia 7 de setembro nos desfiladeiros de Ollioules, perto de Toulon. Vitorioso em Marselha, o general Carteaux, ao qual logo

---

* O general Carteaux comandava um destacamento do exército dos Alpes, mobilizado para combater a insurreição girondina e federalista.

sucederia o general Doppet, se preparava para enfrentar os ingleses que os federalistas tinham chamado para reforço em Toulon. "Ali, a história se apoderou dele para nunca mais abandoná-lo", escreve Las Cases sobre Napoleão: "Ali teve início sua imortalidade".[12]

Ali teve início a metamorfose do jovem sensível, curioso sobre tudo, propenso à reflexão e à leitura, em homem de ação e líder de guerra. Sua parte íntima, reflexiva, que já exploramos, apaga-se diante dos deveres a serem cumpridos e da urgência dos combates. Essa transformação, em parte voluntária, não ocorre sem dificuldades, físicas e psíquicas, e levará tempo: pouco mais de dois anos. Dificuldades físicas, em primeiro lugar: Napoleão seria atacado, especialmente nas fases de repouso, por crises recorrentes de paludismo. Ao que é preciso acrescentar a sarna, que ele contraiu durante o cerco a Toulon. O belo e risonho moreno que obtivera alguns sucessos em Valence tornou-se um jovem esquálido e amarelado de olhos febris e estranha magreza, com as fraquezas disfarçadas pela vontade mental e pelo nervosismo:

> Seu corpo está longe de ser de ferro, como se pensou, apenas sua moral [...] todas essas prodigiosas provações realizaram-se, por assim dizer, em detrimento de seu físico, que nunca é mais suscetível do que quando a atividade do espírito é mais intensa.[13]

Esse equilíbrio instável descrito com sutileza e amor pelo bom Las Cases se manifesta durante as jornadas de vinte horas do cerco a Toulon. O expatriado, mais determinado do que nunca, literalmente se forjará, pela força de sua vontade, um novo corpo e um novo "caráter" – assim como havia forjado, nos anos precedentes, um corpo de doutrinas informadas da história do mundo e de sua geografia.

O vigor físico não era a chave dessa "rara intrepidez" e dessa "atividade infatigável" do jovem artilheiro, segundo o general Doppet.[14] Sua vontade de se remodelar tem origem em sua desesperada ambição. Ele constrói para si uma armadura moral e física, uma maneira de ser, de falar pouco, de dormir ainda menos (uma a duas horas, tirando proveito do momento "na terra e enrolado em um manto")[15], cujo motor secreto era a amputação córsica que aprofundara ainda mais a melancolia já descrita. A essa intensa dor interna do exílio, que duplica o luto imprescritível pelo pai, era preciso contrapor uma paixão total, única, capaz de anestesiá-lo. Napoleão tinha dois anos a menos que Saint-Just, onze a menos que Robespierre – os dois homens mais inteligentes do Comitê de Salvação Pública, cuja morte prematura marcaria o fim da Revolução. Ele queria, como eles, com eles, salvar a França revolucionária, que ele havia escolhido, de toda a Europa unida contra ela – e, ao mesmo tempo, salvar a si mesmo (e seu clã), fugitivo expropriado de suas terras e de seus bens, partindo do zero como outrora seu ancestral Francesco, o *condottiere*, que fora para a Córsega em nome da república de Gênova. Talvez, no fundo, ainda se tratasse do pai francês demais, cujos vestígios de traição ele seguia, politicamente, de trás para frente: era o leviano Carlo, com certeza, que precisava ser sublimado e para quem era preciso refazer um corpo de doutrinas "nacionais" ideais, longe da Córsega que também o havia rejeitado. Mais remotamente ainda, para além de Gênova e Florença, reencontrar o verdadeiro terreno de apostas, a muito antiga, ampla e fundamental batalha europeia entre o poder do papa e o do Império.

E, baseado nesse modelo, tornar-se um virtuoso soldado (romano) da República – necessariamente glorioso (era preciso ser digno do ideal).

O jovem oficial, com essa grande necessidade de estar à altura dos delírios (reais ou imaginados) do pai moribundo, mergulhará com volúpia na aceleração do tempo produzida pelo movimento intenso associado a uma contenção de espírito estimulada pela ameaça constante de morte e de derrota (pessoal, coletiva). Devido ao grande vazio que se abrira dentro dele (a amputação córsica), pôde dedicar-se inteiramente à disponibilidade singular, tão mental quanto física, exigida pela organização logística e pela localização geoestratégica de uma batalha que precisa ser vencida. Além disso, não se contentará em viver esse novo equilíbrio devotado ao gesto rápido, à decisão justa, ao estratagema vencedor: ele o pensará. Suas tardias reflexões psicológicas e práticas do *Memorial* são prova disso: "O homem só deixa marcas na vida ao dominar o caráter que a natureza lhe deu, ou criando um pela educação e sabendo modificá-lo de acordo com os obstáculos que encontra".[16] Quanto às "qualidades necessárias a um grande general": "Que nele o espírito ou o talento estejam em equilíbrio com o caráter ou a coragem: era o que ele chamava ser *quadrado* tanto na base quanto na altura", assinala Las Cases.[17]

Contudo, a dificuldade surgirá nos períodos de ócio forçado: o risco do vazio e da melancolia voltará a atormentá-lo e o abandonará, mesmo que de maneira passageira, ao amor – confissão de fraqueza, sentimento nascido do desamparo (pelo menos, como vimos, era o que ele pensava).

Durante o mês de outubro de 1793, ele colocou toda a sua energia na reorganização da artilharia, exigindo, por exemplo, prioridade e escolta titulada[18] para o deslocamento das peças e das munições: o ganho de tempo deveria atenuar a falta de material. Em Toulon, só dispunha de "dois canhões de 24, dois de 16, dois morteiros. É pouco".[19] Com ele ou à sua volta, o amigo Gassendi, "suspeito", que ele consegue que seja inocentado e empregado, mas também novos rostos: Duroc, Marmont, Victor, Suchet, Leclerc, Desaix, Junot.* Em 18 de outubro, ele se tornou chefe de batalhão.

No dia 25 de outubro, escreveu dizendo que era preciso desalojar os ingleses do "Pequeno Gibraltar"[20] e tomar o forte de Mulgrave na extremidade da ponta de Éguillette, que fecha a enseada, instalar canhões e bombardear a cida-

---

* "Alguém saiu das fileiras e escreveu sob seu ditado na própria trincheira. Assim que terminou a carta, uma bala a cobriu de terra. 'Bom', disse o escrivão, 'não precisarei de mata-borrão' [...] Era Junot." (*Mémorial*, p. 139).

de em frente. O comando tergiversa*; impaciente com os pequenos resultados e com a negligência reinante, Saliceti impõe o plano de Buonaparte no conselho de guerra de 25 de novembro.[21]

No dia 17 de dezembro, às três horas da manhã, depois de duas horas de ataques encarniçados, o forte Mulgrave caiu nas mãos dos franceses: Napoleão recebeu uma baionetada na coxa, cuja cicatriz profunda ele mostrará a Las Cases em Santa Helena.[22] No dia 18, os ingleses abandonaram Toulon. No dia 22, Buonaparte foi nomeado general de brigada. Robespierre, o Jovem, propôs seu nome para o comando da artilharia do exército da Itália. "Foi uma das épocas de sua vida em que ele mais sentiu, diz [a Las Cases], satisfação, foi seu primeiro sucesso: sabemos que é o que deixa as mais doces lembranças".[23]

Sem uma letra (B[u]onaparte), o jovem general equiparou-se ao grupo histórico de generais revolucionários surgidos na esteira daquele ano de 1793: Hoche (25 anos, filho de palafreneiro nas cavalariças reais), Pichegru (32 anos, filho de camponeses), Augereau (36 anos, pai criado), Desaix (25 anos, de origem nobre), Davout (23 anos, filho de fidalgo borgonhês), Grouchy (24 anos, nobreza normanda), Jourdan (31 anos, filho de cirurgião), Moreau (30 anos, filho de juiz), Brune (30 anos, filho de advogado), Macdonald (28 anos, de nobreza escocesa), Masséna (35 anos, filho de comerciante), Kléber (40 anos, filho de maçom). Murat (25 anos, filho de estalajadeiro) era chefe de esquadrão, Ney (24 anos, filho de operário toneleiro), o "bravo dos bravos", era capitão, Bernadotte (30 anos, filho de procurador) era chefe de brigada, Soult (24 anos, metade-nobre) era chefe de batalhão, como Saint-Cyr (29 anos, nobre). Napoleão Buonaparte aparecia entre os generais mais jovens (ao lado de Davout e Grouchy): estava com 24 anos.

---

* O ignaro Carteaux seria substituído pelo brutal general Doppet em 13 de dezembro. O bravo general Dugommier chegaria no dia 16 de novembro (os qualificativos são de Napoleão/Las Cases no *Memorial*, p. 130).

Augustin Robespierre, o irmão mais novo de Maximilien*, representante em missão no exército da Itália, havia reparado em Napoleão durante o cerco a Toulon e prestou atenção aos vários planos de ataque à Áustria pela costa lígure que o jovem capitão de artilharia do exército da Itália redigiu na primavera. Comunicou-os a seu irmão Maximilien em Paris. Num memorando de março de 1794 sobre "a posição de nossos exércitos do Piemonte e da Espanha", Napoleão enuncia um novo artigo de seu credo militar: "Há tipos de guerras como cercos a fortalezas: reunir os fogos contra um único ponto; feita a abertura, o equilíbrio é rompido; todo o resto torna-se inútil e a fortaleza é tomada". Infelizmente, em 1808 ele esquecerá outra consideração desse mesmo texto: "Uma cabeça fria não pode pensar em tomar Madri [...] o caráter paciente dessa noção, o orgulho e a superstição que lá predominam, os recursos a uma grande multidão a tornarão temível quando pressionada em casa".[24] Carnot**, porém, encarregado de assuntos militares no Comitê de Salvação Pública, irritou-se com a ingerência dos Robespierre e de seu jovem "fazedor de planos"[25]: ele preferia concentrar suas forças na fronteira espanhola. No entanto, é o exército da Itália que obtém as vitórias decisivas, como em Oneglia, em 9 de abril de 1794: a rota da Itália estava aberta para os franceses pelos Alpes piemonteses do rei da Sardenha.

Em 9 termidor (27 de julho de 1794), Carnot contribuiu para a queda do Incorruptível. Augustin Robespierre foi guilhotinado no dia 28 de julho, depois de tentar suicidar-se por defenestração. Napoleão escreveria:

---

* Augustin Robespierre (1763-1794), deputado de Paris na Convenção Nacional, representante em missão do exército da Itália em 19 de julho de 1793 (com Ricordi). Foi ele quem assinalou a incapacidade de Carteaux e sua substituição por Dugommier. Estava com Buonaparte em Oneglia e no Piemonte. Em junho, propôs a Buonaparte que o acompanhasse a Paris: Napoleão recusou, o que lhe salvou a vida.

** Lazare Carnot (1753-1823), deputado na Legislativa e a seguir na Convenção, delegado dos Exércitos (que organiza) no Comitê de Salvação Pública, se opôs a Saint-Just e Robespierre durante as jornadas de 8 e 9 termidor (26-27 de julho de 1794). Nomeado diretor do Diretório em 1795, ele se oporá a Barras e será afastado.

> Fiquei um pouco abalado com a catástrofe de Robespierre, o Jovem, de quem eu gostava e que acreditava puro; porém, se ele fosse meu irmão, eu mesmo o teria apunhalado se ele aspirasse à tirania.[26]

Quanto a Maximilien de Robespierre, ele dirá a seu respeito, no *Memorial*, que havia sido "o verdadeiro bode expiatório da Revolução, imolado assim que quis tentar deter o seu avanço"[27]:

> Foram homens mais sanguinários e mais terríveis que Robespierre que o fizeram perecer.[28]

Entre eles, seu futuro amigo: Barras.

Bonaparte aproximara-se do Incorruptível e de seu irmão no momento em que a Revolução chegava ao fim: como ele explicará no *Memorial*, a vitória da Montanha havia sido o auge de uma radicalização política que seria definitivamente bloqueada com a eliminação dos fanáticos hebertistas em fevereiro de 1794. Ele via em Robespierre o homem que queria manter a continuidade do Estado republicano e estabilizar a Revolução; diante desse objetivo, o Terror lhe parecera, como vimos, um mal necessário.

Quanto à sua posição pessoal, ele julga um pouco apressadamente que a contrarrevolução termidoriana "não traz nenhuma mudança às coisas"[29]: o corso Saliceti não acabara de ser nomeado representante no exército da Itália? No entanto, ele subestimou sua própria reputação, na Convenção, de ter sido "o homem de Robespierre"[30]; parecia, além disso, que Saliceti, suspeito num primeiro momento, provara sua inocência denunciando um suposto "plano secreto": Buonaparte teria sido mandado pelos Robespierre para entender-se com o "inimigo".*[31] Napoleão teria conseguido justificar-se logo, pois só teria sido encaminhado "à detenção" entre 9 e 20 de

---

* Napoleão havia sido enviado pelo Comitê de Salvação Pública a Gênova para contrapor-se a uma manobra austríaca: essas acusações de traição dos Robespierre e de Buonaparte não têm fundamento.

agosto, vigiado na casa do conde Laurenti, seu anfitrião em Nice[32], que teria conseguido que não o enviassem a Paris...[33] e cuja filha Émilie, nesse ínterim, ele teria cortejado.

A vitória dos termidorianos marcou o fim da Revolução. Ainda haveria algumas revoltas *sans-culottes* na primavera de 1795, mas elas seriam impiedosamente reprimidas, os jacobinos seriam depurados e, como escreve Jean Tulard, "Paris, esmagada, não mudará por trinta anos".[34] Buonaparte havia previsto esse novo reino impudente dos arrivistas enriquecidos com a especulação sobre a venda dos bens nacionais, o abastecimento dos exércitos ou os *assignats*, e demais aproveitadores do novo sistema; a situação o deixou, a princípio, desamparado. Dumerbion, o novo comandante-chefe do exército dos Alpes e da Itália, adotou seu plano de ataque ao Cairo (iniciado em 13 de setembro), mas não deu seguimento à ofensiva por medo de desagradar Carnot. Em 3 de novembro, o jovem general elaborou um novo plano de invasão do Piemonte, que os representantes Turreau e Ritter apresentaram ao Comitê de Salvação Pública; Carnot fez com que fosse rejeitado. Quanto ao projeto de uma expedição à Córsega, que Saliceti o mandara preparar em Nice, na época de Robespierre, ele participou de sua elaboração na primavera de 1795, mas a execução se deu sem ele (e sem sucesso).[35] Sua carreira militar lhe pareceu totalmente comprometida quando ele ficou sabendo, na quinta-feira, 7 de maio de 1795, que havia sido eliminado dos quadros da artilharia, degradado e destacado "para o comando de uma brigada de infantaria na Vendeia".[36] Ele foi a Paris, então, para recuperar sua posição. Ele foi nomeado general de brigada de infantaria no exército do Oeste, mas, furioso por não servir mais sob sua arma, a artilharia, ele recusa o posto e pede uma licença de convalescença: sempre os oportunos ataques de paludismo, que não sabemos até que ponto são fingidos. Ao contrário da melancolia suicida que o invade de novo.

Ele havia instalado sua família em Marselha no final de junho, início de julho de 1793*, onde Joseph se ligara a um rico comerciante de sabão e tecido**, casando-se com sua filha mais velha, Júlia, em 1º de agosto de 1794. Napoleão cortejou a irmã de Júlia, Désirée Clary, que encontrou pela primeira vez em janeiro-fevereiro de 1794, após o cerco de Toulon. Sua aventura com Émilie Laurenti, filha de seu anfitrião de Nice, em 1793-1794, certamente havia sido platônica, mas seu idílio com a mulher do novo representante em missão, a bela e volúvel Madame Turreau, no Cairo, Piemonte, em setembro de 1794, foi de um tipo mais ousado. Duas aventuras amorosas, portanto: uma sensual com a mulher casada, e outra sentimental com a "Júlia" do momento, que ele chama por seu segundo nome, Eugénie, conforme o costume da época. Tão talentosa quanto a Júlia de *A nova Heloísa*, a jovem de dezesseis anos não era uma grande beldade, mas dominava totalmente a retórica rousseauísta em voga, como demonstram suas cartas.*** Em 21 de abril de 1795, voltando a Marselha depois do fracasso da expedição córsica, o jovem pediu a mão de sua encantadora correspondente. Mas ao descobrir, no dia 7 de maio, que fora destituído, decidiu partir no dia seguinte para Paris: a família da moça, preocupada com a situação crítica daquele genro condicional, pediu que ele conseguisse uma incorporação na Provence. De seu hotel na Rue du Mail (o mesmo de 1792), onde chegou por volta do dia 28 de maio, Napoleão se impacientava: achava que Désirée-Eugénie não lhe escrevia o suficiente e exigiu-lhe uma resposta definitiva a seu pedido oficial de casamento.

---

* A família se instalará, por volta de março de 1794, numa fortaleza, o Château-Sallé, em Antibes.

** O filho desse comerciante estava do lado dos insurgentes de Toulon: Napoleão conseguirá reabilitá-lo, o que confirma sua complacência para com os federalistas.

*** "Ó, meu amigo, exclama Désirée-Eugénie, cuida de teus dias para preservar os de tua Eugénie, que não saberia viver sem ti. Cumpre a promessa que me fizeste, como eu cumprirei a que te fiz", Frédéric Masson, *Napoléon et les femmes* (Genebra: Famot, 1974, p. 39, de agora em diante designado Masson, NF, seguido do número da página).

Alguns biógrafos entregaram-se ao prazer de imaginá-lo como um apaixonado ocioso e desesperado, vagando pelo verão parisiense de 1795, tal como a duquesa de Abrantès o descreveu em suas *Mémoires* "abracadabrantescas" (a palavra é de Musset): "Naquela época, Napoleão era tão feio, cuidava-se tão pouco, que seus cabelos malpenteados, mal-empoados, lhe davam uma aparência desagradável. Ainda o vejo entrando no pátio do Hôtel de la Tranquillité, atravessando num passo desajeitado e incerto, com um feio chapéu redondo enfiado nos olhos e com as duas orelhas de cão para fora da sobrecasaca, as mãos longas, magras e escuras sem luvas porque, dizia ele, era uma despesa inútil, usando botas malfeitas, mal-enceradas, e todo esse conjunto doentio resultava de sua magreza, de sua tez amarela".[37] Para completar esse quadro pré-romântico, podemos imaginá-lo rabiscando febrilmente entre meados de agosto e meados de setembro as poucas páginas de seu último romance de juventude e única história de amor: *Eugénie et Clisson*.

No entanto, será ele quem, no outono (a partir de 13 vendemiário: 5 de outubro de 1795), interromperá a correspondência amorosa e cessará de pedir notícias da prometida.* E será Désirée quem enviará uma carta amarga ao amante ao ficar sabendo, menos de um ano depois, de seu casamento às pressas com Joséphine de Beauharnais – que ela chamará de "A Velha" e detestará para sempre, recusando-se a ir à corte imperial. Depois disso, Napoleão favorecerá vários projetos de casamento para a jovem – que por fim se casará com um homem de que ele não gostava e que nunca gostará dele, o general Bernadotte**, cuja carreira Masson afirma ter sido beneficiada mesmo assim... devido aos belos olhos de sua mulher. Ele teria assegurado à futura rainha da Suécia seus ternos sentimentos até a traição de seu marido em 1813.[38]

---

* Que ele chama apenas de Désirée na carta de 9 de dezembro de 1795 (*Corr.* I, p. 280).

** Ele encontraria pela primeira vez o futuro rei da Suécia no exército da Itália em 1797.

É preciso destacar aqui uma constante do comportamento de Napoleão: a tendência a recompensar generosamente as mulheres que estiveram ligadas a ele na época de um idílio casto, de uma modesta aventura ou algo mais.* Generosidade? Fidelidade amorosa? Talvez se trate, acima de tudo, de uma espécie de terna lealdade em relação... a si mesmo. E de querer pagar as mulheres com outra moeda que não o seu amor.

É verdade que os amantes haviam feito juras de amor eterno.** Porém, a psicologia de nosso jovem levava-o decididamente a sacrificar Júlia às suas outras paixões: a política e a guerra. *Eugénie et Clisson* é menos uma transposição da decepção sentimental de Napoleão do que o relato do sacrifício do amor à glória heroica do guerreiro que, traído pela amante, busca a morte no campo de batalha.

Como em seus escritos anteriores, o isolamento, a inação e a melancolia são as causas do amor: "A guerra foi interrompida por certo tempo, e ele conheceu Eugénie".[39]

> Decepcionado com os triunfos que aumentavam seus inimigos sem dar-lhe amigos, Clisson sentiu a necessidade de fechar-se em si mesmo e pela primeira vez olhou para sua vida, seus gostos e sua condição. [...] Sua imaginação ardente, seu coração de fogo, sua razão severa e seu espírito frio só podiam entediar-se com as carícias das coquetes, com os jogos da galantaria, com a lógica das minúcias e com a moral dos brocardos. Ele não percebia nenhuma cabala e não entendia nada dos jogos de palavras. Sua vida era selvagem e suas faculdades eram absorvidas por um único pensamento que ele ainda não podia definir ou conhecer, mas que dominava totalmente sua alma. Acostumado ao cansaço, ele precisava de ação, de muito exercício. [...] Naturalmente cético, Clisson tornava-se melancólico. O devaneio havia substituído nele a reflexão. Ele nada tinha a maquinar, a temer, a esperar.[40]

---

* Las Cases enumera no *Memorial* essas recompensas em dinheiro, que Masson retoma e completa escrupulosamente (NF, 34 *sq.*): para Madame Turreau (p. 37), para Désirée Clary (p. 42-46), para Madame du Colombier (p. 33-59); *Memorial*, p. 140-141: para a "bela representante" etc.

** "Teu por toda a vida", escreveu Napoleão a Désirée-Eugénie em 11 de abril de 1795 (*Corr.* I, p. 221).

Ao amor somava-se o desejo de paternidade: "Essa reação em si mesmo o faz compreender outros sentimentos além do da guerra, outras inclinações além da destruição. O talento de alimentar os homens, de educá-los, fazê-los felizes, bem vale o de destruí-los". Também encontramos a hesitação na escolha do objeto entre dois tipos de mulher, a coquete e a sentimental: Amélie, que adora os elogios e cujo "sotaque afetado", previsível e agradável "como uma peça de música francesa [...] agrada a todo mundo, porque todo mundo sente sua harmonia"[41], enquanto sua amiga Eugénie, selvagem "como o canto do rouxinol, ou uma peça de Paisiello, só agrada às almas sensíveis, e sua melodia transporta e apaixona as almas feitas para senti-la vivamente".*[42] A passagem que descreve a paixão que finalmente o faz preferir "Júlia" e não a coquete é mais convencional que sentida. Mas a chave é apresentada:

> Eles tiveram filhos e sempre foram amantes. [...] A companhia de tão grande homem quanto Clisson havia realizado Eugénie; seu espírito ornara-se e seus sentimentos muito ternos e muito fracos haviam assumido o caráter de força e energia que devia ter a mãe dos filhos de Clisson.[43]

Júlia/Eugénie era acima de tudo uma boa mãe e, no restante do tempo, a sombra contida do gênio do marido... que a guerra e logo a glória chamariam de novo: "Ele venceu em tudo e superou as esperanças do povo e do exército que lhe devia seus sucessos".[44]

Às vezes se diz que a literatura tem o poder mágico de fazer acontecer o que ela inventa – se este for o caso, então Napoleão foi de fato um escritor. O texto é premonitório de seu casamento, alguns meses depois, não com Désirée/Eugénie/Júlia, mas com Amélie/Joséphine e de sua partida para a muito gloriosa campanha da Itália. O esposo, escreve ele,

---

* Essa associação entre amor e música é um traço notável da sensualidade de Napoleão: ele incentiva Eugénie, em suas cartas, a aprender a tocar pianoforte e ministra-lhe por escrito um curioso curso de solfejo (cartas 283 e 285, *Corr.* I, p. 218-219).

"não dava um passo sem ter Eugénie na memória e escrever-lhe provas de seu amor. Seu nome era o sinal da vitória, e seus talentos e alegria o engrandeceram".⁴⁵ Contudo, a esposa enamora-se de um emissário que ele enviara para consolá-la: a seguir "Eugénie não lhe escreve mais, Eugénie não o ama mais".⁴⁶ O amante enganado se atira então "com a cabeça baixa na batalha... e morre transpassado por mil golpes".⁴⁷ A sublimação do amor na glória é um suicídio – mais metafórico do que real: não seria o amor que transpassa com "mil golpes"? Esse tipo de amor (sentimental) é em si mesmo uma vertigem que reaviva a ferida melancólica (do pai ausente e da ruptura com a filiação córsica) que somente a busca da glória e do poder pode superar. A inveja é o sintoma mais manifesto dessa melancolia narcísica reativada pelo amor: ela é um traço constante do delírio amoroso de Napoleão, muito presente nas cartas a Eugénie-Désirée (e mais tarde a Joséphine), a quem ele inclusive dá conselhos para encontrar amantes dignos dela, pois ele pensa, projetando sobre ela sua própria incapacidade, que ela não pudera amá-lo.* O mecanismo de defesa estaria a partir de então fixado em uma relação desconfiada com as mulheres e em uma sublimação do amor, sacrificado ao gênio, ao sublime, ao heroísmo e ao poder – com risco de morte (a que ele já avistara em Toulon) ou do esquecimento de si. O último ensaio literário de Napoleão é um luto pela literatura, uma renúncia à intimidade sensível e às grandes paixões. Ele ainda as terá, mas elas estarão previamente condenadas à... recompensa. Por enquanto, ele risca o nome de Eugénie no manuscrito.** Clisson/Buonaparte passará a ser o único em cena. Faltava apenas a batalha na qual se atirar.

---

* "Clisson" é, ao que tudo indica, a reescrita extensiva da carta de Napoleão a Désirée-Eugénie com data de 14 de junho de 1795 que contém o germe do retrato de Clisson/Bonaparte com palavras bastante semelhantes e a ideia da traição amorosa que leva ao sacrifício glorioso (*Corr.* I, p. 229). Na carta ao irmão Joseph, de 24 de junho, ele afirma: "Se o caso de Désirée não for concluído, [...] aceitarei um posto de general de infantaria e irei para o Reno em busca da morte" (*Corr.* I, p. 232). Para Désirée, ele escreve em 10 de agosto: "A glória ou a morte é meu destino" (*Corr.* I, p. 247).

** Seu romance chama-se, portanto, "Clisson", e não *Eugénie et Clisson*.

Longe de passar o tempo se entediando, Napoleão consegue em menos de dois meses entrar nos círculos mais próximos do poder. Ele mantinha relações pessoais, desde julho, com o próprio Barras, o homem forte do novo regime: o antigo terrorista havia derrubado Robespierre (com Tallien, Fréron, Fouché...) e presidia a Convenção termidoriana desde fevereiro de 1795. Barras teria reparado em Napoleão durante o cerco a Toulon: ele fazia parte do grupo de representantes em missão e teria sido ele que lhe confiara em janeiro-fevereiro de 1794 uma missão de inspeção e de armamento das costas da Provence. Em Paris, Volney havia servido de intermediário entre os dois homens: de janeiro a maio, o erudito havia dado um curso na efêmera Escola Normal criada por Lakanal e preparava-se para voltar à América (ele partiria por volta do dia 10 de agosto): Buonaparte confiara-lhe seu despeito por ter sido transferido para a infantaria, ao passo que sabia poder brilhar na artilharia, a arma que estava na ponta do progresso. Eles falaram em viagens, e Volney desaconselhou-o a ir em pessoa propor seus serviços aos turcos ou aos russos, conforme ele planejara por um momento. Por fim, Napoleão se contentou em pedir ao Comitê de Salvação Pública para ser enviado em missão à Constantinopla.*

No entanto, graças a suas diligências junto a Barras, em 18 de agosto ele entrou para o Bureau Topographique [Gabinete Topográfico] do Ministério da Guerra e foi "associado ao Comitê de Salvação Pública para a vigilância dos exércitos e para a direção dos planos de campanha".[48] No final de julho, ele escreveu a Joseph dizendo que estava "trabalhando" para obter "um cargo de cônsul na Itália"[49] e que agora estava em posição de garantir de maneira perene os negócios do clã. De fato, ele se ocupava ativamente de recuperar os bens familiares

---

* Carta de 20 de agosto a Joseph: "Pedi e obterei a autorização para ir à Turquia como general de artilharia enviado pelo governo para organizar a frota do Grande Senhor com um bom ordenado e um lisonjeiro título de enviado" (*Corr.* I, p. 252).

na Córsega* e obteve uma renda de indenização pela velha questão do pomar de amoreiras; também tratava de comércio de sabão em Marselha, café, açúcar, massa e seda, e para isso queria colocar em contato os Clary e o amigo Bourrienne; e de "especulação"**[50], inclusive imobiliária, como a compra para Joseph de uma propriedade na Borgonha ou nos arredores de Paris. Ele continuava encarregado da educação de Louis, que era pensionista em Châlons-sur-Marne, e tentou libertar Lucien da prisão de Aix-en-Provence, para onde seu furor jacobino o havia conduzido. Na mesma época, Saliceti estava em fuga, comprometido no caso de 1º prairial (20 de maio), a última revolta *sans-culotte*. Napoleão sabia onde estava aquele que o havia denunciado depois do termidor, mas poupou-o. Em 5 de setembro, tinha boas esperanças de ser "reintegrado à artilharia".[51] Em 15 de setembro, foi novamente eliminado da lista de generais por ter-se recusado a ir para o exército do Oeste, para onde havia sido nomeado em junho na qualidade de general de brigada, e, sem fundos, pediu dinheiro emprestado a um novo amigo, o grande ator Talma.***

Contudo, um decreto atribui-lhe o comando de uma missão militar à Turquia, e suas relações com Barras estavam melhores do que nunca.

O futuro diretor provavelmente o introduziu, a partir de julho, no salão de Madame Mailly de Châteaurenaud, onde reinavam as egérias do Diretório que lançavam a moda à antiga (robes neogregos, móveis etruscos); entre elas, a rainha das "Maravilhosas", como eram chamadas, Madame Tallien

---

* "Os refugiados que têm do que viver não deveriam voltar. Em pouco tempo, é de se acreditar que a Córsega nos pertencerá. Eles voltarão, então, com mais honra", carta de 1º de agosto de 1795 a Joseph (*Corr.* I, p. 244): de modo algum ele pensa em voltar.

** Ele demonstra, porém, um tom enojado: "Mas não quero trapacear" (*Corr.* I, p. 241). Em 27 de setembro, tratou de obter o contrato para o abastecimento do exército da Itália para M. Clary, o sogro de Joseph e pai de Désirée (*Corr.* I, p. 267).

*** Ele frequentava os teatros com assiduidade naquela época, lendo as novas peças, enviando-as ao irmão, com acentuada preferência pela tragédia e pelo teatro lírico.

(Thérésa Cabarrus) e a amante de Barras, Marie-Josèphe-Rose Tascher de La Pagerie, viúva de Beauharnais. Em 29 de agosto, o jovem oficial jantou na casa de Tallien (diz-se a respeito do marido de Thérésa que ele participou do 9 termidor apenas para salvar a jovem esposa do cadafalso – por isso o cognome de sua mulher: "Notre-Dame de Termidor"). As mulheres "são aqui as mais belas do mundo", escreveu Napoleão a Joseph, elas são "a grande ocupação e o grande assunto"[52]: "Somente aqui, de todos os reis da terra, elas merecem segurar o leme".[53] "O luxo, o conforto, o teatro: tudo recomeçou. O Terror só é lembrado como um sonho"[54], ele acrescentou, analisando: "Parece até que todos querem compensar o tempo que sofreram e que a incerteza do futuro leva a não se poupar nenhum dos prazeres do presente".[55]

Em menos de um ano, passando da condição de "suspeito" jacobino para os fastos das festas termidorianas, ele se mostrava nessas cartas totalmente favorável à Constituição do Ano II, adotada em definitivo no dia 23 de setembro: ela não salvava o princípio republicano? Pelo menos confirmava o poder dos membros da Convenção, regicidas e terroristas, e garantia a estabilidade política. De fato, Napoleão não tinha por que ser hostil a essa "República dos proprietários", de novo censitária, que era inspirada na Constituição de 1791 e que agora se consolidava. Junto com o luto pela Córsega, ele fizera o luto pelo igualitarismo de 1793, e a palavra que mais voltava sob sua pluma a propósito da política era "tranquilidade": "Tudo está tranquilo e caro. Os *assignats* perdem valor todos os dias", resumia ele no estilo realista e lapidar já presente em seus escritos militares.[56] Ele não ignorava a corrupção do novo regime, pouco preocupado em alimentar o povo (percebia que o preço do pão havia subido drasticamente). Em Sucy, nomeado comissário do exército da Itália, ele falaria, no dia 17 de agosto (às vésperas de tornar-se o "fazedor de planos" do Comitê de Salvação Pública termidoriano), em um "governo versátil cercado por velhacos, para não dizer mais"[57], e concluiria sua carta: "Somente a esperança não se perdeu para o homem de bem: este é o estado doentio em que se encontra esse império".⁵⁸ No *Memorial*, ele chamará Barras e seu clã de *"Podres"*.⁵⁹

Quanto às Maravilhosas, cuja favorita titular do novo diretor, Marie-Josèphe-Rose, chamada de "Rose" de Beauharnais (o nome com que Barras a chama), o charme delas não parece cegá-lo demais, e ele se irrita, como republicano convicto, com o "violento pendor para o monarquismo" delas.⁶⁰ Ele escreve para Désirée a respeito delas: "Jantei anteontem na casa de Madame Tallien [que tem 22 anos e uma grande beleza]. Ela é sempre amável, mas não sei por qual fatalidade seus charmes se apagaram a meus olhos.[...] Reparei, no jantar, num grupo de umas vinte mulheres. Sempre vejo em sua casa mulheres mais feias e mais velhas".⁶¹ Um trecho de sua carta a Joseph de 5 de setembro, riscado e cortado (censurado mais tarde?), insinua que se o casamento com Eugénie não ocorresse: "não seria difícil encontrar aqui mulheres que tenham... [vontade de]...".⁶² Teria ele pensado em se casar com uma daquelas "velhas" que eram o centro das atenções? "Não seria impossível que a loucura de casar me invadisse", avisou ao irmão.⁶³ Na carta de 27 de setembro, ele se impacientaria com um pouco de brutalidade, como um homem em várias frentes: "Se esses senhores não quiserem concluir a questão de Eugénie, azar o dela [...] Creio fazer-lhe muita honra".⁶⁴

De fato, "Rose" de Beauharnais tinha 32 anos e, diz-se, os dentes um pouco estragados. Ela era o protótipo da coquete do Antigo Regime, com uma avidez de época, uma intrepidez de arrivista, uma desenvoltura um pouco crua cuja "nuança"⁶⁵ o jovem oficial não podia ou não queria perceber, obcecado que estava com seu próprio destino glorioso a ser cumprido a todo custo.

Filha de ricos colonos plantadores martinicanos, Marie-Josèphe Tascher de La Pagerie não possuía, na antiga sociedade, títulos que lhe permitissem apresentar-se à Corte. Casaram-na muito jovem a Alexandre de Beauharnais*, filho

---

* O visconde é filho do amante de sua tia (Madame Renaudin), que fora governador da Martinica do falecido rei.

caçula do governador da Martinica, um ambicioso libertino que lhe fez dois filhos de passagem e correu para as portas escancaradas do adultério junto a uma princesa de Hohenzollern-Sigmaringen. Ela o conheceu durante a Revolução: o visconde, adepto das ideias novas, presidente da Constituinte quando da fuga do rei, tornou-se general do exército do Reno em 1793. Ela manteve um salão por certo tempo e, por fim, um lugar importante quando o Terror atirou a mulher e o marido na prisão dos carmelitas. O visconde de Beauharnais foi guilhotinado em pleno idílio com Delphine de Custine, sua vizinha de cela, enquanto sua mulher seduzia o jovem Hoche (ele tinha 25 anos, ela tinha trinta), logo livrada de apuros pela queda de Robespierre. Hoche foi seu primeiro protetor, mas o jovem general partiria para pacificar o oeste vendeano e repelir o desembarque dos emigrados em Quiberon em julho de 1795. O marquês de Caulaincourt o substituiria e, a seguir, Barras. A boa fortuna de "Rose" permitia-lhe alugar um pequeno palacete particular no bairro da Chaussée-d'Antin, fora do centro da cidade, na rua Chantereine, e continuar multiplicando suas dívidas. Nada previdente, ela se atirou com volúpia no sobrelanço de luxo em que se tratava de não perder a posição adquirida: ser a rainha do momento.

Num dos jantares oferecidos por sua amiga Thérésa, sentado não muito longe de Rose, estava o pequeno Buonaparte, cuja proteção Barras havia dito que ela procurasse, pois seus talentos militares poderiam ser um apoio precioso naquele período de contraofensiva monarquista.

Ele estava lá, presença firme e desajeitada, malvestido no meio das enfeitadas "maravilhosas", levemente aturdido, mas fazendo seus cumprimentos como um autômato programado, forçando o sorriso. Diziam que era falso porque era categórico, determinado, mas sem ilusões. Infringindo a bajulação insinuante dos intriguistas, ele chocava a frivolidade mundana. Sua sorte era que precisavam dele.

Depois da depuração jacobina, várias seções parisienses caíram nas mãos dos monarquistas. A nova Constituição retirou-lhes qualquer chance de restabelecer a monarquia pela via legal e, no dia 2 de outubro de 1795, eles clamaram as seções a se sublevarem para obrigar a Convenção a revogar o decreto dos dois terços. No dia 4, Napoleão foi convocado a Chaillot às dez horas da manhã por Barras, a quem a Convenção confiaria no dia seguinte o comando de Paris. O jovem oficial de artilharia aceitou unir-se a ele para esmagar a insurreição: os comitês o nomearam "para o segundo-comando".[66]

Ele teria hesitado aceitar por tanto tempo quanto diz ter levado no *Memorial*? Os biógrafos concordam que é pouco provável. Contudo, essa reescrita da História não é uma total má-fé: ele tinha a sensação de ter ultrapassado naquele dia uma etapa capital de sua transformação íntima em homem de poder e não podia admitir que aquilo não tivesse provocado dentro dele uma longa deliberação interna. A experiência córsica e a noite de 10 de agosto tinham-lhe dado uma particular repugnância pelas cenas de guerra civil. Ao mesmo tempo, porém, tratava-se de salvar a República da contrarrevolução monarquista. De todo modo, sua furiosa ambição, aguilhoada por esse vazio interior e pelo buraco no estômago da melancolia (e da sarna), não deixaria escapar essa oportunidade única de alcançar seu objetivo.

Seja como for, eis os fatos: ele participou do massacre, em poucas horas, de duzentos a trezentos monarquistas; as perdas do lado das tropas da Convenção não chegaram a trinta homens e sessenta feridos, segundo o breve relatório da batalha que ele rabiscou para seu irmão Joseph às duas horas da manhã. No mínimo duas ordens absolutamente decisivas foram suas: ele ordenou ao chefe de esquadrão Murat que se apoderasse das peças de artilharia e das munições das seções na planície de Sablons[67] e dispôs aqueles quarenta canhões de maneira a barrar todas as avenidas que conduziam às Tulherias, "impedindo as seções revoltosas de se concentrarem sob as janelas do palácio"[68], ao contrário do que havia acontecido no dia 10 de agosto – e cuja lição ele havia aprendido.

A partir desse momento, ele estará ligado pelo sangue derramado e pela vitória política ao "podre" Barras, que se tornou um dos diretores em 31 de outubro e que o nomeou comandante-chefe do exército do interior e general de divisão na artilharia. Os dois homens viam-se com frequência. Napoleão chamava-o de "meu amigo", pelo menos até junho, em suas cartas da Itália, concluindo a de 23 de março de 1796 com as seguintes palavras: "Creia-me por toda a vida".[69]

Com essa nova fortuna, ele beneficia amplamente sua família: Lucien foi enviado como comissário das guerras ao exército do Reno, Louis seria seu ajudante de ordens durante a campanha da Itália, Jérôme seria colocado em um bom colégio. Ele se lembraria de Saliceti e conseguiu fazer com que fosse nomeado comissário das guerras no exército da Itália, invertendo o laço de poder que existia entre eles até então; ele utilizou de imediato o reconhecimento complacente do corso para que este encontrasse um emprego para Joseph no sul, enquanto não chegava a paz e o posto de cônsul na Itália que ele estava sempre prometendo ao irmão em suas cartas.*

Encarregado da manutenção da ordem em Paris, não hesitou em fechar os clubes jacobinos e em dispersar os motins do pão de novembro e dezembro (a inflação voltara com força). Purgou as seções e a Guarda Nacional dos elementos monarquistas, inaugurando sua futura política de repressão que atinge um golpe à direita e outro à esquerda.

No dia 28 de outubro, "Rose" de Beauharnais enviou-lhe um bilhete: "O senhor não vem mais visitar uma amiga que vos ama... estais errado, pois ela está ternamente ligada a vós... Vinde amanhã, sétimo dia, almoçar comigo. Preciso ver-vos e conversar convosco sobre vossos interesses".[70] O "general vendemiário", como o chamam, não sem malevolência, teria ido visitar "Marie-Josèphe-Rose" pela primeira vez no dia 15 de outubro. Teria sido para devolver-lhe a visita do

---

* Em janeiro-fevereiro, foi interrompida a negociação com os Clary; Joseph queixou-se, e Napoleão respondeu-lhe em 8 de fevereiro: "Segundo o que ouço, parece não vale a pena perder tempo com a família de sua mulher" (*Corr.* I, p. 293). Numa carta de 12 de janeiro, ele já nem mencionava Désirée-Eugénie (somente a esposa de Joseph), que se queixará amargamente, como dissemos. O casamento com Joséphine foi anunciado no início de fevereiro.

dia 10, que segundo a lenda teria sido seguida pela visita de seu filho, Eugène de Beauharnais, que fora buscar a espada de seu pai? Um decreto havia sido promulgado para que se confiscassem todas as armas, e Napoleão havia autorizado o filho de Joséphine a manter a do visconde, mártir do Terror.

O certo é que em dezembro o visitante tornou-se seu amante. Ele se apropriou da favorita do diretor chamando-a de Joséphine:

> Sete horas da manhã. Acordei cheio de ti. Teu retrato e a lembrança da embriagante noite de ontem não deram descanso a meus sentidos. Doce e incomparável Joséphine, que efeito estranho causais em meu coração! Ficais zangada? Vejo-vos triste? Estais inquieta? Minha alma está partida de dor, e não há repouso para vosso amigo [...]. Mas o mesmo acontece comigo quando, entregando-vos ao sentimento profundo que me domina, recorro a vossos lábios, a vosso coração, uma chama que me queima. Ah! Foi nessa noite que percebi que vosso retrato não é vós! Partis ao meio-dia, vê-la-ei em três horas. Até lá, *mio dolce amor*, recebe mil beijos meus; mas não me dê nenhum, pois eles queimam meu sangue.[71]

Com essa ligação e a seguir o casamento, encorajado por Barras, Napoleão reuniria várias paixões até então separadas: a paixão política (com Rose/Joséphine ele pertencia completa e intimamente ao clã dirigente), a sensualidade (não há dúvidas de que a sedutora de extrema sofisticação que era sua amante soube inflamar o novato de 26 anos) e a paixão sentimental (o tom rousseauísta de algumas passagens dessa mensagem é um prenúncio, o resto da correspondência é uma confirmação). O uso das palavras italianas era a prova de que o homem fora profundamente tocado.

Todavia, a segunda carta (muito posterior: de março de 1796, poucos dias antes do casamento e da partida de Napoleão para a Itália) revela nas entrelinhas toda a ambiguidade daquela relação: "Deixei-vos trazendo dentro de mim uma sensação penosa. Dormi bastante chateado. Parecia-me que a estima devida ao meu caráter afastaria de vosso pensamento a notícia que vos agitava ontem à noite. Se ela predominasse em vosso espírito, seríeis bastante injusta, Madame, e eu, bastante infeliz! / Pensastes que eu não vos amava por vós!!! Por que, então? Ah! Madame, eu seria outro! Um sentimento tão baixo pode ter sido concebido por uma alma tão pura? Ainda estou espantado, menos ainda do que com o sentimento que, ao despertar, me levou sem rancor e sem vontade a vossos pés. Com certeza, é impossível ser mais fraco e mais degradado. Que estranho poder é o vosso, incomparável Joséphine? Um único pensamento vosso envenena minha vida, dilacera minha alma com as vontades mais opostas, mas um sentimento mais forte, um humor menos sombrio me prende, me devolve e me conduz ainda culpado. Sinto muito bem que, se tivermos disputas, deverei recusar meu coração, minha consciência: vós os seduzistes, eles ainda são vossos. / Vós, porém, *mio dolce amor*, descansastes bem? Pensastes ao menos duas vezes em mim. Deixo-vos três beijos: um no coração, outro na boca, um nos olhos".[72] Uma outra carta faz alusão, mais tarde (junho de 1796), à "cena aflitiva" de que se tratou acima e "que precedeu em quinze dias [seu] casamento".[73]

A desconfiança e o ciúme foram, desde o início, alimentos dessa complexa relação. Joséphine persegue o amante com seu "amável ciúme" (a expressão é de Napoleão); porém, mais que isso, ela o censura por procurar ligar-se, através dela, ao solitário Barras, ao passo que ela mesma foi quem deu início ao jogo sugerido pelo diretor libertino – que a empurra para o jovem general porque está cansado dela? Não sabemos. A crítica que ela faz ao futuro marido, de não amá-la como ela gostaria, ou como se sente no direito de exigir, insinua que ela estava ligada a ele: seria por amor? Um laço muito forte existe entre os dois, que sobreviverá às infidelidades recíprocas, e pouco importa o nome que lhe dermos.

Napoleão, por sua vez, se conformava absolutamente ao cenário fantasmático apresentado em "Clisson": enquanto o apaixonado se transformava, de vitória em vitória, no imortal general Bonaparte, uma inveja voraz e passional crescia de carta em carta. A Barras, ele escreveria da Itália no dia 11 de junho de 1796: "Estou desesperado, minha mulher não vem, ela tem algum amante que a retém em Paris, amaldiçoo todas as mulheres, mas abraço de bom grado meus bons amigos".[74] Ele suplicava a Joséphine que fosse ao seu encontro, exigia piedosamente que ela lhe mostrasse as cartas que recebia. Ele a censurava por escrever pouco e com frieza. Ele se convencia de que ela não o amava, de que nunca o amara e de que ele morreria no dia seguinte no campo de batalha: "Reprimo um sentimento indigno de mim, e, apesar de a glória não bastar para minha alegria, ela forma o elemento da morte e da imortalidade... Quanto a ti, que minha lembrança não te seja odiosa [...] [Meu coração] se defendera do amor, inspiraste nele uma paixão sem limites [...] uma embriaguez que o degrada" (8 de junho de 1796).[75]

Joséphine, depois de enviar-lhe três ou quatro cartas ardentes, contentou-se, a seguir, com algumas linhas e retardou o máximo que pôde o momento de ir ao encontro do marido. Ela chegou a inventar, pérfida mulher, disposta a tocar no ponto fraco do amante, que estava grávida! Ao que Bonaparte respondeu: "Então é verdade que estás grávida [...]. Tua carta é curta, triste e de escrita trêmula. O que tens, adorável amiga? [...] pensei estar com ciúme, mas juro-te que não é nada. Se te soubesse melancólica, arranjar-te-ia eu mesmo um amante" (13 de maio de 1796).[76] E oscilou nas cartas seguintes entre as críticas amargas e as desculpas mais banais. Mesmo sem a certeza de que sua esposa estava triste, ela seguirá escrupulosamente seu conselho. Quando ela finalmente pegou uma carruagem para a Itália, em 26 de junho de 1796, foi ao lado de Hyppolite Charles, um jovem hussardo meridional e divertido de 23 anos, que entrava na casa dela assim que Napoleão saía, dizia-se. Ele seria seu amante até o retorno de Bonaparte do Egito. Mesmo assim, ela não deixava e nunca deixaria de oprimir Napoleão com suas desconfianças ciumentas.

Essa correspondência passional durará cerca de um ano, com paroxismos de delírio amoroso em Bonaparte, que implora, "se degrada", se excita, geme, somatiza*, em total

---

* Em 27 de novembro de 1796, violentamente decepcionado por não encontrar Joséphine em Milão, onde pensava contente em encontrá-la, surgiu-lhe ao sair do banho "uma espécie de erisipela na cabeça" (Tulard-Garros, p. 108).

contraponto com a aridez lacônica de suas ordens e de suas proclamações militares. Como se Joséphine, "que soube, escreve ele, concentrar [em si mesma] toda [a sua] existência moral"[77], lhe tivesse permitido destruir o que restava de "Buonaparte", como ele ainda assinava, e que o fará pela última vez em sua ata de casamento em 9 de março de 1796.

Após chegar duas horas atrasado à cerimônia*, ele realizaria em definitivo a dolorosa catarse amorosa privada que lhe dará forças, em público, para se identificar completamente com o chefe de guerra impassível e frio, "muito severo e pouco comunicativo"[78], que ele queria ser para seus homens. Na verdade, havia encontrado a companheira ideal: justamente a que lhe permitiria efetuar a última metamorfose, a última evidentemente** afetiva, que a supressão do U corso de seu nome parece a metáfora: ele assinou Bonaparte pela primeira vez na primeira carta que escreveu a Joséphine três dias depois de sua partida para o exército da Itália (14 de março de 1796).***

Frívola, perdulária, quase exclusivamente preocupada em conservar ou melhorar sua "posição", como ela dizia, oriunda de um meio social por fim bastante parecido com o de Bonaparte, de "pequenos nobres" fora do centro da metrópole, "Joséphine" de Beauharnais se parece com ele: ela não aspira tanto ao amor quanto à dominação e, quando compreender, bastante tardiamente, no retorno do Egito, que aquele homem a levará mais alto do que qualquer outro, ela interromperá

---

* Ele avisará a família tardiamente: o casamento é um ato de emancipação completo em relação ao clã corso (assim como a modificação do nome) – em especial da mãe, que ele vê no dia 20 de março em Marselha e que tem dificuldade em aceitá-lo. Napoleão não deixará, como confessou no *Memorial*, de conduzir-se como "cagarolas" em relação a seu clã, ávido e nem sempre bem-aconselhado (*Memorial*, p. 1283).

** Mesmo que exista um componente masoquista nas ligações sentimentais de Napoleão, não seguiremos aqui Lilly Marcou, que fez do imperador uma vítima eterna das mulheres: ver Lilly Marcou, *Napoléon et les femmes*. Paris: Martinière, 2008.

*** É sua terceira carta (conhecida) a Joséphine, a primeira enviada depois do casamento e da partida, dois dias depois, para o exército da Itália (*Corr.* I, p. 298).

suas infidelidades e se dedicará a ele tanto quanto for capaz, jogando o jogo do casamento "burguês" que agradava ao prosaico esposo que Napoleão queria ser* – sempre temendo ser substituído por alguma outra criatura no leito conjugal, aposta de seu poder tanto quanto de seus sentimentos.**

Graças a Joséphine, a mulher que sempre dizia "não"***, Bonaparte se convenceu de ter conhecido a paixão, mas ao mesmo tempo se livrou dela: que achado e que alívio essa amante, que para fazer feliz basta que se paguem suas inúmeras dívidas**** e que partilha, apesar de praticar modalidades diferentes (para ela, o luxo e a despesa; para ele, o cálculo e o controle), seu gosto pela grandeza e pelo poder. Ele estava sendo absolutamente sincero quando declarou a Las Cases no *Memorial****** ainda admirar "a graça extrema da imperatriz Joséphine, suas maneiras doces e atraentes"[79], seu "tato requintado"[80], a desenvoltura, a elegância de maneira da antiga sociedade: ele foi mais grato a ela do que podemos pensar por ter sabido "tão bem fazer os outros amarem sem amar".[81] As mulheres não deviam se distinguir pela "igualdade de seu caráter e pelo constante desejo de agradar"[82]: uma vez passada a crise passional de 1796-1797, ele as restringirá para sempre

---

* "[Napoleão] fixou-se na imperatriz Joséphine. Eles tinham formado juntos, dizia ele, um casal totalmente burguês, isto é, bastante carinhoso e unido, tendo partilhado por muito tempo um mesmo quarto e uma mesma cama. 'Circunstância muito moral, dizia o imperador, que influencia singularmente um lar, garante o crédito da mulher, a dependência do marido, mantém a intimidade e os bons costumes'" (*Memorial*, p. 664-665).

** Desconfiemos, porém, das análises cínicas demais: a capacidade dos seres humanos de se iludirem a respeito de seus próprios sentimentos é infinita e muitas vezes se confunde com eles de maneira dificilmente discernível.

*** "Outra nuança característica de Joséphine, continuava o imperador, era sua constante denegação. Qualquer momento que fosse, qualquer pergunta que eu lhe fizesse, seu primeiro movimento era a negação, sua primeira palavra, *não*; e esse *não*, dizia o imperador, não era exatamente uma mentira, era uma precaução, uma simples defesa" (*Memorial*, p. 667).

**** Napoleão especifica no *Memorial*: "Seu desperdício constituía meu suplício [...] calculista que sou".

***** Joséphine morrera em 1814.

a esse papel e se alegrará que "suas duas mulheres [Joséphine e Marie-Louise] sempre tenham sido assim".*[83]

Os dois amantes devem ter sentido, a princípio, cada um de seu lado, certa decepção: Joséphine, apesar de ter sentido uma grande satisfação como mulher, principalmente por seduzir aquele jovem, pode ter pensado que foi usada por sua ambição calculista, sobretudo porque ela própria fizera dele um instrumento de intriga para agradar a Barras: não se dizia, na época do casamento deles (em 9 de março de 1796, com Barras e Tallien de testemunhas), que a nomeação de Bonaparte para comandante-chefe do exército da Itália (assinada em 2 de março de 1796) havia sido o dote de Joséphine? Napoleão, por sua vez, pode ter ficado surpreso ao descobrir a indigência daquela que considerava uma das grandes damas do *faubourg* Saint-Germain: ele não fora o bom partido que Barras havia oferecido à sua antiga egéria como presente de rompimento?

Mas Bonaparte teria suportado uma aristocrata altiva que o teria humilhado com sua riqueza, como outrora fizeram os senhores da Escola Militar de Paris? Ele podia admirar em Joséphine, sem medo, talentos mundanos que no início o seduziram e sua capacidade, em todas as circunstâncias, de respeitar acima de qualquer consideração pessoal (ou em função de uma inteligência, nunca ultrapassada pelo afeto, de seus interesses) as aparências e os confortos do poder público que logo será personificado por Napoleão.

Aliás, eles conservarão ao menos uma ilusão em comum, mesmo depois do divórcio: Napoleão acreditará até o fim** que Joséphine havia contribuído muito para sua política de fusão, granjeando-lhe a antiga nobreza que aos poucos se

---

* "Joséphine", dizia ele a Las Cases em Santa Helena, "colocava essas disposições e essas qualidades (a submissão, o devotamento, a complacência) na categoria das virtudes e da habilidade política de seu sexo" (*Memorial*, p. 669).

** "A circunstância de meu casamento com Madame de Beauharnais colocou-me em contato com todo um partido que me era necessário para contribuir com meu sistema de fusão, um dos maiores princípios de minha administração, e que a caracterizará em especial. Sem minha mulher, eu nunca poderia ter tido com esse partido [aristocrático] nenhuma relação natural" (*Memorial*, p. 619).

alia ao Império. Ela própria se convencerá disso, como suas *Memórias* o atestam. Essa seria a ilusão mais irracional que o homem privado e o homem público tiveram em relação à mulher – e da mesma forma em relação à política (todos, ou quase todos os nobres aliados o trairão em 1814 e 1815). Las Cases não se cansa de repetir no *Memorial* que seu maior prazer em Santa Helena era "o relato dos costumes e das histórias de nossos salões [do *faubourg* Saint-Germain]"[84]. E foi esse gosto proustiano *avant la lettre* que frequentar o salão de Joséphine satisfez nele: "Quando a sociedade comum retirava-se, ficavam então M. de Montesquiou [...] e alguns outros. Olhava-se se as portas estavam bem fechadas e dizia-se: 'Falemos sobre a antiga corte, façamos um tour por Versalhes".[85] No entanto, Masson terá razão de dizer que Napoleão não deverá nada a Joséphine pelo movimento de adesão da nobreza ao Império: "Ele não existiu porque Bonaparte arrastou Joséphine para a sua fortuna [...] chegaríamos a ela quaisquer que fossem seu nome, sua origem e seu passado".[86] No fundo, essa ilusão em comum, para além das cenas de amor ou dos cálculos da política, tão estreitamente ligados quanto os primórdios da ligação entre os dois, foi o pretexto e o fundo da aliança, e o álibi que eles encontraram para viverem juntos a aventura rocambolesca de fundar uma efêmera e nova dinastia.*

---

* "O imperador [em Santa Helena] dizia-se convencido de ter sido o que ela mais amava; e acrescentava, rindo, que não duvidava que ela teria saído de um encontro amoroso para ir ao seu encontro" (*Memorial*, p. 669).

O general Bonaparte

> "No dia 15 de maio de 1796, o general Bonaparte entrou em Milão à frente do jovem exército que acabava de cruzar a ponte de Lodi e de mostrar ao mundo que, passados tantos séculos, César e Alexandre tinham um sucessor."
>
> STENDHAL
> Primeira frase de
> *A cartuxa de Parma*

Não descreveremos aqui a assombrosa campanha da Itália em que, dia após dia, o pequeno Bonaparte foi se tornando o grande, o imortal general Bonaparte. Contente-se, leitor, em vê-lo passar de longe, como Fabrice em Waterloo: "Não vedes o imperador, s...! Prontamente, a escolta gritou *viva o imperador!* aos berros. Podemos imaginar se nosso herói enxergou com os próprios olhos, mas ele viu apenas generais galopando, também seguidos por uma escolta. As longas crinas pendentes que os dragões usavam nos capacetes o impediram de distinguir os rostos".[1]

O reino do Piemonte-Sardenha, aliado à Áustria, barrava o acesso aos Alpes piemonteses e aos Apeninos: Bonaparte, seguindo uma tática que já o vimos reivindicar, concentrou todas as suas forças em um único ponto: vindo de Nice (onde havia chegado no dia 27 de março) com seus 36 mil homens, ele separou os austríacos dos sardos. No dia 12 de abril, os primeiros foram vencidos em Montenotte, os segundos em Millesimo, no dia 13, e depois novamente os austríacos em Dego, no dia 14, e mais uma vez os sardos no dia 21, em Mondovi. O rei do Piemonte-Sardenha pede o armistício seis dias depois em Cherasco: Savoia e Nice voltam a ser da França. "Aníbal havia atravessado os Alpes: nós os contornamos"[2], teria exclamado o general-chefe nas colinas de Montezemolo, de onde o seu olhar podia percorrer tanto as planícies do Piemonte quanto os picos nevados.

Ele cruzou o Pó em Piacenza no dia 3 de maio. As tropas austríacas bateram em retirada e recusaram-se a combater, mas Bonaparte as alcançou em Lodi e, vitorioso no dia 10 de maio, entrou no dia 16 em Milão como libertador da Lombardia – montado em um cavalo branco, cercado por Kilmaine* e Saliceti.

> Vendemiário e Montenotte, dizia o imperador, não me fizeram ser visto como um homem superior; somente depois de Lodi é que me ocorreu que eu poderia me tornar, no fim das contas, um ator decisivo de nossa cena política. Então nasceu, continuava ele, a primeira centelha da grande ambição.[3]

Foi em Lodi que ele adquiriu junto a seus soldados uma aura excepcional por sua coragem física (mesmo que as imagens populares fabricadas a seguir tenham sido exageradas), sua resistência, sua severidade impassível e sua presteza para tomar decisões.

Foi em Lodi que o desejo de glória militar transformou-se em ambição política.

Quando o Diretório planejou dividir o exército da Itália em dois corpos e confiar o do norte a Kellermann, Bonaparte escreveu a Barras em 14 de maio: "Se não tiverem em mim a confiança que tiveram no início da campanha, rogo-lhe para que me avise. Pedirei minha demissão".[4] Paris cedeu: essa primeira queda de braço e a total independência adquirida reforçaram seu desdém por aquele poder que ele considerava "a ser tomado".[5] Lembrando de César e de Alexandre, ele se exaltava pensando que "para governar, é preciso ser militar: só se governa com esporas e botas".[6] Canot (o único homem do Diretório por quem ele tem apreço) havia aceitado a contragosto seu plano de contra-ataque italiano, considerando-o uma distração secundária; porém, o ministro da Guerra agora exigia que o exército da Itália marchasse sobre Bolonha, Florença e Roma.

Contra esse parecer, Bonaparte queria dirigir-se ao Tirol para unir-se ao front do norte, mas, reconsiderando (porque os generais do exército do Reno, Jourdan e Moreau, não se

---

* General de divisão do exército do norte em 1793 (1751-1799).

moviam), ele cercou Mântua, a praça-forte dos austríacos na Itália do norte.

A vitória levaria sete meses: num primeiro momento, ele precisou levantar acampamento, pois no dia anterior (29 de julho), nos arredores da cidade, haviam atirado na carruagem de Joséphine, que finalmente fora a seu encontro. As vitórias de Lonato e de Castiglione, nos dias 3 e 5, o compensaram.

A derrota de Jourdan, no dia 24 de agosto, liberou os austríacos da linha de frente do oeste. Um enorme exército de setenta mil homens comandados por Wurmser, vindo da Áustria pelo vale do Ádige, colocou-se na frente de Bonaparte. A guerra, aquela guerra revolucionária iniciada em 1792, da qual dependia o destino da nova República, passara a acontecer apenas na frente sul. Carnot havia perdido a mão: estava confinado a Paris em operações de polícia, esmagando, em fevereiro de 1797, a "conspiração dos iguais", de Gracchus Babeuf, último retorno da chama revolucionária. Bonaparte tinha a convicção de ter em suas mãos o destino da Revolução, retomando a "guerra de propaganda" cara aos girondinos.[7] Aos lombardos, ele havia prometido uma nova Constituição, contra o parecer do Diretório (19 de maio), e fazia o mesmo em todos os lugares por onde passava.

Depois do difícil combate de Arcole, entre 15 e 17 de novembro de 1796, e do de Rivoli, em 14 de janeiro de 1797, Mântua enfim capitulou no dia 2 de fevereiro. O exército austríaco voltou a cruzar os Alpes. Seguro da neutralidade dos napolitanos e tendo negociado com o papa em 17 de fevereiro, em Tolentino, Bonaparte seguiu os austríacos. Ele estava a cem quilômetros de Viena quando, no dia 7 de abril, um armistício de cinco dias foi pronunciado: negociações de paz seriam assinadas no dia 18 em Leoben.

Na véspera, os franceses haviam sido massacrados em Verona: o general-chefe utilizou esse pretexto para dar um golpe fatal à secular Sereníssima República de Veneza, que desapareceu dos palcos da história no dia 15 de maio.

De seu castelo de Mobello, perto de Milão, o vencedor de Lodi, de Arcole e de Rivoli reinava como um novo César, ou como um Castruccio Castracani, italiano entre italianos, numa Itália cuja língua conhece, sem levar em consideração nenhuma das diretrizes vindas de Paris. Repúblicas-irmãs foram criadas: a República Cispadana (Módena, Bolonha, Ferrara, Reggio: 15 de outubro de 1796), a República Transpadana (Lombardia: 15 de outubro de 1796), a República Cisalpina (reunindo as duas primeiras: 29 de junho de 1797), a República Liguriana (Gênova: maio-junho de 1797). Os "patriotas" italianos moderados associaram-se ao novo poder, mas o caso de Verona demonstrava que a resistência era mais forte do que diziam os jornais submissos aos franceses. Ela não era apenas aristocrática. Os italianos haviam aprendido a lição "nacional" e não a esqueceriam mais: o *condottiere*, ao tirar da Itália os inexpressivos herdeiros habsburgos do Sacro Império Romano-Germânico, com o mesmo golpe havia matado as cidades-estados. O nacionalismo italiano nasceu nos interstícios da política "republicana" ambígua de Bonaparte, tanto pós (Áustria) quanto pré-imperial (Império francês).

Após a invasão da Toscana e dos Estados Pontificais, o general-chefe negociou com o papa, por intermédio de Joseph, que foi nomeado embaixador em Roma, a cessão do Condado Venaissino e uma indenização de quinze milhões; porém, não derrubou o Santo Pai, conforme exigido por Carnot e pelo Diretório.* Por mais "republicano" que fosse, ele não cogitaria destruir os antigos instrumentos de governo dos homens (espirituais ou temporais). Seu papel era tentar traduzir para a linguagem de ontem, para a linguagem que ele havia aprendido nos livros de história, a agitação revolucionária atual.

A pilhagem da região conquistada, por sua vez, era atemporal: além de o exército da Itália "viver na região", os mercenários franceses a devastaram. Bonaparte ora deixava que agissem, ora fingia ficar chocado e mandava fuzilar alguns saqueadores. Mas sua política era farinha do mesmo saco: ele exigiu em Gênova, Parma e Módena "pesadas contribuições de guerra, de que somente uma parte veio de Paris".[8] Além de a guerra italiana não custar nada ao Diretório, ela lhe trouxe um

---

* Carnot queria "derrubar a tiara do pretenso chefe da Igreja universal" (Aulard, II, p. 415, citado por Tulard-Garros, p. 97). Berthier seria encarregado de estabelecer a efêmera República Romana no ano seguinte.

ganho inesperado em numerário e em obras de arte inestimáveis que o general-chefe enviava às dezenas. Ele não se esquecia, porém, de pagar seus soldados, andrajosos no início da campanha, e de reequipá-los. Os generais, por sua vez, se servem sozinhos e à vontade, sendo que o número um não passava o exemplo de austeridade inflexível descrita por sua incansável propaganda: Napoleão presenteou a família com abundância e deixou Joséphine especular com o amante, Hippolyte Charles, o abastecimento militar e outros negócios. É verdade que o tesouro de guerra de Napoleão serviu-lhe acima de tudo para estabelecer sua nova força: o poder político tornara-se, sucedendo ao desejo de glória militar, sua principal ambição.

A redistribuição do butim foi uma das razões para a extraordinária coesão do exército da Itália e para a ascendência de seu general-chefe; foi a chave para todas as suas audaciosas vitórias. Além disso, no outono de 1796, Bonaparte fundou, pagando do próprio bolso, o *Le Courrier de l'armée d'Italie ou le Patriote français à Milan* e o *La France vue de l'armée d'Italie*, encarregados de celebrar suas façanhas militares em textos líricos e gravuras.* Esses jornais eram com frequência distribuídos gratuitamente, não apenas em toda a Itália do norte como também na França. Ele inventou a "propaganda" moderna, aliando o gênero antigo do culto glorioso ao gênero mais "pessoal" do "pequeno caporal"** que saíra das fileiras e chegara, por seu gênio pessoal, aos pináculos da glória. O estoicismo republicano buscado na imagética antiga, voltando à voga, de aristocrático que era nos romanos, tornou-se "nacional" – ou melhor, transformou-se em um bastardo "populismo aristocrático" (e nacionalista). O novo elitismo promovia uma maneira de ser que supostamente caracterizaria o soldado da "Grande Nação" francesa e na qual o último dos recrutas procu-

---

* Por exemplo, *Napoléon au pont d'Arcole* (Antoine-Jean Gros, Milão, 1796).

** "Depois de cada batalha, os soldados mais velhos reuniam-se em conselho e davam um novo posto a seu general: quando este voltava do campo de batalha, era recebido pelos velhos bigodes, que o saudavam com seu novo título. Ele foi feito caporal em Lodi, sargento em Castiglione; daí o apelido de *Pequeno Caporal* ter permanecido entre os soldados por muito tempo" (*Memorial*, p. 147).

rava reconhecer-se. Bonaparte se apresentava incansavelmente como um deles, saído deles, somente um pouco mais exemplar que os outros: "Com o povo, é outra coisa", dirá o imperador em Santa Helena; "a fibra popular corresponde à minha; saí das fileiras do povo, minha voz age sobre ele. Vejam esses recrutas, filhos de camponeses; eu não os adulava, tratava-os com rigidez: eles não deixavam de me cercar, não deixavam de gritar 'Viva o imperador!'. Porque entre mim e eles há a mesma natureza; eles me olhavam como seu amparo, seu salvador contra os nobres...".[9] Assim, em um passe de mágica extraordinário, o estrangeiro corso e "pequeno nobre" Bonaparte, como ele mesmo se chamava, a partir daquele momento passou a personificar a França e a Revolução aos olhos daquele exército profundamente republicano: ele era a prova viva da nova igualdade.

A força do bonapartismo nasceu ali, daquela ambiguidade política: a "soberania popular" tão cara a Rousseau foi pervertida em culto ao chefe*, "corpo sagrado" como havia sido o rei de "direito divino" na monarquia absoluta, soberano de tipo aristocrático** investido pelo combate guerreiro à maneira dos primeiros senhores feudais, prometendo a cada um o poder de chegar, em função de seus talentos, a essa nova "nobreza". De "popular", a soberania tornou-se "nacional", sob a pluma do abade Sieyès***, o teórico político termidoriano que consagrou esse duplo movimento político.**** Uma nova

---

* "Antes de examinar o ato pelo qual um povo elege um rei, seria bom examinar o ato pelo qual um povo é um povo; pois esse ato, sendo necessariamente anterior ao outro, é o verdadeiro fundamento da sociedade", Rousseau, *O contrato social*, I, p. 5.

** A revolução foi, em seus primórdios, uma reação aristocrática.

*** Sieyès (1748-1836), filho de funcionário e seminarista (padre em 1774), autor de *Essais sur les Privilèges* (1788) e do estrondoso panfleto *Qu'est-ce que le Tiers-État?* (janeiro de 1789), deputado do Terceiro Estado em 1789, redigiu o juramento do Jeu de Paume. Diretor em 1795 e em 1799.

**** Sieyès criticou e quis limitar a "soberania popular" em seu discurso de 20 de julho de 1795 na tribuna da Convenção termidoriana que elaborava a Constituição do Ano II (que ele criticou); partidário de uma ditadura oligárquica senatorial, queria acabar com a "quimera" da "igualdade absoluta" da Constituição de 1793.

"aristocracia" surgida do povo com a guerra se identificou com a glória "francesa". Bonaparte dirá no *Memorial*: "Enobreci todos os franceses".[10]

A força psicológica de seus discursos e de suas proclamações (amplamente reescritas em Santa Helena) também nascia do fato de que ele mesmo acreditava na "estrela"[11] que o havia feito sobreviver a verdadeiros perigos durante as batalhas e no "destino" que o fizera voar, à frente de seu exército, de vitória em vitória. Para si mesmo, ele de fato era o homem "do povo" (o "pequeno nobre" estrangeiro chegado à sociedade francesa graças à Revolução) e, ao mesmo tempo, o cavaleiro de Tasso que depositava humildemente seus louros mágicos aos pés de sua bem-amada Joséphine*, princesa imaginária. Todos acreditavam nisso porque ele era o primeiro a acreditar, por mais maluco que isso possa parecer.** Igualmente convincentes eram a boca pequena e sem lábios naquele rosto sempre imóvel, a magreza (ele de fato comia pouco e dormia ainda menos), os olhos vivos que não expressavam nenhuma arrogância, apenas uma dureza febril e extenuada.*** Os boletins mentiam, é claro: "Mentiroso como um boletim"[12], murmurava-se nas fileiras do exército, e os rumores crescerão de ano em ano. Permanece o autêntico dom-quixotismo de Bonaparte****, com o qual todos se identificam e que o transforma em herói absoluto do romance pós-revolucionário. Sua paixão verdadeira faz com que se desculpe tudo àquele que passa a ser chamado de "homem de gênio".***** Até mesmo suas erupções de raiva extremamente violentas e ainda não

---

* "Feliz será o dia... em que atravessares os Alpes: esta é a maior recompensa por meus sofrimentos e pelas vitórias que obtive", escreveu ele a Joséphine (*Corr.* I, p. 372).

** Os loucos se acreditarão Napoleão durante pelo menos um século; Dostoiévski escreveu uma radiografia dessa loucura, a mais feroz porque acometendo um intelectual (Raskolnikov), em *Crime e castigo*.

*** E estava sempre resfriado.

**** Ele lê o *Dom Quixote* em Santa Helena (*Memorial*, p. 339).

***** Clarke escreveu ao Diretório em 7 de dez. de 1796: "Não há ninguém aqui que não o considere um homem de gênio" (Tulard-Garros, p. 109).

fingidas: elas atingem tanto Berthier*, seu brilhante chefe de estado-maior, quanto Cobenzl**, o representante de Francisco II, com quem o Diretório o deixa por fim negociar o tratado de Campoformio, assinado em 17 de outubro de 1797. Sua lenda é alimentada entre os soldados com uma familiaridade calculada que contrasta de maneira contundente com sua habitual severidade muda, e, não importa o que ele faça, ao menos até Austerlitz (1805) ele provoca uma espécie de paixão que faz os homens ficarem felizes de morrer por ele.

Em Paris, onde chega no dia 5 de dezembro de 1797, sua popularidade era considerável: ele era o homem da paz de Campoformio. Vencedor dos inimigos da Revolução, havia terminado a guerra iniciada em 1792. A Rue Chantereine, onde morava com Joséphine (ele havia comprado o pequeno palacete que ela alugava), é renomeada de Rue de la Victoire. No teatro, a cada apresentação de *Pont de Lodi*, o nome de Bonaparte era ruidosamente aclamado. Por outro lado, a acolhida dos diretores foi moderada. Ele, no entanto, os havia ajudado de longe a desmontar um novo complô monarquista nos dias 3 e 4 de setembro***, no qual seu velho inimigo Carnot estava envolvido. Com Carnot em fuga, Pichegru preso, Hoche morto****, a via parecia livre. Porém, Bonaparte julgava que o momento ainda não havia chegado, que a opinião pública não estava madura para aprová-lo, que ele ainda não podia se apresentar como o salvador daquele regime em crise constante que estava sempre agonizando. O ambiente estava agitado demais pelas lutas fratricidas, incerto demais para quem sonhava com um poder inconteste – o que ele teria experimentado à frente do exército da Itália.

---

* Em 18 de maio de 1796.

** Em 11 de outubro de 1797.

*** Ele enviou Augereau à Paris, que ocupou a cidade enquanto os três diretores "republicanos" Reubel, La Réveillère e Barras derrubam a maioria monarquista e moderada dos Conselhos, à qual se tinham aliado Carnot e Barthélemy.

**** Durante o verão, Barras havia pensado em utilizar o antigo amante de Joséphine, brilhante jovem general, para organizar um golpe de Estado, o que atraiu para sua pessoa um caminhão de injúrias que talvez o tenham matado.

Ficar em Paris era mais impossível ainda. A vitória extraída da morte era uma droga amarga e mais poderosa que todas as volúpias e aumentava ainda mais o vazio melancólico em que a inação o mergulhava. Os milhares de corpos despedaçados e agonizantes depois das batalhas não despertam nele tristeza alguma, pois ele próprio quase morrera várias vezes. Pelo contrário, despertavam um sentimento de superação sobre-humana, de uma exaltação mais forte que o medo da morte que o desafiava constantemente. Preso à imobilidade parisiense e aos cálculos mesquinhos dos "podres", ele definhava. Festejado em toda parte, não aparecia em lugar nenhum e era tomado por uma espécie de languidez enfermiça que, segundo ele, precisava ser sacudida por um remédio contrário ao seu mal*: retomar as desumanas marchas forçadas** nas quais ele havia comandado milhares de homens por dezoito meses, a sobre-excitação do espírito ocupado em antecipar o próximo movimento das tropas, em administrar o efeito surpresa que era sua marca e, depois, o estado de esgotamento saciado – que ele não esperava mais do amor.

Ele visitou o litoral norte, calculou que um desembarque na Inglaterra seria impraticável e aceitou a proposta de Talleyrand, o novo ministro de Negócios Estrangeiros, de conquista do Egito para interromper uma das rotas da Inglaterra para as Índias. Ele queria tornar-se um Alexandre dos tempos modernos, chegando à própria Índia? Talvez não. Mas o Oriente lhe interessava havia muito tempo, e a relação com Volney, autor do *Voyage en Égypte et en Syrie*, que havia lançado essa moda entre os cientistas, os engenheiros e os homens de letras, devia ter alimentado ainda mais seu desejo. Bonaparte não era o único a sonhar com essa aventura por excelência que parecia então a viagem ao Oriente, e foi devido a um movimento de entusiasmo que ele reuniu à sua volta, para preparar a expedição, "21 matemáticos, 3 astrônomos, 17 engenheiros civis, 13 naturalistas e engenheiros de minas,

---

* Quando tinha dores de cabeça, fazia um escalda-pés (*Memorial*, p. 275).

** Em dez dias, no mês de setembro de 1796, as tropas de Masséna percorreram 160 quilômetros, e as de Augereau, 180 (Tulard-Garros, p. 105).

o mesmo número de geógrafos, 3 engenheiros de pólvoras e salitres, 4 arquitetos, 8 desenhistas, 10 artistas mecânicos, 1 escultor, 15 intérpretes, 10 homens de letras, 22 impressores munidos de caracteres latinos, gregos e árabes"[13], todos escolhidos por Monge, Berthollet e Arnault. Vivant Denon, o pintor de flores Redouté e o pianista Grandmaison farão parte do grupo e, com eles, os eruditos mais renomados da época. Bonaparte teria buscado confirmar "sua aliança com os ideólogos", fazendo dessa viagem uma "operação de política interna"[14], como afirmou Jean Tulard, ou teria tirado proveito da ocasião? É certo que ficava encantado de ver aquele grupo de homens excepcionais como sua corte: não havia sido eleito, em 25 de dezembro, para a primeira classe do Institut de France, a das ciências, substituindo Carnot, única homenagem institucional que jamais aceitou para coroar a impressionante campanha da Itália?

Bonaparte embarcou no dia 19 de maio de 1798, em Toulon, com um exército de 35 mil homens transportados por duzentos navios. Quinze meses depois, no dia 23 de agosto de 1799, voltou apressadamente a Paris para chegar na frente, segundo sua técnica preferida, da notícia do desastre em que se perdera o "sonho oriental" de toda uma geração. Resumindo: o desembarque vitorioso em Alexandria, no dia 1º de julho, e a Batalha das Pirâmides (em Gizé, em frente ao Cairo), no dia 21, levaram a cabo a casta feudal de mamelucos que governava despoticamente um Egito decadente. O general criou em 22 de agosto, no Cairo, o Instituto do Egito. Na noite de 23 de agosto, assistiu à festa do Profeta e proclamou-se "favorito de Alá"*; ele é recompensando com o título de Ali-Bonaparte.

---

* "Não teria sido impossível que as circunstâncias me levassem a abraçar o islamismo; e, como dizia aquela boa rainha da França: *Não me diga!*... Mas só faria isso com boas garantias; precisaria seguir pelo menos até o Eufrates. A mudança de religião, imperdoável por interesses privados, talvez possa ser compreendida pela amplidão de seus resultados políticos. Henrique IV bem havia dito: *Paris bem vale uma missa*" (*Memorial*, p. 545). A religião muçulmana é uma religião "sensual", de "promessa" e "atrativos", que Napoleão contrapõe à religião cristã, totalmente "espiritual", uma religião do "medo" e da "ameaça" (*Memorial*, p. 1313).

Contudo, o extremo calor do deserto foi uma prova muito dura para seus soldados, que se perguntavam o que tinham ido fazer naquele inferno, e a notícia do desastre de Abukir (que ele ficou sabendo no dia 14 de agosto) não foi de bom augúrio para o que veio a seguir: a perda de sua frota, aniquilada pelo inglês Nelson, privou o general-chefe de seus recursos (em especial Malta, conquistada na passagem). Bonaparte remoía as traições de Joséphine, que aparecia abertamente com o amante em Paris, e os fracassos de seu governo (consular) no Cairo: os cairotas, que ele acreditava conquistados por uma política de conciliação que adulava os xeques e imãs, encorajados pela entrada da Turquia na guerra*, insurgiram-se em 21 de outubro. A violentíssima insurreição foi sufocada, mas Bonaparte compreendeu que só havia conseguido convencer uma pequena fração da burguesia abastada egípcia a respeito dos benefícios da colonização francesa: no Egito, e em todos os lugares por onde o Grande Exército passaria, a população se alegrava muito com a queda do mundo feudal, mas logo se apropriava da ideia nacional e das promessas de soberania revolucionária às quais não queria renunciar em proveito do imperialismo francês.

Mesmo assim, o general-chefe retoma sua rota rumo ao leste e vence os turcos na Síria.** Gaza (25 de fevereiro de 1799) e Jafa (7 de março) cairiam; depois Haifa, Jaffé, Nazaré, Tiro. Porém, Saint-Jean-d'Acre (20 de março-17 de maio), defendida pelo paxá Djezar e pelo emigrado francês Phélippeaux, antigo condiscípulo de Napoleão na Escola Militar de Paris, resistiu a todos os assaltos. E a peste contaminou o exército dentro dos muros de Jafa.

As notícias da frota derrotada em Abukir, da revolta dos cairotas e das atrocidades denunciadas pelos ingleses (o massacre dos contaminados pela peste e o assassinato de quatro mil turcos desarmados em Gaza)*** foram amplificadas

---

* O Império Otomano declarou guerra à França no dia 9 de setembro de 1798.

** Sob ocupação otomana desde 1517.

*** Ele teria ordenado, em 27 de abril, que recebessem uma dose (mortal) de ópio. Deu ordens para degolar quatro mil prisioneiros turcos que não queria levar consigo ou libertar (o general Bon se encarregou da tarefa).

na França, de onde chegavam rumores de um golpe de Estado fomentado por Sieyès*: Bonaparte decidiu voltar. Passando da Síria para o Egito, ele se deparou com uma nova ofensiva dos turcos, que haviam desembarcado em Abukir: formidável empurrãozinho do destino, essa última vitória (em 25 de julho: dez mil turcos morreram afogados) precedeu-o por alguns dias em Paris e fez com que todo o resto fosse esquecido.

Ao contrário de seus soldados, pouco afeitos àquele país, e apesar das horríveis dificuldades encontradas, Bonaparte encontrou no Egito compensações dignas de "Sultão Kebir" (Pai do Fogo), como era chamado: saciou-se da jovem carne de uma belíssima aprendiz de modista de Carcassone, recém-casada com um tenente do 22º batalhão de cavalaria, oportunamente em missão na França. Decidido a divorciar-se de Joséphine, ele tratava "Bellilote" como favorita entre duas saídas para o deserto que o fascinava.** Certa nostalgia dessa temporada transparece no *Memorial*, em suas palavras sobre as "ruínas eternas"[15] das pirâmides, a religião muçulmana, a deliciosa submissão das mulheres orientais ou os encantos da poligamia.[16] Em Paris, o primeiro-cônsul sonhará em mandar construir uma pirâmide.[17] Dois séculos depois, um presidente da República se encarregará disso: que tipo de grandeza se tratava de celebrar? No Egito, Bonaparte cessou totalmente de ser republicano.[18]

---

* Em 30 prairial do ano VII (18 de junho de 1799): alguns jacobinos (comandados por Lucien Bonaparte) e o diretor Sieyès (apoiado por Barras e pelo general Joubert) aliam-se para eliminar os diretores conservadores Jean-Baptiste Treilhard, Merlin de Douai, Louis-Marie de La Réveillère-Lépeaux. Gohier, Roger-Ducos e Moulin foram eleitos em seus lugares.

** "O imperador dizia que o deserto sempre tivera para ele um fascínio particular. Ele nunca o cruzara sem certa emoção. Era para ele a imagem da imensidão [...] um oceano de imobilidade. [...] E ele gostava de observar que Napoleão quer dizer *leão do deserto*!" (*Memorial*, p. 970-971).

O 18 brumário de Napoleão Bonaparte

> *"O 18 brumário se encerra; o governo consular nasce, e a liberdade perece."*
> CHATEAUBRIAND
> *Memórias de além-túmulo*[1]

Quando Bonaparte voltou a Paris, no dia 16 de outubro de 1799, tinha se tornado inteiramente o "senhor de botas, chamado para terminar a Revolução, anunciado por Robespierre em 1792 quando este denunciava as consequências da política belicista dos girondinos".[2] Ele não era o único a pensar em um golpe de Estado militar. Os diretores, em especial o novo, Sieyès, que não estava na primeira tentativa*, só pensavam naquilo. A questão era antes saber com quais daqueles homens associar-se. Quando ele fez sua aparição, cimitarra turca na cintura, durante uma sessão pública do Diretório em 17 de outubro, declarando que só desembainharia a espada para defender a República, todo mundo lia suas segundas intenções nas entrelinhas, ou melhor, entre as lâminas.

A guerra continental recomeçara e, depois de sérios reveses (Mântua e Turim haviam capitulado; a Itália conquistada por Bonaparte havia sido quase toda perdida), as novas eram boas: Brune, em Bergen (19 de setembro de 1799), e principalmente Masséna, em Zurique (25 de setembro de 1799), haviam repelido a nova ofensiva anglo-russa.** No interior do país, reinava a confusão. Os neojacobinos, apoiados pelos

---

* Em 30 prairial (18 de junho de 1799), 18 frutidor (4 de setembro de 1797), 22 floreal do ano VI (11 de maio de 1798), dirigido contra os jacobinos que haviam vencido as eleições de abril de 1798.

** A segunda coalizão europeia (Grã-Bretanha, Rússia, Áustria, Turquia, as Duas-Sicílias, alguns príncipes alemães e Suécia) havia sido formada em 1798 por iniciativa dos ingleses contra o bloqueio que lhes impunha o Diretório, contra a ofensiva francesa no Egito em março de 1799 e contra a criação das repúblicas-irmãs.

generais Bernadotte, Augereau e Jourdan, haviam vencido as últimas eleições e aquela supremacia inquietava: eles haviam posto em votação um empréstimo forçado aos mais ricos. Enquanto isso, Fouché, o novo ministro da Polícia, fechava sem dificuldade a sociedade "constitucional" que os reunia. O Diretório dividia-se em três campos: Gohier e o general Moulin eram partidários da manutenção da Constituição; Sieyès e Roger-Ducos queriam derrubá-la para barrar o caminho dos jacobinos e dos monarquistas. Barras, indeciso, pensava em aliar-se aos Orléans ou aos monarquianos, que estavam convencidos de que sua hora havia chegado e de que a Restauração era uma questão de semanas, até mesmo de dias.

Bonaparte, aureolado pela aventura egípcia, era mais popular do que nunca, e faltava apenas que manifestasse sua preferência para que a situação pendesse a favor de um ou outro daqueles campos opostos. Ele se deixou cortejar.

O desprezo por Barras, a inimizade que tinha pelo general republicano Bernadotte (marido de Désirée Clary) e pelo diretor Gohier (que cortejava sua mulher) talvez o tenham influenciado. Mas tudo o atraía para o campo de Sieyès, membro do Instituto, como ele, e apoiado pelos ideólogos (Volney, Daunou, Cabanis, Destutt de Tracy, Garat etc.) que ele frequentara no Egito: a legitimidade revolucionária do abade, sua aura de intelectual e de constitucionalista, sua crítica argumentada da Constituição do Ano III, que não podia ser revisada antes de nove anos e que ele considerava responsável pela piora da situação política. O acordo entre os dois homens não foi imediato, mas mesmo assim se efetivou no dia 6 de novembro (15 brumário)[3]: Bonaparte conseguiu tornar-se um dos cônsules provisórios.

Do lado conjugal, tudo também estava em ordem: tendo desistido do divórcio para se reconciliar com Joséphine (no dia 18 de outubro), ele pagou sua dívida de dois milhões (nada menos!) e perdoou tudo, sob a condição de que a partir daquele momento ela fosse uma aliada devota e discreta. Como disse Masson, a sra. Bonaparte deve ter avaliado que o marido revelava-se um "mantenedor como não havia mais e que merecia alguns sacrifícios".[4] Ela aparentemente se conformou ao pacto feito naquele momento: a tomada do poder acabaria de convencê-la de ter feito a opção correta. Quanto a Bonaparte, seu lema agora era: "Na vida tudo deve ser cálculo".[5] Joséphine era mais conveniente do que "Bellilote" para fazer a mulher de um cônsul – tanto mais que a "pequena tola" não conseguira fazer-lhe um filho.[6]

Conforme previsto nos planos de Sieyès, às oito horas da manhã foi anunciado ao Conselho dos Anciãos, parcialmente convocado* às Tulherias, que "anarquistas" amotinados ameaçavam a representação nacional. Às oito e meia, os deputados mandaram entregar a Bonaparte o decreto que o investia do comando de Paris, tendo sob suas ordens a 17ª divisão militar, a guarda do corpo legislativo, as guardas nacionais municipais, as tropas de linhas presentes em Paris. Ordenou-se que os dois conselhos** fossem transportados para Saint-Cloud no dia seguinte.

Às nove horas, acompanhado de seu estado-maior, o novo comandante de Paris foi recebido nas Tulherias e ameaçou: "Desgraça àqueles que querem o tumulto e a desordem! Eu os prenderei", jurando em seu nome e no de seus camaradas de armas querer "uma República fundada sobre a verdadeira liberdade, sobre a liberdade civil, sobre a representação nacional". O duplo discurso do Consulado, autoritário e "republicano", é posto em prática. Murat***, Marmont, Milhaud, Berruyer, Lannes, Lefebvre e Moreau secundam Bonaparte e cercam todos os locais de poder: Tulherias, Palácio de Luxemburgo, Escola Militar, Inválidos, pontos estratégicos da capital e rota para Saint-Cloud. Paris, pouco interessada naquela revolução de palácio, não se mexeu: os jacobinos berram no vazio. Os diretores Ducos e Sieyès pediram demissão,

---

* "Esqueceram" de convocar os jacobinos: 150 dos 250 deputados estavam presentes.

** O Conselho dos Anciãos e o Conselho dos Quinhentos, câmara alta e câmara baixa, instituídas pela Constituição do Ano III (setembro-outubro de 1795), em substituição à Convenção termidoriana.

*** General de brigada em Dego e Mondovi; general de divisão na segunda Batalha de Abukir.

conforme combinado. Ao meio-dia, Barras assinou a sua no Palácio de Luxemburgo.*

Meditemos sobre a frase que o "messias de botas" disse então ao Conselho dos Anciãos: "Não queremos pessoas mais patriotas do que os bravos que foram mutilados a serviço da pátria". Ele próprio um *mutilado* (da Córsega), era uma "República" maneta que ele queria implantar, purgada do povo insurgente da noite de 10 de agosto, livre dos "*pékins*"** e dos "advogadozinhos" que tergiversavam: não se precisava de "representação", mas de uma "ditadura" para salvar a "República". A soberania nacional devia prevalecer sobre a soberania popular, Bonaparte estava teoricamente convencido disso, como Sieyès, mas tirava disso, naquele momento, conclusões mais francas. Essa nação à qual ele se convertera, ao preço do sacrifício de uma parte de si mesmo, podia tornar-se tão abstrata quanto ele próprio era: desde que a igualdade de direitos adquirida em 1789 e 1791 pelas novas classes dirigentes pudesse ser perenizada e imposta à Europa, pouco lhe importavam as sutilezas constitucionais e políticas de um regime representativo no qual ele não acreditava mais e cuja instabilidade impossibilitava a condução eficaz da guerra externa – a perda de suas conquistas italianas era prova suficiente disso.

No dia seguinte, no castelo de Saint-Cloud, onde os dois conselhos haviam se instalado às pressas***, o ambiente estava alvoroçado. Gritava-se "Viva a Constituição!" ou "À morte o tirano" à chegada do general Bonaparte, e os discursos dos jacobinos que tomaram a palavra no Conselho dos Quinhentos eram pontuados por "Nada de ditadura! Abaixo os ditadores!". Pedia-se a prestação de um juramento coletivo à Constituição do Ano III.

Na sessão do Conselho dos Anciãos, alguns exigiam explicações sobre o "complô" que os havia deportado para

---

* Sem dúvida em troca de uma substancial indenização, a não ser que Talleyrand, que foi o intermediário, tenha trocado a quantia (Tulard, p. 25).

** Gíria militar para designar pejorativamente os civis (1776-1797).

*** Os Anciãos na galeria de Apolo, no primeiro andar da ala direita do castelo os Quinhentos na Orangerie, no térreo de um prédio perpendicular ao corpo do castelo.

Saint-Cloud. Bonaparte, até então relegado a um salão do castelo, impacientava-se. Por volta das dezesseis horas, não aguentando mais, ele entrou na sala e subiu à tribuna. Contudo, seu duplo discurso ditatorial e "republicano" ainda não estava polido e ele se embaralhou a ponto de atacar os deputados presentes (muitos jacobinos) com um estranho argumento: por que eles recusariam derrubar a Constituição se já a haviam violado em 18 frutidor (golpe de Estado contra os monarquistas), em 22 floreal (contra os jacobinos) e em 30 prairial (contra os moderados)... Ele exigia o apoio deles contra os que queriam restabelecer a Convenção terrorista de 1793; depois, diante do insucesso de seu arrazoado, deu meia-volta e ameaçou: seus "bravos soldados", avisou, estavam prontos a responder por ele caso o quisessem colocar *fora da lei*.

Em meio a essa barafunda, um resto de escrúpulo o fez cometer o erro quase ingênuo de se defender, entre duas intimidações, de ser um "novo César" ou um "novo Cromwell" e de aspirar a um "governo militar": essa denegação soou como uma antífrase provocante e excitou ainda mais os espíritos já seriamente alvoroçados.

Pelo resto da vida ele ruminará aquela comparação a Cromwell, refutando-a inclusive no *Memorial*.[7] Não consegue convencer o jovem Hugo, que lerá Las Cases em 1827. Esse monumento e sua meditação sobre o destino de Napoleão e do Império inspirarão ao jovem poeta seu irrepresentável *Cromwell* (1827), cujo prefácio-defesa será o manifesto do romantismo francês: o momento em suspenso ligado ao destino de Napoleão Bonaparte hesitava como o drama hugoliano – grotesco balbuciar da História ou fundamento trágico de uma nova era.

Do Conselho dos Anciãos, Bonaparte desceu para a Orangerie, onde estavam os Quinhentos e onde ele entrou, escoltado por seus granadeiros armados. Gritos zuniram imediatamente: "Abaixo o ditador! O novo Cromwell fora da lei!". Bateram em seus ombros (alguns afirmam que sua manga teria sido rasgada por uma punhalada desastrada*), agarraram seus braços;

---

* O jacobino corso Barthélémy Arena teria erguido seu punhal contra Bonaparte (Tulard, 136).

enraivecido, amedrontado, ensanguentado* e aturdido, ele seria evacuado. Lucien, que trilhara um bom caminho desde que seu irmão o havia feito ser nomeado comissário do exército do norte, pois presidia os Quinhentos, tentou tomar a palavra, mas sua voz foi coberta pelos deputados que exigiam aos berros que se votasse imediatamente o general como *fora da lei*.

Descendo teatralmente da tribuna, Lucien pediu demissão e interrompeu a sessão convidando outros deputados a segui-lo para os jardins, proclamando que aqueles que ficassem na Orangerie deixariam de ser os representantes do povo. No pátio, diante do exército, ele afirmou que Bonaparte acabara de ser vítima de uma tentativa de assassinato e, empunhando uma espada, jurou, apontando-a para ele, que transpassaria seu peito se ele traísse a República. Ele estava sendo sincero: agindo mais por Sieyès do que pelo irmão, havia muito tempo ele suspeitava que Napoleão aspirava à tirania.

Aquele foi o momento escolhido pelo generalíssimo a cavalo para passar das ameaças à ação: "Soldados, levei-vos à vitória; posso contar convosco?". "Sim! Sim! Viva o general!", gritaram os homens, dirigindo-se à Orangerie... onde o delicado Murat ordenava com violência: "Desapareçam todos daqui!".

Os deputados fugiram do ataque saindo pelas janelas e dispersaram-se: Fouché fez com que eles não conseguissem se reunir tão cedo. Ao entardecer e à noite, Lucien reuniu os parlamentares aliados e conseguiu manter uma aparência de procedimento legal, conforme o plano de Sieyès, fazendo-os votar a suspensão das câmaras, sua substituição por duas comissões transitórias, a nomeação de três cônsules provisórios (Bonaparte, Sieyès, Duclos) e a exclusão dos deputados que haviam fugido.

No dia seguinte, o novo cônsul declarou no Palácio de Luxemburgo: "Cidadãos, a Revolução está estabelecida dentro dos princípios que lhe deram início; ela está concluída".

Oportunamente secundado pelo irmão, Bonaparte transformou o golpe de Estado parlamentar de Sieyès em um golpe de Estado militar: todo o poder passou para suas mãos.

---

* Ele teria arranhado o rosto até sangrar por nervosismo (Anceau, p. 37).

O momento Cromwell, ou as loucuras imperiais: Austerlitz!

> "O governo de uma dúzia de ladrões covardes e traidores foi substituído pelo despotismo militar."
> STENDHAL
> *A vida de Napoleão*[1]

O imperador resumirá no *Memorial*:

A contar do dia em que, adotando a unidade, a concentração do poder, única a poder salvar-nos; a contar do momento em que, coordenando nossas doutrinas, nossos recursos, nossas forças, que nos criavam uma nação imensa, o destino da França dependeu unicamente do caráter, das medidas e da consciência daquele que ela havia investido com aquela ditadura acidental; a contar daquele dia, a coisa pública, *o Estado, fui eu*.[2]

Ele assinala, com isso, o quanto sua concepção do poder era a mesma da de seu glorioso predecessor nas Tulherias: "Um magistrado dizia: o Estado e o rei. Luís XIV interrompeu-o: o Estado sou eu", ele havia anotado no dia 11 de maio de 1791 ao ler as *Mémoires secrets sur le règne de Louis XIV et de Louis XV*, de Charles Duclos.[3] Em 19 de fevereiro de 1800*, instalando-se "nesse palácio ainda esburacado das balas do dia 10 de agosto de 1792, onde as lâminas do assoalho continuam vermelhas do sangue dos suíços e dos fidalgos degolados", ele já pensava em "retomar por inteiro os hábitos dos reis"[4] que o precederam.

Os cabelos castanhos um pouco mais curtos na nuca desde a Batalha das Pirâmides, que ele não usava mais em-

---

* Depois de quatro meses no Petit Luxembourg (contíguo ao Palácio de Luxemburgo). Uma carruagem puxada por seis cavalos brancos o havia levado e ele disse a Bourrienne à noite ao deitar-se: "Não basta estar nas Tulherias; é preciso ficar" (Tulard-Garros, p. 181).

poados desde a campanha da Itália, a sobrecasaca cinza de colarinho levantado e usada para trás, o ar sempre um pouco descuidado e desenvolto de ver-se mais valorizado do que em seu uniforme azul real de granadeiro*, que no entanto ele adora[5], ainda magro (seu médico titular, Corvisart, o curará da sarna, e depois disso ele engordará à medida que seus cabelos diminuírem – ou o contrário), seu "pequeno chapéu" de castor negro na mão, ele já se balançava um pouco como Luís XVI: porque, como diz Masson, "o balanço pertence ao lugar que ele ocupa e 'nasce do embaraço involuntário e forçado sentido por aquele que é, por sua posição, o alvo de todos os olhares'. Ele lança à direita e à esquerda, com um ar que quer ser sorridente, olhares que vãos às extremidades da Galeria fisgar o homem útil e esperado, o homem cujo olhar fará nascer uma ideia que se associará a esse ou aquele projeto anterior. Ele olha então direto para o homem; em duas ou três frases nítidas às quais é preciso uma resposta imediata e breve, ele o esvazia, toma nota de sua capacidade e guarda uma característica em sua memória".[6] A nenhum de seus interlocutores masculinos ele estende a mão, a nenhuma mulher ele faz o beija-mão[7]: "de outro modo, bateriam diariamente em seu ombro", como ele explicará no *Memorial*.

A Galeria que ele com frequência atravessava, aos domingos, era a do Grande Aposento das Tulherias, onde os "homens 'apresentados' precisavam usar roupas à francesa com espada".[8] A seda ou o veludo eram exigidos** para aumentar as encomendas das manufaturas de Lyon[9], como antigamente a aristocracia contestatária havia sido obrigada por Luís XIV a diferenciar-se pelo número de suas fitas. A decoração e o mobiliário do "castelo" pouco haviam mudado depois do finado rei decapitado. "Sempre apressado, o primeiro-cônsul caminha rápido demais e retira dessa pompa um pouco de sua dignidade"[10]; depois ele

---

* O uniforme de domingo.

** A partir de 1807.

se retirava para o aposento interno*, onde ficava seu gabinete privado de trabalho e onde passava a maior parte do tempo e que dava para o antigo budoar de Maria Antonieta.

"Quereis ser rei então?", espanta-se Sieyès em 1º de dezembro de 1799, quando Bonaparte recusou o cargo solene de "porco na engorda" (a expressão é sua) que o projeto de constituição do abade lhe havia reservado. Nas noites seguintes, o vencedor do 18 brumário reuniu em sua casa o grupo de ideólogos que cercava o constitucionalista, obrigando-os a aprontar um texto na medida de seu "bom senso", "sua resistência física"[11] e, principalmente, sua inflexível determinação de governar por si mesmo o Estado. O princípio de "soberania nacional" não era mais mencionado: para que, se a nação, a partir daquele momento, era ele, Bonaparte? No dia 12 de dezembro, Sieyès, sem mais argumentos, se deixou convencer a indicá-lo para primeiro-cônsul. A Constituição do Ano VIII, promulgada em 25 de dezembro, foi aprovada por um plebiscito em 7 de fevereiro de 1800: os resultados foram manipulados por Lucien, temporário ministro do Interior.** Esse novo fortalecimento constitucional não despertou o entusiasmo popular.

"O que há na Constituição?", repetia-se nos cafés parisienses. "Há Bonaparte." "Os franceses são indiferentes à liberdade, eles não a compreendem nem a amam; a vaidade é sua única paixão, e a igualdade política, que possibilita a todos a esperança de chegar a todas as posições, é o único direito político com o qual se importam"[12], considerou o primeiro-cônsul. Em 17 de janeiro de 1800, a maior parte dos "papéis-notícias"*** foram suprimidos. *Le Moniteur* tornou-se o órgão

---

* Os aposentos de Joséphine (no térreo) e de Napoleão (no primeiro andar) ficavam na ala esquerda das Tulherias; o Pequeno Aposento secreto do futuro imperador duplicava no mezanino o Aposento interno. Na ala direita, a sala do Conselho de Estado, a capela, a sala de espetáculos, no centro o Grande Aposento de apresentação: sala dos marechais, onde havia concertos, um primeiro e um segundo salão, a sala do trono, o gabinete de cerimônias, a galeria de Diana.

** Ele foi destituído no outono de 1800 por ter feito circular um "Paralelo entre César, Cromwell, Monk e Bonaparte" um pouco precipitado.

*** Somente treze jornais políticos foram autorizados a funcionar em Paris a partir dessa data, dentre os quais *Le Moniteur* e o *Journal des Débats*, dos mais de cem existentes durante a Revolução.

oficial do governo: Bonaparte em pessoa redigia inúmeros artigos. Portanto, nenhum motim para defender a liberdade de imprensa. O primeiro-cônsul talvez estivesse surpreso por ter conseguido com tanta facilidade submeter aquele povo recém-saído de dez anos de insurreição contínua e que, desde a noite de 10 de agosto, tanto o impressionava. "Ele sempre teve medo do povo e nunca teve um plano"[13], explica Stendhal. Seu único "plano" estava em sua vontade despótica: pensava que "nada era estável além de seu poder, nada era progressivo além de sua autoridade"[14], o que o levou naturalmente a querer fundar uma quarta dinastia.* Se os franceses não amavam a liberdade, então Napoleão Bonaparte era o primeiro: seu horizonte intelectual limitado por sua formação o impedia de perceber o desafio democrático nascido com a Revolução, alguns disseram. Sua política, continuação da do Diretório, oscilava segundo as circunstâncias: um golpe contra a esquerda, um golpe contra a direita. Ele pagará com a queda essa falta de visão histórica: sua aura de general vitorioso era a única a sustentar sua "ditadura".

Instalado nas Tulherias havia apenas tres meses, ele retomou o caminho da guerra civil no dia 6 de maio de 1800: rumo à Itália, pelo passo de Grande São Bernardo. Depois da pacificação da Vendeia, suas propostas de paz haviam sido rejeitas pela Inglaterra (ministro Pitt) e pela Áustria (ministro Thugut). No dia 20 de março, Kléber havia obtido no Egito a vitória de Heliópolis contra os otomanos aliados aos ingleses, e no dia 5 de maio Moreau derrotou os austríacos em Messkirch (na Baviera): Bonaparte decidiu reiterar suas vitórias de 1796 e 1797 e reconquistar a Itália quase totalmente perdida.

Os austríacos cercaram Gênova: ele queria isolar suas bases de retaguarda. Seu exército atravessou os Alpes pelo norte sob condições muito difíceis: no dia 20 de maio, depois de ter passado uma parte do dia no lombo de uma mula e de

---

* As três dinastias precedentes: merovíngia, carolíngia (desde Pepino, o Breve [pai de Carlos Magno], de 751 até meados do século X), capetíngia (de Hugo Capeto até Luís Filipe, de 987 a 1792 e de 1815 a 1848, interrompida pela Revolução e pelo Primeiro Império).

quase ter caído na Dranse[15], o general, de muito mau humor, visitou a biblioteca do hospital de Grande São Bernardo e, de pé diante de um púlpito, releu a passagem de Tito Lívio* sobre a travessia dos Alpes por Aníbal (em 218 a.C.). No dia seguinte, dito e feito: a façanha do cartaginês seria repetida por seu exército.

Em 2 de junho, Bonaparte entrou em Milão sem provocar a alegria popular que esperava. Para consolar-se, foi ouvir a cantora Grassini na noite seguinte, no Scala (onde a acolhida foi mais calorosa), e passou a noite com ela. Em 7 de junho, ficou sabendo que Masséna evacuara Gênova. No dia 9, Lannes conseguiu deter os austríacos em Montebello, mas o inimigo a seguir sumiria. Bonaparte cometeu o mesmo erro que o derrotaria em 1815 em Waterloo: dispersou seu exército na busca das tropas austríacas e, no dia 14 de junho, em Marengo, isolado com um destacamento insuficiente, foi surpreendido por um ataque austríaco. Estava prestes a admitir a derrota quando chegou o exército de seu fiel e brilhante companheiro de armas no Egito, Desaix, que o salvou. Desaix foi morto: os boletins oficiais (como o *Memorial*) apenas mencionam seu nome ao falarem dessa vitória, que deve tudo a ele, e exageram o papel de Bonaparte. Os austríacos evacuaram o Piemonte, a Lombardia e a Ligúria. No dia 2 de julho, às duas horas da manhã, o primeiro-cônsul estava de volta às Tulherias. Ele só voltaria a cruzar a fronteira dali a cinco anos.

Seu retorno foi triunfal. No entanto, foi a vitória de Moreau, em Hohenlinden, no dia 3 de dezembro, abrindo a rota para Viena, que precipitou as negociações de paz confiadas a Joseph**: o tratado de Lunéville foi assinado no dia 9 de fevereiro de 1801. Toda a Itália estava nas mãos da "Grande

---

* Tito Lívio, *História de Roma*, XXI, p. 31, e Políbio, *História geral*, livro III, 56: nem o romano nem o grego dão o itinerário de Aníbal, mistério nunca esclarecido que cativava Bonaparte.

** Bonaparte, exasperado pela lentidão das tratativas, voltara a despertar hostilidades (Tulard, p. 146).

Nação" (exceto o Vêneto*). O Reno passou a ser a "fronteira natural"** da França.

No Egito, Kléber, o homem a quem Bonaparte havia confiado o exército egípcio, foi morto no mesmo dia que Desaix em Marengo (14 de junho de 1800). Abdallah-Jacques Menou foi nomeado comandante-chefe do exército do Egito: esse general de Bonaparte, convertido ao Islã, não aguentará muito tempo diante dos ingleses; sua capitulação, em agosto de 1801***, anunciaria a definitiva supremacia da força colonial e marítima inglesa, confirmada por Trafalgar (1805). Por enquanto, porém, a ilha de Elba e a Louisiana, cedidas aos franceses, acordos com Argel, Túnis e Trípoli, e sobretudo um pacto secreto com a Espanha ameaçavam a Inglaterra, enfraquecida internamente pela loucura de George III e por uma situação econômica difícil: os ingleses aceitaram sentar-se à mesa de negociações. Apesar da morte do czar Paulo I, assassinado pelo partido anglófilo russo na primavera de 1801, a paz foi assinada no dia 27 de março de 1802, em Amiens, por Joseph Bonaparte e Cornwallis.[16] A Europa, em guerra havia dez anos, podia descansar um pouco, a "Grande Nação" também. Bonaparte aparecia mais do que nunca como o salvador da França e o homem da paz.

De volta a seu gabinete das Tulherias depois de Marengo, o primeiro-cônsul só sairia de novo para tomar o sol de Austerlitz.

Ao menos é essa a imagem que Masson nos passa dele em seu bastante irritante e preciocista *Napoléon intime*.

Depois de lermos o percurso de Jean Tulard e Louis Garros, *Napoléon au jour le jour*, constatamos que foi assim mesmo: no início do Consulado, sua vida ainda não era tão

---

* A Córsega, por sua vez – ocupada desde 1796 pelos franceses, administrada por Saliceti e depois por Miot de Melito (1801) –, instaura concessões fiscais, o general Morand, o general César Berthier (irmão do general do estado-maior de Napoleão); a ilha é reunida em um único departamento (sede administrativa: Ajaccio).

** Conceito criado por Richelieu, retomado por Danton (discurso de 31 de janeiro de 1793).

*** O Egito foi devolvido à Turquia pelo tratado de Amiens.

sedentária quanto se tornaria a seguir. Em dezembro de 1799, com seu cavalariço Lavigne à frente e o mameluco Roustan à porta, ele dava uma volta de caleche todos os dias pelo bulevar[17] e às vezes inclusive passeava a cavalo por Paris, "enrolado em seu capote cinza" (por exemplo, no dia 18 de fevereiro de 1800). Depois de Marengo, era visto passando em revista as tropas no traje vermelho de cônsul e também visitando as grandes exposições ou o ateliê do pintor David, seguindo os trabalhos do Louvre, dirigidos por mão de mestre por Vivant Denon, assistindo às sessões do Instituto (até 12 de novembro de 1800) ou a uma ou outra rara cerimônia no Palácio dos Inválidos em homenagem a Washington* ou Turenne**, visitando as novas fábricas ou o Jardin des Plantes com Joséphine (8 de agosto de 1802), indo à noite à Comédie-Française***, aos Italiens, ao Opéra**** (como general ele assistiu, diz-se, a um único ato das representações), ou ainda a alguns bailes de máscaras por ocasião dos casamentos no círculo familiar.***** Ele às vezes também visitava Joseph em Mortefontaine ou passava a noite em Rambouillet.

Na quinta-feira, 2 de agosto de 1800, ele foi a Ermenonville visitar o túmulo de Jean-Jacques: homenagem ao jovem Napoleone Buonaparte mais do que a Rousseau; lá regressaria em 1802 e declararia: "Teria sido melhor para o repouso da França que esse homem nunca tivesse existido".[18]

---

* Em 9 de fevereiro de 1800: "O homem do último século desce do palco, o homem do novo século sobe" (Chateaubriand, MOT, XIX, 18, p. 739).

** Em 22 de setembro de 1800: Turenne (1611-1675), marechal da França aos 32 anos, vencedor do opositor Condé, aliado dos espanhóis.

*** Théâtre-Français: 12 de julho de 1801 (*Cinna*), 25 de maio de 1803 (*Tartuffe*), 29 de setembro de 1803 (*Cinna* de novo, com Talma)...

**** Em 5 de abril de 1802 (*Iphigénie*), 4 de junho de 1802 (*Hécube*)...

***** Em 12 de novembro de 1800, na casa da sra. Permon (casamento de Junot com a futura duquesa de Abrantès); em 26 de janeiro de 1800, casamento de Caroline e Murat no Hôtel de Brissac, na casa de Lucien (ele encontra Madame Récamier – que nunca será sua amante)... Ele gostava de se disfarçar (Masson), às vezes saía incógnito por Paris para conversar com operários (*Memorial*, p. 1352).

Além de Paris, era em Malmaison que ele passava mais tempo: o pequeno castelo de Malmaison havia sido comprado em 21 de novembro de 1799 e será sua residência preferida até o divórcio. Ele escapava para lá assim que podia, mesmo depois de instalar-se no castelo de Saint-Cloud (em 20 de setembro de 1802) ou da mudança para o castelo de Fontainebleau (em 22 de novembro de 1804). Bonaparte investira em Saint-Cloud e Fontainebleau para não se encontrar preso dentro de Paris em caso de insurreição popular, como vira acontecer com Luís XVI na noite de 10 de agosto. Aliás, ele era tão caseiro em suas residências fora dos muros quanto em Paris, transferindo para elas em detalhe seu modo de vida nas Tulherias. Contudo, o apego aos pequenos aposentos de Malmaison diz algo a mais: Malmaison era a escapada burguesa que lhe permitia superar uma espécie de claustrofobia do poder. Masson acertou em descrever uma "vida murada" – os muros, porém, não eram os de seu gabinete: no campo, nos dias bons, ele trabalhava na rua, sob uma tenda ou no pequeno pavilhão octogonal de Malmaison, e de bom grado dava alguns passos nos jardins. A reclusão dentro dos limites da vida na corte, cada vez mais nítida a partir do Consulado, até a morte, principalmente depois do casamento com Marie-Louise (ele dará Malmaison a Joséphine), deve-se à maneira como ele concebia o exercício do poder. Longe de ser o exercício de um ofício, de uma magistratura provisória, era um estado, uma maneira de ser que exigia uma identificação passional a esse eu ideal e "soberano" que ele sonhara tornar-se quando adolescente. O outro lado de seu "casamento totalmente burguês" com Joséphine[19], a conversação frívola e ávida da mulher, da filha de sua mulher, Hortense, ou de sua irmã Pauline, diminuía um pouco o peso da esmagadora e estafante chapa de chumbo interna de sua ambição e, ao mesmo tempo, também a alimentava: em família, ele recuperava suas forças com o velho desejo incestuoso de dirigir a Casa Buonaparte. Depois disso, podia voltar para seu gabinete para sublimar suas paixões e reunir todos os seus imperativos internos fazendo-se o grande intendente da Casa França.

Nas Tulherias, ele saía bem cedo da cama de Joséphine (onde dormiria até 1804*, já que depois passaria a noite no quarto de dormir do Pequeno Aposento do mezanino, também chamado de Aposento Secreto[20]), subia a escada estreita que conduzia ao Aposento interno. Ali, no quarto arejado (ele gostava do ar puro da manhã; seu olfato era tão delicado que no Egito ele adquirira o hábito de colocar *ayaloudjin* em pequenos perfumadores nos aposentos onde ficava o dia inteiro[21]), sentava perto da lareira, que ficava ligada boa parte do ano (ele era muito friorento e estava quase sempre resfriado), lia a correspondência que seu primeiro-criado de quarto** trazia, atirando no chão as "respondidas", marcando as cartas que precisaria responder com cuidado; depois, lia os jornais. Era informado sobre as pessoas que o aguardavam no primeiro salão para a cerimônia do despertar das nove horas e alguns privilegiados eram introduzidos imediatamente: o chefe do guarda-roupa, o grande marechal do palácio***, o arquiteto Fontaine, o bibliotecário Barbier e o primeiro-médico Corvisart (às quartas e aos sábados) assistiam à sua toalete. Com todos, inclusive com seu criado de quarto, ele conversava bebendo chá ou seu remédio preferido: água de flor de laranjeira. Fazia com que lhe contassem os mexericos da corte e da cidade, interrogava, insaciável, a respeito dos detalhes, sobre o comportamento de uns e outros, as roupas, os lugares, o preço das coisas. Era zombeteiro e, em seus acessos de alegria, agarrava com as duas mãos as orelhas dos visitantes, que às vezes se ofendiam – equivocadamente: parece que esse gesto era amigável e até mesmo terno, sensual, apesar de denotar uma evidente vontade de ascendência dominadora. De roupão e calçando pantufas verdes e vermelhas que usava até o total desgaste, ele depois tomava seu banho quente, nunca quente o suficiente, no antigo oratório de Ana da Áustria, onde às vezes continuava a receber visitas: várias mulheres, dentre as quais

---

* Napoleão conta no *Memorial* como cessou essa coabitação conjugal noturna em 1805 e que não a retomará com Marie-Louise (*Memorial*, p. 664-665).

** Ambart, Hébert e depois Constant Véry até abril de 1814; a seguir Marchand, que o acompanhará até Santa Helena (Masson, p. 67-68).

*** Duroc, depois Bertrand a partir de 1813.

Madame de Staël, que teve a honra de assistir à sua toalete, testemunharam sua total ausência de pudor. Depois disso, em roupa informal (um conjunto branco de algodão ou de flanela, dependendo da estação), um lenço de madras amarrado na cabeça, ele ia para o seu gabinete, onde começava a trabalhar com seu secretário, recebendo os ministros no gabinete dos fundos em caso de urgência.[22]

Quando as nove horas se aproximavam, ele se preparava para a cerimônia do despertar. Ele mesmo se escanhoava bem rente*, mas era assistido por seu primeiro-criado de quarto e pelo mameluco Roustan**: um segurava o espelho, o outro a bacia e o sabão, e eles rodavam em torno de Napoleão, que se virava para colocar a outra bochecha na luz. A toalete estava longe de acabar: a cabeça era mergulhada em uma bacia de prata, o rosto era lavado com pequenas e finas esponjas, os dentes eram escovados*** por um longo tempo com uma escova embebida em opiato e depois em pó de coral, a língua era raspada com um raspador de prata, de prata dourada ou de concha, a boca era lavada com uma mistura de aguardente e água fresca, as mãos eram lavadas com "óleo de amêndoas e sabão de rosas ou sabão de Windsor", as unhas eram cortadas (suas mãos tinham a fama de ser muito bonitas e ele cuidava delas com minúcia), a cabeça era aspergida com água-de-colônia e ele próprio esfregava os braços e o peito com uma escova dura (outro hábito trazido do Egito); seu criado de quarto esfregava as costas e os ombros; todos os dias até o fim da vida (ele gostava das cerimônias repetitivas e repetia incansavelmente as mesmas palavras, as mesmas piadas), ele gritava: "Mais forte! Mais forte! Como num burro!".[23]

Depois ele colocava seu colete de flanela, por cima do qual, em campanha, ele suspendia no pescoço um pequeno coração de seda negra, forrando um envoltório de couro:

---

* O que era raro, numa época em que ainda se recorria a barbeiros.

** Presente recebido no Egito do xeque El Becri: ele dormia numa cama de tela atravessada na porta do quarto do primeiro-cônsul e depois imperador, acompanhando-o em suas campanhas militares. O mameluco Ali e depois um falso "mameluco Ali" desempenharão a mesma função.

*** O que era excepcional para a época.

dentro, o veneno que ele engoliria depois da primeira abdicação.* Vestindo sua roupa habitual (o uniforme verde de caçador a cavalo), e depois de ter afivelado o cinturão da espada por cima da roupa, ele não saía de seus aposentos sem pegar com a mão esquerda o "pequeno chapéu" de castor negro, com a mão direita um lenço de cambraia muito fino impregnado de água-de-colônia, com o qual dava batidinhas nos lábios, na testa e nas têmporas; ele o colocava no colete e depois pegava os óculos (era míope – menos que Lucien e Joseph), uma caixinha de bombons (cheia de balas de anis tão finas que perfumavam o hálito sem escurecer a língua) e sua indispensável caixinha de rapé: o dia inteiro, em todas as circunstâncias, ele colocava grandes porções de tabaco embaixo do nariz, respirando sem aspirar e a seguir cuspindo no chão.

Esse cuidado "meticuloso" de sua toalete, longamente detalhada por Masson em seu *Napoléon intime*, não combina muito com o retrato pouco lisonjeiro do primeiro-cônsul feito por Hyde de Neuville e pelo general Andigné depois da visita ao Luxembourg nos dias 26 e 27 de dezembro de 1799: "Um fraque verde-oliva, cabelos lisos, um ar de negligência extrema; nada, em seu conjunto, fazia pensar que aquele pudesse ser um homem importante" (Andigné); "Um homem pequeno entrou, vestido num feio fraque esverdeado, cabeça baixa, aparência quase odiosa" (Hyde de Neuville). Na verdade, as duas tendências existiam em Bonaparte, combatendo-se mutuamente: negligência extrema e extrema meticulosidade. Elas eram as duas faces de uma mesma relação problemática com o corpo: ou esquecido, ou limpo e perfumado ao extremo numa espécie de fobia dos maus cheiros e da sujeira. As duas atitudes negavam o que era físico demais e escapava ao controle da vontade. Novo indício da "abstração" à qual Bonaparte quer reduzir-se: o princípio disso era um melancólico ódio de si que não estava em contradição com o extremo orgulho de si. Tratava-se, nos mínimos detalhes, de refazer-se – de acordo

---

* O veneno, preparado segundo uma fórmula que fora dada por Cabanis a Condorcet, era infalível. Em 1812, porém, ele o substituiu por outro – que não o mataria em 1814 (Masson, NI, p. 87).

com o ideal romano do homem de poder que ele concebera na adolescência.

Às nove horas em ponto, ele deixava seu gabinete para receber os primeiros visitantes no salão. Os aposentos eram escuros e a decoração era a mesma do que sob Luís XIV; Roederer um dia lhe dissera: "Aqui é triste, General", ao que ele respondera: "Sim, como a grandeza".[24] As entrevistas eram breves: ele interrogava da maneira sucinta e precisa dos oficiais de polícia, mais do que de um monarca, e dava as primeiras ordens. Antes de sair, dispensava os visitantes com um simples gesto de mão: eram entre nove e meia e onze horas. Em seu gabinete, onde seu secretário o esperava, ele retomava os trabalhos: acima de tudo, era um político.

Nas Tulherias, durante sua ausência, a nova queda de Gênova fizera com que se cogitasse por certo tempo em sua substituição, em caso de morte ou de derrota, por Moreau, La Fayette ou Bernadotte: Carnot, a "trinca de padres" Sieyès, Talleyrand e Fouché e o senador Clément de Ris[25] faziam parte do complô. Nos cafés, os panfletos clandestinos pediam o tiranicídio. Contudo, a vitória de Marengo fez as ambições e revoltas soçobrarem: o poder do primeiro-cônsul saiu fortalecido da provação, e Fouché, ex-membro da Convenção, regicida e temível ministro da Polícia, desmantelou um suposto complô jacobino.*

Do lado monarquista, a política conservadora de reconciliação nacional do primeiro-cônsul fizera, em um primeiro momento, com que se acreditasse no restabelecimento da monarquia: "O Cromwell da Revolução acabava de aparecer; eles foram simples o bastante para ver nele um general Monk"**[26], escreveu Stendhal. Bonaparte havia recebido o chefe *chouan* Andigné no dia 26 de dezembro de 1799 e negociara com ele o tratado de paz que colocara um fim na Guerra da Vendeia (a

---

* É preciso ler o genial romance de Balzac, *Une ténébreuse affaire* (1841), que se resolve no relato desse complô.

** George Monk (1608-1670), chefe do exército da Escócia, depois da abdicação do filho de Cromwell, em 1659, recusou o posto de lorde-protetor e ofereceu o poder a Charles Stuart, coroado Charles II em 29 de maio de 1660.

partir de fevereiro de 1800). No dia 3 de março de 1800, ele decretou o fim das listas de emigrados.* Todavia, as ilusões monarquistas dissiparam-se quando o primeiro-cônsul determinou a improcedência** (em 7 de setembro de 1800) das propostas de restauração de Luís XVIII*** (enviadas em 4 de junho). Em 24 de dezembro de 1800, os monarquistas responderam com uma primeira tentativa de assassinato do primeiro-cônsul: ele havia hesitado em sair naquela noite, depois se deixara convencer de ir ao oratório *A criação*, de Haydn. A caminho da Opéra, às vinte horas e alguns minutos, uma máquina colocada em uma carroça explodiu na Rue Saint-Nicaise****, logo depois da passagem da carruagem consular, que Bonaparte fez seguir a toda velocidade no momento da explosão. Ele diria no *Memorial* que havia sido salvo pela destreza de seu cocheiro, César, graças a quem havia chegado a seu destino "como se nada tivesse acontecido".[27] Houve, porém, várias vítimas, dentre as quais uma criança.[28] "Convencido de que nunca haveria na França uma facção tão forte quanto os jacobinos"[29], o primeiro-cônsul não quis ouvir quando Fouché sugeriu que o golpe vinha dos monarquistas. O ministro da Polícia não deixou de aproveitar a ocasião para neutralizar os partidos dos republicanos, que eram naquele momento chamados de "exclusivos".

A erradicação da oposição de esquerda foi agravada em 1802 pela depuração dos moderados e dos ideólogos com que Sieyès e Constant***** haviam enchido as assembleias.[30] Em

---

* Listas municipais instituídas em 1793 que recenseavam os aristocratas emigrados, cujo retorno para a França era proibido.

** "Não deveis desejar vosso retorno à França; seria preciso marchar sobre cem mil cadáveres", escreveu-lhe o primeiro-cônsul.

*** Louis Stanislas Xavier de France (1755-1824), quarto filho de Louis de France, o filho mais velho de Luís XV, irmão mais novo de Luís XVI e irmão mais velho do futuro Charles X, subiu ao trono depois da primeira abdicação de Napoleão em 1814, depois de Waterloo (1815), e reinou até sua morte.

**** Rua localizada ao norte das Tulherias, que desaparecerá quando da construção da Rue de Rivoli.

***** Benjamin Constant (1767-1830), tribuno de 1801 a 1802, autor de *Adolphe* (1816) e dos *Principes de politique applicables à tous les gouvernements représentatifs* (1815), proscrito junto com a amante, Madame de Staël, em 1803.

novembro de 1800, o Tribunato, presidido por Daunou, membro do Institut, e animado pelo amigo de Germaine de Staël (Constant), rejeitou alguns projetos do primeiro-cônsul, que se irritou: "Eles constituem umas duas dúzias de metafísicos que deveriam ser atirados na água. Parasitas que tenho sobre as roupas". Cambacérès, o segundo-cônsul, elabora então um "golpe de Estado constitucional"[31] por meio do qual o quinto tribuno e legislador, anualmente renovados, seria escolhido pelo Senado*: graças a esse golpe baixo, Constant, Ginguené, Daunou, Say, Andrieux, Isnard, Ganilh e Bailleul foram eliminados.[32] Ao mesmo tempo, Fouché, chefe dos republicanos, foi afastado por dois anos (foi nomeado senador e será chamado em 1804). No entanto, os ideólogos (todos partidários de um governo de assembleia) não tinham nenhuma base popular, e seu afastamento não desencadeou um movimento de apoio da mesma forma que a agitação dos republicanos do exército entre os soldados, ou a repressão dos jacobinos e a supressão da liberdade de imprensa.

Bonaparte, cada vez mais abertamente convencido de voltar às formas antigas de poder, apoia-se na corrente neomonarquista animado por seus próximos, Talleyrand, Cambacérès**, Roederer.*** Um segundo plebiscito, tão manipulado quanto o primeiro, foi organizado para se apelar frente ao povo acima do que restava dos partidos. Todo mundo sabia de antemão a resposta à questão feita: "Napoleão Bonaparte será cônsul vitalício?". Pela primeira vez se viu mencionado o estranho nome próprio do primeiro-cônsul.**** A "República

---

* As assembleias da Constituição do Ano VIII são: o Conselho de Estado, o Senado conservador (fiador da Constituição), o Corpo Legislativo (votava as leis sem discuti-las), o Tribunato (discutia as leis, não as votava).

** Cambacérès (1753-1824), advogado, deputado e depois presidente da Convenção.

*** Roederer (1754-1835), advogado, divulgador do economista Adam Smith, conselheiro de Estado e "Directeur de l'esprit public" em 1802.

**** "Enfim, até mesmo o nome de *Napoleão*, pouco conhecido, poético, redundante, veio acrescentar algumas pequenas coisas à grande circunstância [de meus sucessos]" (*Memorial*, p. 619-620).

plebiscitária" (Aulard) encaminhava-se de maneira suave mais certa para seu inelutável destino imperial (eterna lição a ser meditada pelos partidários do referendo como instrumento da democracia). La Fayette escreveu a Bonaparte para manifestar-lhe sua oposição, e os antigos brumarianos republicanos se afastaram definitivamente de um regime que, a partir daquele momento, reduziu as assembleias e o povo a meros figurantes (o sistema censitário era fortalecido). Madame de Staël foi intimada a ficar longe de Paris pelo menos quarenta léguas (1803) e reuniu em sua residência suíça do castelo de Coppet um grupo de oposição liberal muito ativo – antes de aliar-se ao imperador durante os Cem Dias, ao lado de Benjamin Constant.

Na maioria das vezes, o primeiro-cônsul almoçava sozinho em sete ou oito minutos, sobre uma pequeníssima mesa de mogno colocada na antecâmara, quando não se esquecia de comer. O almoço era rápido (menos de vinte minutos) até mesmo quando estava acompanhado por artistas como Talma ou eruditos como Denon, o diretor dos museus; ele também gostava que lhe levassem crianças, como o filho mais velho de Hortense, Napoléon-Charles*, mais tarde seu filho bastardo, Alexandre Walewski, e o rei de Roma. Bonaparte comia muito rápido, fazendo bastante sujeira[33], engolindo grandes pedaços mal mastigados, frango em todas as formas, batatas, feijões, lentilhas e pastéis; do que mais gostava era macarrão à italiana com parmesão, feito magro para as sextas-feiras santas (exigindo um acompanhamento de salmonete do Mediterrâneo); bebia vinho Chambertin misturado com água, que acreditava ser-lhe benéfico (sempre a preocupação com a doença familiar no estômago). A menor anomalia o desagradava e ele chegava a virar a mesinha de raiva. O serviço à russa só seria adotado por volta de 1810: os pratos então eram servidos todos ao mesmo tempo, os doces junto com os *vol-au-vent* ou as *bouchées*

---

* Napoleão não era pai de Napoléon-Charles, nome composto pelo seu e pelo de seu pai, Carlo; ele teria deixado correr esse boato porque legitimava sua intenção de fazer daquele menino o herdeiro do trono na ausência de herdeiros diretos.

à la reine. Depois do café (que lhe fazia mal quando tomado em demasia fora das refeições), descia por algum tempo para conversar com Joséphine. Ele fará o mesmo com Marie-Louise (com quem se obrigará a almoçar em horas fixas até o nascimento do rei de Roma) – com a diferença de que essa flor de estufa austríaca, que ele achava agradável de olhar, nunca saía do palácio e, consequentemente, nada tinha a dizer: ele aproveitava para tirar uma pequena soneca.

O jantar acontecia por volta das seis horas – essa ao menos era a hora a partir da qual Joséphine, que colocara sua quinta roupa do dia, começava a esperar pelo ilustre marido: às vezes ele aparecia somente às onze horas. Eles jantavam no lugar que ele indicava, no térreo ou em seus aposentos, em mais ou menos quinze minutos: muitas vezes o bibliotecário ia prestar-lhe contas, naquele momento, dos livros recentemente publicados e perguntar se era preciso ler diários ou outras obras. O café era servido no salão, onde ele às vezes fazia audiências (no início do Império), mas em geral só havia a família estendida; ele se divertia examinando com malícia, e às vezes crueldade, as roupas das damas presentes, passando-se por um especialista. No início do consulado, havia um grupo todas as noites, mas, com o passar dos anos, Bonaparte aparecia cada vez menos em público, e cada vez por menos tempo, obrigando o grande--marechal Bertrand a presidir os jantares de cerimônia. Sob o consulado, sobretudo em Malmaison, as noites ainda eram alegres: lia-se em voz alta, charadas eram feitas, as velas eram tapadas com gaze e contavam-se histórias de aparições, músicos eram chamados, ou jogava-se vinte e um, e o primeiro-cônsul se divertia com suas trapaças.[34] Na corte imperial, contudo, "na sua como em todas as outras", escreve Masson, "o tédio reinava".[35] Salas de espetáculos foram construídas em Malmaison, nas Tulherias, em Saint-Cloud, e era impensável ir à cidade. Às vezes ainda havia alguns bailes: Napoleão gostava de misturar-se à multidão fantasiado e, na intimidade, dançou até 1807 – a figura que mais gostava de dançar era uma executada ao fim, chamada de "Grand-père": "Voltarei para o Grand-père, dizia, e muitas vezes, de fato, voltava".[36]

Muito mais vezes ele voltava para o seu gabinete depois de uma pequena volta no salão e só saía às dez horas para o deitar oficial: recebia mais algumas pessoas brevemente no salão do Aposento de honra. No quarto, onde às vezes pedia à mulher que lesse para ele, ou chamava um amigo para falar de política, jogava suas roupas no chão e ia para a cama. Dormia cerca de três horas. Ao despertar, completamente disposto, colocava o roupão e a calça, e voltava para o gabinete. Ele por vezes chamava o secretário, mas aquele era em geral o momento, raro no dia, em que ele sentava sozinho em sua grande escrivaninha "cheia de bronzes dourados e apoiada em grifos"[37], "comentando os relatórios dos ministros" ou refazendo as contas (às vezes inclusive as da Casa Imperial, espantado com uma encomenda excessiva de meias de seda ou velas e com o custo exorbitante que ele se queixava ser cobrado por tudo), relendo com paixão a situação financeira dos exércitos, mandando trazer chocolates e sorvetes ou frango assado e meia garrafa de Chambertin. Por volta das três da manhã ou mais tarde, ele tomava um banho e voltava a dormir por mais algumas horas.

Às vezes, uma mulher era admitida e o esperava no grande quarto do Aposento interno. Citemos apenas algumas: a atriz Mlle. Georges (1802), Madame Branchu (1803) ou Éléonore de La Plaigne.

> Arranham a porta para avisá-lo: "Que ela espere!". Arranham de novo: "Que tire a roupa!". Arranham de novo: "Que vá embora!".[38]

Madame de La Plaigne avançava o ponteiro do pêndulo para que o quarto de hora que ele dispendiosamente lhe concedia fosse ainda mais curto. Ela dará à luz em dezembro de 1806 a um bastardo nunca reconhecido e, ao que parece, um pouco louco. Chateaubriand resumiu esses "amores" femininos em uma frase: "As mulheres em geral detestavam Napoleão como mães; elas pouco o amavam como mulheres, porque não eram amadas: sem delicadeza, ele as insultava*, ou só as buscava por pouco tempo".[39] Vimos que ele as recompensava largamente por essa falta de amor e pela satisfação de seus apetites sensuais. "Em geral, ele tem pouca consideração pelas mulheres"[40] – ou as vê como um vago devaneio sentimental lisonjeiro que o consola por um instante entre dois dossiês urgentes. No essencial, o "casal burguês" que ele formava com Joséphine e, mais tarde, com Marie-Louise, resolve perfeitamente a questão.

A maior parte de suas tardes, anoiteceres e madrugadas era passada, portanto, no gabinete de trabalho, que ele percorria de um lado a outro ditando, as mãos às costas. Uma única janela aberta em um canto dava para os jardins, tendo em seu vão a mesa do secretário: Bourrienne, demitido em 20 de outubro de 1802 por suspeitos negócios lucrativos; Méneval de 1802 a 1813 (pediu dispensa, completamente extenuado) e Fain de 1813 a 1814. No fundo do gabinete, quatro estantes de biblioteca; na frente da lareira, um armário envidraçado guardava papéis correntes, volumes a serem consultados e uma estatueta equestre de Frederico II, "único objeto de arte que Bonaparte desejou pessoalmente".[41] Quando parava de ditar, ele sentava à direita da lareira, "em um canapé estofado de tafetá verde perto do qual havia uma pequena mesinha que recebia a correspondência do dia". "O trabalho dava-lhe a sensação contínua da posse do poder."[42] Ninguém tinha o direito de entrar naquele gabinete, nem mesmo as duas imperatrizes: os ministros e os colaboradores eram recebidos, como dissemos, no gabinete dos fundos, contíguo, de onde se passava ao gabinete topográfico total e exclusivamente coberto de mesas e estantes que serviam para guardar os mapas "em uma ordem perfeita".[43]

Impossível livrar-se do *topos* "trabalhador infatigável" descrito naquela época pelos artigos ditirâmbicos do *Le Moniteur*: desde então, mesmo as biografias menos suspeitas de complacência bonapartista se renderam a esse retrato do

---

* Dispomos de vários testemunhos de sua rudeza e de sua grosseria: ele gostava de esmiuçar diante das mulheres suas qualidades físicas... e seus defeitos.

primeiro-cônsul e do imperador como um trabalhador obcecado e dirigista, que dedicava quase todas as suas horas de vigília (cerca de dezoito) a controlar o que acontecia no Império.[44]

A tendência hoje seria de preferência interpretar esse *workaholism* como típico de uma estrutura psicológica obsessiva, até mesmo paranoide. No próximo capítulo destacaremos a hipótese mais antiga (existente desde 1817-1818, sob a pluma de Stendhal) das "manias" de grandeza do imperador, que supostamente se superpôs ao seu bom senso a partir de 1807. Nada mais cômodo que nos acreditarmos governados por grandes psicopatas. Essa "explicação" estéril e pueril permite eximir de qualquer responsabilidade cidadã, inclusive inocente da evidente cumplicidade ativa no crime que necessariamente demonstram muitos dos contemporâneos dos déspotas.

Napoleão, então, ditava a toda velocidade ao secretário sua interminável correspondência ou um artigo para o *Le Moniteur*. Um dos elementos de sua política interna, dita de "fusão" ou de "compromisso" (Taine), era a reconciliação religiosa e a reabilitação do culto católico: os outros cultos, protestante e judaico*, também foram objeto de uma reorganização estatal, mas a confissão romana foi reconhecida como a da maioria dos franceses. Ele era agnóstico** desde as suas leituras de juventude; todas as suas reflexões, lembremo-nos, visavam a transformar a religião em meio político. Ele declarou ao Conselho de Estado: "Não vejo na religião o mistério da Encarnação, mas o mistério da Ordem Social".[45] E acrescentou:

---

* Em 1797, encontrando em Ancône judeus presos no gueto do qual não tinham o direito de sair à noite, usando chapéus amarelos e braçadeiras com a estrela de Davi, Bonaparte havia ordenado que estes fossem retirados e substituídos pela insígnia tricolor.

** "Todas as nossas religiões são, evidentemente, filhas dos homens [...]. Dizer de onde venho, o que sou, para onde vou está acima de minhas capacidades" (*Memorial*, p. 783-784-785). "Acreditamos em Deus porque tudo o proclama à nossa volta e porque os maiores espíritos acreditaram [...] mas não sabemos o que pensar a respeito da doutrina que nos ensinam e nos consideramos o relógio que não conhece seu relojoeiro" (*Memorial*, p. 1094). Mesmo assim, Napoleão admirava o Evangelho (*Memorial*, p. 786).

"A sociedade não pode existir sem a desigualdade de fortunas, e a desigualdade de fortunas sem religião. Quando um homem morre de fome ao lado de outro que regurgita, é-lhe impossível aceitar essa diferença se não houver uma autoridade que lhe diga: 'Deus assim o quis! É preciso que haja pobres e ricos no mundo; mas depois, e por toda a eternidade, a partilha será diferente'".[46] Graças à lembrança de Rousseau e da religião "natural", ele pôde concordar, ao menos superficialmente, com estas frases de Chateaubriand: "Pio VII havia dito em 1797: 'Sim, meus caríssimos irmãos, *siate buoni cristiani e sarete ottimi democratici* [sejais bons cristãos, e sereis excelentes democratas]'. As virtudes morais fazem um bom democrata. Os primeiros cristãos eram animados pelo espírito de democracia: Deus favoreceu os trabalhos de Catão Uticense e dos ilustres republicanos de Roma".[47] Reduzir "o espírito de democracia" à moral e o cristianismo a uma moral pública a serviço da razão de Estado, isso convém perfeitamente a Bonaparte – e não se perde nada em deixar que Deus tenha sua palavra nessa questão. Afinal de contas, o poder profano e o poder sagrado não teriam uma raiz comum, a imaginação? Amor a Deus ou promessa revolucionária transformada em idolatria por Bonaparte, que mais se pode oferecer àquele que não tem mais nada para se consolar? Os ricos, por sua vez, tendo seus interesses satisfeitos, não ficam mais dispostos a buscar compensações espirituais, mas é bom intimidá-los um pouco convencendo-os de que um princípio moralmente superior fundamentava o usufruto de seus "bons direitos" e ligava-os à conservação da ordem política. As núpcias dessa concepção bonapartista do poder com a Igreja Católica, celebradas em 15 de agosto de 1801, quando da assinatura da primeira Concordata, serão o credo das forças políticas conservadoras na França, pelo menos até o Concílio Vaticano II. Não é certo que a "democracia" tenha se beneficiado. A aposta era santificar pela religião a nova ordem social dominante das dinastias burguesas nascentes. Bonaparte queria matar dois coelhos de uma cajadada só: acabar com o direito à insurreição outrora inscrito na constituição "terrorista" de 1793 e "separar os católicos [em especial os emigrados] da causa monárquica".[48]

Bom cálculo a longo prazo, que garantirá por mais de um século, salvo algumas jornadas revolucionárias, a aliança social e política da Contrarrevolução com as grandes fortunas resultantes da Revolução. A aproximação provisória de Pio VII e do emigrado aliado Chateaubriand com Bonaparte estava, no entanto, repleta de mal-entendidos – apesar de, naquele momento, todo mundo zombar que, à direita, Joseph de Maistre queria se enforcar de raiva ao ficar sabendo da assinatura da Concordata*, enquanto ninguém suspeitava que, à esquerda, o imenso sucesso das livrarias, o "oportuno"[49] romântico e ecumênico *Génie du christianisme* de Chateaubriand (1802), inspiraria, a contragosto, o nascimento do socialismo francês (o de Lamennais, George Sand e Pierre Leroux). A lição "democrática" de Pio VII não fora perdida por todos.

"A paz das consciências"[50] celebrada com grande pompa no dia de Páscoa de 1802, na Notre-Dame, para consolidar espiritualmente o novo regime foi quase imediatamente desmentida pela conspiração monarquista de 1803: subscrevendo a promessa revolucionária com o sangue de um Bourbon, o duque d'Enghien, o primeiro-cônsul mergulhará, nessa ocasião, no novo culto político, um pouco abandonado.

Mas até lá o autor de *Génie du christianisme* saudaria a criação da Legião de Honra (em 19 de maio de 1802) como o início do restabelecimento da nobreza: "Por essa instituição passa um raio da velha monarquia e introduz-se um obstáculo à nova igualdade".[51] A oposição do tribunato, subscrevendo essa análise, mas tirando conclusões políticas contrárias, critica "um novo patriciado, cuja constante tendência será devolver-nos uma nobreza hereditária e militar".[52]

No dia 26 de abril de 1802, a anistia geral seria decretada para os emigrados que aceitassem se submeter à Constituição antes de certa data: eles retornaram em massa. As librés reapareceram. O tuteamento revolucionário desapareceu. Bonaparte

---

* O autor das *Soirées de Saint-Pétersbourg ou Entretiens sur le gouvernement temporel de la Providence* (1821) era partidário de uma monarquia teocrática em que os poderes espiritual e temporal estivessem completamente mesclados.

assistia às missas celebradas em Saint-Cloud, como Luís XVI, e ia caçar a cavalo em Marly ou alhures. Os nomes com partícula multiplicaram-se no círculo de Joséphine. O primeiro-cônsul teorizou sua política de fusão social: "É preciso ou que a forma dos governos que nos cercam se aproxime da nossa, ou que nossas instituições políticas estejam mais ou menos em harmonia com as deles. Há sempre um espírito de guerra entre as velhas monarquias e uma República nova em folha. Essa é a razão das discórdias europeias".[53] Em outras palavras: toda a Europa é monárquica; para preservar a paz, não nos diferenciemos. Conservemos as aquisições da Revolução (a saber: a apropriação dos "bens nacionais" e a supressão dos antigos privilégios de casta) e esqueçamos o resto (a liberdade política, a democracia social).

As instituições criadas e a reorganização administrativa, política e judiciária do Estado foram todas pensadas conforme um espírito de continuidade, não apenas com o Diretório (os historiadores atuais insistem em revalorizar a centralização administrativa do Estado esboçada antes do brumário e que Bonaparte limitou-se a consolidar)[54], mas também com o Antigo Regime: "O Conselho de Estado substitui o Conselho do Rei, assim como o prefeito de polícia de Paris substitui o tenente-geral", escreve Jean Tulard.[55]

De seu gabinete, Bonaparte precisava dar apenas alguns passos para chegar às sessões do Conselho de Estado, instalado na ala direita das Tulherias. Essas sessões eram uma ocasião para o primeiro-cônsul, depois para o imperador, colocar em cena publicamente seu poder: ele era visto tendo homéricos ataques de cólera, acusando este ou aquele, parabenizando aquele outro cujo apoio queria obter, fingindo levar em consideração alguns argumentos para melhor refutá-los a seguir etc. Ele teve controvérsias terríveis, mas podemos duvidar que tenham sido tão livres quanto afirma o *Memorial*. Podemos confiar em Stendhal, que foi ouvinte no Conselho de Estado (a partir de 1810) e que admirou o grande homem quando escreve em sua *Vida de Napoleão*: "Criado pelas ideias militares, a deliberação sempre lhe pareceu uma insubordinação. A experiência todos os dias lhe provava sua imensa superioridade, e ele desprezava demais os homens para admiti-los na deliberação de medidas que ele havia julgado salutares".[56]

Foi quando o Código Civil foi discutido por dois anos: seria promulgado no mesmo dia do assassinato do duque d'Enghien, 21 de março de 1804, conforme observado por Chateaubriand.[57]

"Comprometido com o direito romano e o direito consuetudinário, com o Antigo Regime e a Revolução"[58], o código de Napoleão, como foi rebatizado em 1806, marcou um nítido recuo em relação à legislação revolucionária sobre a questão do direito das mulheres, consideradas como menores, do divórcio e sobre os direitos à herança dos filhos naturais: "A vontade do pai voltava a ser a base da célula familiar".[59] Qual o exato papel desempenhado por Bonaparte na redação desse código "feito para uma sociedade conservadora, que só interessa pela propriedade da terra"?[60] Concentrado, quando não estava com a palavra, batendo com o canivete no braço da poltrona ou escrevendo dez vezes seguidas "Vocês são todos uns malfeitores" ou "Meu Deus, como vos amo" num pedaço de papel[61], aspirando tabaco sem parar e às vezes cochilando (principalmente ao fim do Império), o primeiro-cônsul decidia em caso de conflito.* Todavia, o "bloco de granito"[62] do Código Civil, que sancionou, apesar de seu caráter conservador, a igualdade das pessoas diante da lei (exceto as mulheres), o grande ganho de 1789, foi obra sobretudo de Portalis, Tronchet e Maleville.[63]

Menos discutível é o caráter dirigista e pessoal de sua administração, de sua política industrial e de grandes obras. Nele se revela e desabrocha sua gestão quase patriarcal da França, governada como um grande território privado ou como uma cidade italiana do Renascimento.

No dia 6 de fevereiro de 1800, ele convocou ao Palácio de Luxemburgo "os principais negociantes e banqueiros, e fazendo-lhes uma apresentação"[64]: no dia 13, o Banque de

---

* É difícil avaliar a contribuição exata de Bonaparte na redação dos códigos: além do Código Civil, o Código de Procedimento Civil (1806), o Código de Comércio (1807), o Código de Instrução Criminal (1808), o Código Penal (1810) e Rural (1814), a Cour des Comptes (1807).

France (banco privado gerido por administradores, dentre os quais o marido de Madame Récamier) foi criado; a ele será atribuído, em 14 de abril de 1803, o monopólio da emissão de cédulas. Em março de 1803, uma lei criou "um franco de cinco gramas de prata, o famoso *franco germinal*, que ficaria estável até 1914".[65] O primeiro-cônsul e depois imperador favoreceu o capitalismo industrial que ele contribuiu para criar, por exemplo, no campo da indústria têxtil. O Banque de France "oferecia um amplo crédito às casas genovesas"[66], enquanto o ministro Gaudin, antigo colaborador de Necker, criara em 29 de novembro de 1799 um fundo de amortização que pagou as apólices estatais para saldar a dívida pública. O sistema hierárquico do poder político estava inteiramente ligado a esses interesses financeiros e, ao contrário de hoje (em parte devido à financeirização da economia), os banqueiros, os industriais e os comerciantes tinham um interesse imediato nessa colaboração estreita com o Estado, que, por sua vez, privilegiava a concentração comercial, industrial e bancária entre algumas personalidades conhecidas por Bonaparte e, portanto, enobrecidas pelo regime imperial. A paz civil servia-lhes, ao passo que, em retorno, a prosperidade delas dava trabalho às camadas mais pobres das cidades. Tal trabalho era um pouco melhor remunerado do que a "jornada" de um camponês sem terra: as compras dos bens nacionais haviam enriquecido os camponeses abastados e empobrecido os demais, dando início à grande transumância proletária.

Esse curto idílio entre um poder político forte e as potências capitalistas nascentes será lembrado com nostalgia pelos grandes administradores do Estado, de Guizot a Thiers, de Clemenceau a De Gaulle ou, ainda, Mitterrand: a classe política francesa, ao mesmo tempo que continuará a venerar Napoleão, nutrirá a ilusão tenaz de que o "crescimento" devido ao desenvolvimento tecnológico e industrial encorajado pelo Estado pode gerar mecanicamente, como naquela época de pioneiros, a prosperidade geral e o fortalecimento de seu poder. Hoje, porém, precisamos antes olhar para a potência militar americana (mesmo que em declínio) ou para a Rússia neocapitalista de Putin, ou ainda para a China pós-comunista, para termos uma ideia dessa colusão napoleônica *nacional* dos poderes políticos e econômicos. Porém, regra geral, as classes dirigentes presas à antiga lógica bonapartista estão condenadas a ser os criados dóceis e com frequência corrompidos dos interesses econômicos: enquanto, especulando sobre as dívidas dos Estados e explorando anarquicamente os recursos do planeta, as grandes potências financeiras transnacionais estão quase que absolutamente além de qualquer controle político, a paixão por Napoleão, ídolo do voluntarismo político, tinge-se de um lirismo forçado, mais nostálgico do que realista.

No outono de 1803, um novo complô monarquista possibilitou que o primeiro-cônsul passasse à última etapa imperial: *chouans* condenados à morte revelaram uma vasta conspiração que envolvia um dos chefes militares mais prestigiosos do exército depois de Bonaparte, Moreau, bem como outro general, Pichegru. O chefe *chouan* Georges Cadoudal assassinaria o primeiro-cônsul e o exército insurgente acolheria o retorno à França de um príncipe – cujo nome não era conhecido. Informado de que Louis de Bourbon-Condé, duque d'Enghien, estava em Ettenheim, perto da fronteira francesa, Bonaparte acusou-o de ser o príncipe em questão e mandou sequestrá-lo no dia 15 de março de 1804: chegando a Paris no dia 20 de março, o duque d'Enghien foi julgado na mesma noite e executado às três horas da manhã.* As *Memórias de além-túmulo* imortalizarão a indignação de Chateaubriand, que rompeu com Bonaparte: ele pediu demissão de seu cargo de secretário da legação da França em Roma, para o qual o primeiro-cônsul o havia nomeado em 1803, e retirou-se para a Vallée-aux-Loups. O consulado perderia para sempre o apoio de quase todas as elites intelectuais.

Todavia, a opinião pública (ajudada pelos jornais oficiais) congratulava-se, na contracorrente da comoção de

---

* Pichegru suicidou-se no dia 6 de abril de 1804; o processo Cadoudal-Moreau ocorreu em 25 de maio de 1804 (veredicto dado no dia 10 de junho); Cadoudal e 11 *chouans* morreram no cadafalso no dia 25 de junho; Rivière e Polignac (nobres conspiradores) foram perdoados por Bonaparte; Moreau foi banido.

Chateaubriand, porque o primeiro-cônsul se equiparava com esse crime aos regicidas membros da Convenção. O sangue derramado de um Bourbon, fuzilado como o último dos ladrões presos em flagrante, transfigurou de maneira simbólica e poderosa o brumariano guardião da Revolução. Os notáveis e os camponeses poderiam continuar fundamentando com toda a tranquilidade as dinastias burguesas que reinariam na França sob todos os regimes até 1914 ou mesmo 1944. Graças ao assassinato do duque d'Enghien, nenhuma restauração jamais conseguirá colocar em causa os direitos adquiridos dos notáveis e dos camponeses enriquecidos: "A burguesia tornou-se o suporte do regime, também garantindo os camponeses contra o retorno do feudalismo", escreve Jean Tulard. O historiador acrescenta: "Únicos sacrificados: os operários".[67] Esse não era o menor dos paradoxos desse regime: o fervor das camadas mais baixas por Bonaparte era real sob o consulado e no início do Império; a seguir, a terrível sangria do Grande Exército o esgotará, mas ele renascerá durante os Cem Dias e o exílio do imperador o exaltará mais ainda: as canções de Béranger* o atestariam.

No entanto, a única política social do cônsul e do imperador teria consistido em tratar de evitar o retorno das terríveis revoltas da fome, cuja repressão ele tivera de garantir depois de 13 vendemiário (outubro de 1795). Quando, no outono de 1801, depois de uma péssima colheita, o pão ultrapassou em Paris o nível crítico de dezoito soldos por quatro libras[68] – aglomerações já se formavam na frente das padarias e oradores se destacavam –, o primeiro-cônsul convocou para o seu gabinete dos fundos cinco banqueiros e os financistas Ouvrard e Vanlerberghe; pediu-lhes que fizessem "chegar à capital de 45 mil a 55 mil quintais de grãos por mês".[69] Mediante uma comissão de dois por cento, Ouvrard e Vanlerberghe compraram nos portos ingleses e holandeses todos os carregamentos de grãos existentes e encaminharam-nos para Paris. Os motins foram evitados: o preço do pão manteve-se

---

* Chansonnier (1780-1857): suas canções exaltam, a partir de 1815, a República e o Império.

abaixo de 18 soldos até 1802, chegou a doze em 1803, a nove no ano seguinte. Apesar das condições de trabalho e higiene que nos pareceriam inaceitáveis para os dias de hoje*, em especial o trabalho infantil, a ausência de desemprego, a alta dos salários e a paz foram os outros fatores que contribuíram para tranquilizar os mais pobres. Cansadas por dez anos de agitação em vão, as classes humildes transformaram Bonaparte no ícone das esperanças revolucionárias. O amor por ele as livrava imaginariamente do sacrifício de suas vidas pessoais. Por falta de uma vida nova, o Pequeno Caporal era a prova viva da promessa revolucionária de igualdade.

No dia 18 de maio de 1804, um *senatus consultum* conferiu ao primeiro-cônsul a dignidade imperial hereditária; a regra fora aprovada no Conselho Privado em 13 de abril de 1804. A nova Constituição foi aprovada; um terceiro plebiscito, tão manipulado quanto os outros dois, foi feito no dia 6 de novembro de 1804. "O governo da República será confiado a um imperador que assume o título de imperador dos franceses", diz a Constituição. "Bonaparte não imita nem César nem Cromwell: mais consolidado diante da coroa, ele a aceita"[70], escreve Chateaubriand. Ele se acredita chamado a "arbitrar [através desse sistema inédito] a grande causa dos povos e dos reis".[71] Os inimigos acusavam Napoleão de se considerar Carlos Magno e de querer reconstituir o Império do Ocidente: o que ele faria.[72] Carnot era o único a opor-se a ele publicamente.

A cerimônia da sagração, em Notre-Dame, no dia 2 de dezembro de 1804, deu início ao reino da falsificação.

Na noite da véspera, no Salão, o círculo íntimo puerilmente alegre, Napoleão em primeiro lugar, assistiu à apresentação de Isabey com pequenos personagens em madeira pintada, colocados em uma planta representando Notre-Dame segundo os detalhes protocolares estabelecidos para a cerimônia: o pintor teria representado aquelas figuras ou os atores "reais"? Quais, aliás, seriam os mais reais?[73]

---

* O decreto de 22 germinal do ano XI (12 de abril de 1803) renovou e agravou a lei Le Chapelier (proibindo agremiações) com a obrigação do porte de uma caderneta (documento emitido e controlado pela polícia).

Falsa consagração: Pio VII foi chamado, mas o próprio Bonaparte se coroou; ele se casou no religioso à noite, furtivamente, e o papa retirou-se oportunamente na hora em que o imperador prestou juramento à Constituição.

Falso povo: "Tirei a coroa da sarjeta; o povo colocou-a em minha cabeça", ele diria várias vezes no *Memorial*[74], e vimos que ele se considerava oriundo das camadas do povo que se tornara "soberano" pela Revolução, por isso o gesto de coroar a si próprio.

Falsa "república", falsa "liberdade". No dia da sagração, Napoleão declarou:

> Juro manter a integridade do território da República, respeitar e fazer respeitar a igualdade de direitos, a liberdade política e civil, a irrevogabilidade da venda dos bens nacionais, não elevar nenhum imposto, estabelecer taxas apenas em virtude da lei, manter a instituição da Legião de Honra, governar tendo em vista apenas o interesse, a felicidade e a glória do povo francês.

O falso Carlos Magno, em seu falso Sacro Império Romano do Ocidente, fez triunfar a estética neoclássica "Império", falso antigo, falso egípcio, falso medievo, dos pintores ou poetas como Ossian*, o falso celta que Napoleão tanto amava. Os móveis e as vestimentas, tudo celebrava um hino *kitsch* à falsidade.**

O quadro de David que imortalizou a sagração foi sua apoteose. Madame Mère aparece nele – apesar de estar em

---

* Falso bardo escocês que supostamente teria vivido no século III e que, na verdade, é uma invenção de James Macpherson (1736-1796). "Eu repetia Ossian", recorda-se Napoleão no *Memorial* (1033). Ele citava poemas inteiros a Joséphine na época em que estavam apaixonados.

** Dessa época data a moda de trazer de novo ao gosto do público os antigos estilos e as antigas modas – que são classificados e enumerados; há museificação em todas as artes; redescobre-se a Idade Média, Bach; inventa-se a história da arte e o comércio de velharias (o reino dos gaveteiros, dirá Benjamin); imita-se o antigo. Esse fetichismo do passado é o mesmo que o nosso: ele transforma a História em clichês e a arte em *kitsch*: "A tolice das ideias feitas traduzida na linguagem da beleza e das emoções", Milan Kundera, *L'Art du roman* (Paris: Gallimard, 1986, p. 198).

Roma com Lucien, descontente por não ter conseguido reconciliar os dois irmãos e, quem sabe, não totalmente errada, um pouco assustada com aquela manifestação de grandeza extremada que parecia tentar o destino.

Na época que os historiadores chamaram de "contemporânea", nem Mussolini, nem Hitler, nem Stalin, nem Mao, para citar apenas os grandes mestres do *kitsch*, nem mesmo Hollywood em seus filmes históricos, menos ainda a televisão "democrática" conseguirão produzir uma encenação política tão espetacular quanto a obra-prima de David. Talvez o cineasta Kubrick fosse o único a conseguir superar o pintor – mas ele nunca conseguirá montar seu *Napoleão*. Seu gênio quem sabe nos tivesse curado do mau gosto definitivo dos poderes autoritários pós-revolucionários, falsamente republicanos, falsamente socialistas, falsamente democráticos, falsamente "populares".

No momento de coroar a si mesmo, Napoleão teria se virado para o irmão Joseph e murmurado em seu ouvido: "Se nosso pai nos visse...".[75]

Semanas antes, ele teria se irritado com suas irmãs: "Na verdade, a ver vossas pretensões, madames, parece até que recebemos a coroa das mãos do finado rei nosso pai".[76] Todo o segredo da paixão dinástica de Napoleão está contido nessas duas frases: ser digno de um pai indigno, que precisa ser morto para melhor ser instituído imaginariamente como um grande juiz supremo desse assassinato simbólico. Filho de um pai nem sequer rei, mas vergonhosamente aliado ao "finado rei", ele próprio regicida por metonímia (a pessoa do duque d'Enghien pelo outro Bourbon), Napoleão alinhava a filiação monárquica rompida: ele a costura com um fio mais visível e grosseiro, pensando que a costura, mais tarde, passaria despercebida. Sem dúvida, esse falso pai imaginário de quem ele recebe a coroa era ele próprio idealizado: o gesto de coroar a si mesmo no dia da Sagração (no lugar do papa) diz isso claramente. Além disso, a indignidade do pai real, ex-patriota aliado à causa monarquista, tornava-o "filho do povo" e, portanto", "povo" por sua vez. Seja como for, "filho de suas obras". Uma vez apagado o nome do pai, Napoleão, primeiro com esse nome, tomou todas as ousadias: ele pretendia recompor o fio romano que os reis da França tinham deixado escapar em 962 junto com a coroa do Sacro Império; ele escreveu a seu tio Fesch, que se tornara cardeal (a respeito do papa e de seu círculo): "Diga-lhes que sou Carlos Magno".[77] Não foi sobre o túmulo de Carlo Buonaparte, mas sobre as relíquias de *Carlo Magna* que Napoleão foi meditar em Aix-la-Chapelle no dia 7 de setembro de 1804, três meses antes de ser sagrado imperador pelo papa. De um Carlo a outro, eis o pai imaginário cujo lugar precisa ser tomado e cuja coroa precisa ser possuída. Ser imperialmente muito superior às pretensões monarquistas de Carlo Buonaparte depois de tê-las rejeitado com violência significava reparar o erro familiar; a filiação real também era rompida, o genitor era renegado e relegado às trevas da História – e, com ele, a origem córsica. Napoleão viajou para ser coroado rei da Itália em 26 de maio de 1805; porém, quando um italiano observou que *"Ma in somma siete italiano, siete nostro"*, ele respondeu secamente: "Eu sou francês".*

"Nem barretes vermelhos, nem saltos vermelhos, sou nacional", ele repetia com frequência.[78]

A neurose pessoal do homem *nacional* une-se, no relato *kitsch* das falsas origens, à histeria política nascida com a Revolução Francesa: o Império é o romance "autoficcional" nos atos de Napoleão e o mais belo florão dessa neurose coletiva que faz a História hesitar depois da Revolução, como se a culpa gerada pela decapitação do rei-pai impedisse de assumir a era democrática e obrigasse a retroceder. O Império, a dupla Restauração, Luís Filipe, depois o Segundo Império, todos esses regimes tentarão, cada um à sua maneira, restabelecer o Antigo

---

* O rei da Etrúria fez-lhe essa observação durante um jantar (em 8 de junho de 1801), numa época em que ele era apenas o presidente da República Cisalpina (Tulard-Garros, p. 211). "Não foi apenas minha origem estrangeira, contra a qual se tentou protestar na França, que me foi bastante preciosa. Ela me fez ser visto como um compatriota por todos os italianos; ela facilitou muito meus sucessos na Itália", diz ele no *Memorial* (p. 619-620).

Regime em seus direitos e, ocupados com a reparação da ruptura histórica, retardarão o advento de um regime republicano. As próprias repúblicas sentirão o comichão monárquico ou bonapartista. Quanto aos "filhos do século", eles serão condenados a encontrar um "destino" para si, eternamente nostálgicos, como Napoleão, da "época perdida" em que havia coincidência entre o nome de nascença e a certeza de sê-lo – ao menos é isso que eles pensarão, e Proust saberá, no início do século XX, ligar pela metáfora, em uma mesma "catedral" das palavras, a nostalgia histórica da nobreza extinta e a resplandecência do prazer de ser, encerrada no detalhe sensual da rememoração.

É preciso levar a sério o imperador quando ele afirma no *Memorial* que só conheceu os sofrimentos do poder e que somente seu irmão Joseph usufruiu dele. Ele só conseguia entendê-lo no trabalho e na ação como uma superação de si mesmo. Napoleão, sabe-se, abusou da metáfora amorosa para falar de sua paixão por governar. Ele declarou a Roederer:

> Tenho uma única paixão, uma única amante; é a França: durmo com ela. Ela nunca me deixou, ela me prodigaliza seu sangue e seus tesouros.

Se pensarmos que a França é ele, chegamos ao fundo de sua paixão política[79]: narcisismo. A melancolia com tendências suicidas era o seu reverso. A vitória militar, porque conquistada sob risco de vida, era para ele a apoteose da glória do poder e, de certo modo, sua pedra de toque.

Os historiadores ainda discutirão por um bom tempo para saber se, em 1803 (no dia 19 de maio), o rompimento da paz de Amiens foi cometido por Bonaparte ou pelos ingleses. Não era apenas por razões psicológicas que o imperador precisava da guerra: "Era preciso manter a qualquer preço a imagem do Salvador"[80], escreve Jean Tulard, para não correr o risco de ser destituído por uma burguesia que podia se cansar com um poder pessoal despótico.

Outra coisa também era certa: sua vontade não era a única em causa. Os franceses claramente atribuem à Inglaterra a responsabilidade do rompimento. A terceira (1803-1805) e quarta (1806-1807) coalizão ainda são consideradas contrarrevolucionárias: trata-se sempre de salvar a "grande nação" das manobras monarquistas europeias que queriam a Restauração do Antigo Regime na França. Quer Napoleão tenha desejado a guerra ou a paz, não deixa de ser verdade que os ingleses recusavam-se a evacuar Malta; é preciso dizer que eles também não aguentariam por muito mais tempo o *coast system* pelo qual o primeiro-cônsul proibia aos navios britânicos o acesso aos portos continentais sob influência francesa.[81] Nesse ponto, a burguesia francesa, apesar de "anglófila em seus gostos"[82], estava totalmente de acordo com o seu dirigente político e desejava a ruína da "pérfida Albion"[83], incontestavelmente a primeira potência econômica e colonial europeia: ela aplaudia o bloqueio continental (novembro de 1806)*, e foi esse contexto econômico que transformou o conflito em "luta até a morte"; essas seriam as palavras do imperador no *Memorial*.[84]

Em pouco tempo, o primeiro-cônsul concebeu um plano: ele queria invadir a Inglaterra de surpresa, saindo da Bolonha. Ali se instalaria com seu exército de duzentos mil homens (4-17 de novembro de 1803, 2-5 de janeiro de 1804, 19 de julho-21 de agosto de 1804). Porém, no dia 20 de julho de 1804, houve o primeiro incidente: sua frota, saindo ao mar para uma revista, que ele havia exigido pessoalmente, contra a opinião de seu estado-maior, foi castigada por uma terrível tempestade. Na primavera de 1805, a entrada na guerra da Espanha transformara o projeto inicial de invasão terrestre em guerra marítima; as frotas de Toulon, Rochefort, Brest, Cádiz e Ferrol deviam encontrar-se nas Antilhas, mas a junção não foi efetuada, e todos voltaram ao porto. Os ingleses, em contrapartida, concentraram todas as suas forças na entrada da Mancha, evitando a dispersão. Bonaparte mudou então bruscamente os planos e voltou-se para a Alemanha.

---

* Proibição total dos portos continentais às mercadorias provenientes da Inglaterra; o bloqueio só seria plenamente implementado por períodos muito curtos.

Seu plano contra a Áustria estava pronto desde o dia 13 de agosto de 1805. No dia 29 de agosto, os primeiros destacamentos partiram rumo a leste[85], enquanto, no dia 21 de outubro, a frota de Toulon, que tentava uma nova saída, encontrou Nelson e Collingwood ao largo do cabo Trafalgar: "Vitória decisiva da frota inglesa. Ninguém sabia ainda, nem mesmo Pitt, o primeiro-ministro, que os ingleses tinham ganhado a guerra".[86]

Por outro lado, no continente, a ofensiva espetacular do imperador (que saíra de Saint-Cloud no dia 24 de setembro à noite) obtinha vitória sobre vitória: o Grande Exército, concentrado em Mainz, cruzou o Danúbio em 7 de outubro e derrotou os austríacos em Elchingen em 14 de outubro; Ulm capitulou no dia 20; Viena foi ocupada no dia 15 de novembro.

Em 2 de dezembro de 1805, aniversário da sagração, a "Batalha dos Três imperadores" colocou frente a frente Francisco II, o czar Alexandre e Napoleão – no terreno que ele havia escolhido. Nessa famosa Batalha de Austerlitz, considerada o modelo do gênero pelos estrategos militares, tudo aconteceu da maneira que o imperador havia previsto em sua mente no dia 21 de novembro, debruçado sobre seus mapas no palácio do governador em Brünn (atual Brno): enfraquecer a ala direita de suas divisões posicionadas diante do planalto de Pratzen, abandonado ao inimigo para inspirar-lhe a ideia de esvaziar seu centro e contornar o exército francês por seu ponto fraco voluntariamente exposto; nesse momento, atacar pelo centro do planalto, cortar o exército austro-russo em dois, esmagar a ala mais fraca... A batalha começou às sete horas da manhã, ao nascer do sol, e a vitória foi obtida ao cair da noite (quatro horas da tarde) com a debandada russa.[87]

O tratado de Pressburg, assinado em 26 de dezembro, expulsou os austríacos da Itália e da Alemanha. Em julho de 1806, a Confederação do Reno colocou dezesseis principados alemães sob a proteção imperial francesa.[88] Em 6 de agosto de 1806, Francisco II abdicou: era o fim do Sacro Império Romano Germânico.[89] Napoleão já se via imperador romano do Ocidente. Ele distribuiu as coroas à família: Joseph tornou-se rei de Nápoles; Murat, seu cunhado, foi feito duque de Berg; Louis, rei da Holanda; Élisa recebeu os principados de Lucca e Piombino; Eugène de Beauharnais, que o imperador havia adotado, que já era vice-rei da Itália, casou-se com Augusta da Baviera; Jérôme se casara, em 1807, com a filha do rei de Württemberg; e Stéphanie de Beauharnais, prima de Joséphine e filha adotiva do imperador, se casará com o herdeiro de Baden.[90] No dia 1º de janeiro de 1806, o calendário republicano foi abolido.

Dois dias depois de Austerlitz, Bonaparte havia declarado um pouco apressadamente (no dia 4 de dezembro de 1805): "Senhores, voltamos para Paris, a paz foi feita". Último obstáculo ao sonho imperial de dominar a Europa, quase inteiramente realizado naquela data: a Prússia. No dia 1º de outubro de 1806, ela exigiu que a França retirasse suas tropas de além-Reno.

A formação da quarta coalizão (Prússia, Reino Unido, Rússia, Suécia) obrigou-o a sair de novo de Saint-Cloud em 25 de setembro de 1806, às quatro horas da manhã. No dia 14 de outubro, suas tropas vitoriosas desfilaram sob as janelas do filósofo Hegel pelas ruas de Iena. Um mês depois de sair de Paris, ele entrava em Berlim (28 de outubro). Um especialista resumiu a estratégia militar napoleônica que tanto fascinou:

> Sua característica é a implementação rápida e completa de todos os meios de ação no início da campanha. Ao contrário da tática que reserva os esforços decisivos para o fim da luta, ela atacava com força assim que as tropas ficavam prontas a fim de acabar a guerra o mais rápido possível.[91]

Waterloo, triste planície

> "Quando vemos as ilusões com que a Providência cerca o poder, consolamo-nos por sua curta duração."
>
> CHATEAUBRIAND
> *Memórias de além-túmulo*[1]

Em fevereiro de 1807, quando seguiu com dificuldade até Osterode, indo de Eylau para o castelo de Ordenschloss, o imperador estava profundamente abalado.

A Prússia, considerada a primeira potência militar da Europa, quase aniquilada depois de Iena, não aceitara a derrota. Bonaparte bem que podia dormir em Charlottenburg na cama de Frederico II, mas Frederico Guilherme III, refugiado em Königsberg junto ao czar e a seus exércitos, não queria assinar a paz: Dantzig, Kolberg e Graudentz, sitiadas, resistiam. Em 8 de fevereiro, o exército imperial, chegando de Varsóvia para retomar Dantzig, havia sido surpreendido em Eylau, em plena tempestade de neve, por tropas russas superiores em número.

Fora uma carnificina terrível: 25 mil russos e cerca de 18 mil franceses mortos.[2] A retirada fora ordenada ao mesmo tempo dos dois lados: não houvera vitoriosos. No dia seguinte, ao meio-dia, vagando por entre os agonizantes, Napoleão não conseguia afastar-se daquele espetáculo: "Em toda parte a neve estava coberta de sangue"[3]; de um lado, pilhas de cadáveres perto dos pinheiros; mais adiante, centenas de corpos ensanguentados jaziam no declive de uma montanha.

O imperador acabaria indo para o seu acampamento – uma pequena fazenda a meia-légua do campo de batalha – e deitaria sem tirar as botas num colchão perto do fogo, onde ficaria deitado por uma semana inteira, "cansado, inquieto e abatido", segundo uma testemunha. Ao ditar a Berthier sua *Relation de la bataille d'Eylau par un témoin oculaire*, que mandou imprimir em Berlim e Paris, concluiu seu relato com as seguintes palavras: "É assim que a História falará".[4] Apesar das adaptações do relatório oficial, o 64º boletim seria obrigado a admitir: "Foi preciso muito trabalho para enterrar todos os mortos".[5] Napoleão escreveu a Joséphine: "Sofremos, e nossa alma fica constrita por ver tantas vítimas".[6]

A imperatriz esperava-o em Mainz, e ele exigiu que voltasse para Paris sem ele, decidindo aquartelar-se durante o inverno em Osterode, numa região perdida a 1,6 mil quilômetros das Tulherias. Repentinamente paralisado, pela primeira vez desde Toulon e brumário, o estratego da velocidade ficou imobilizado por seis semanas em Ordenschloss (a trinta quilômetros de Eylau), duvidando de seu destino e aguardando. Estranha pausa de cinco meses: deixaria Ordenschloss no dia 31 de março e iria para o castelo de Finckenstein (cerca de sessenta quilômetros a noroeste), onde ficaria até o dia 6 de junho.

Na primavera de 1807, a Europa estava tão indecisa quanto ele: muitos ainda estavam mergulhados em pleno delírio idólatra; em Iena, Hegel*, o filósofo alemão do real racional, vira de sua janela o Espírito absoluto passar a cavalo: era Napoleão voltando para seu albergue. Contudo, os povos europeus estavam cada vez mais irritados com o insaciável apetite do Império francês, e os espanhóis, os alemães e os russos logo o combateriam em nome da mesma razão que fizera a glória de Bonaparte: o sentimento nacional. A partir de 1807, o inimigo não seria mais o bando de mercenários assalariados mais ou menos devotados ao serviço dos príncipes, mas soldados voluntariamente alistados para libertar suas "pátrias".

Os soldados franceses do Grande Exército, atolados nas planícies nevadas da Polônia, misturados a recrutas alemães e italianos muito menos motivados, começaram a "resmungar" contra aquele que logo seria chamado de Ogro. Tornava-se cada vez mais difícil admitir que o combate que estava sendo feito era o mesmo da Revolução. Napoleão distribuía os principados

---

* O grande filósofo do idealismo alemão (1770-1831).

aos membros de sua família e tratava seus marechais* como príncipes: fora para reconstituir a antiga nobreza (a nobreza do Império seria criada em 1º de março de 1808) e distribuir pedaços da Europa à família Bonaparte que haviam morrido os milhares de cadáveres que apodreciam na lama de Eylau?

Ludwig van Beethoven, o músico dos grandes hinos revolucionários, havia riscado a dedicatória original a Napoleão Bonaparte e mudado o nome de sua terceira sinfonia, *Eroica*, ao ficar sabendo da farsa da sagração: para milhões de europeus, havia sido consumado o divórcio entre a pessoa do imperador e as valiosas ideias da Revolução. Em breve, cada povo desejaria cumprir seu próprio destino *nacional*, baseado no modelo francês, e recusaria a submissão à "Grande Nação" esmagada sob o jugo de um novo déspota ávido por conquistas.

Um dos casos mais interessantes de nascimento do sentimento nacional foi o da Polônia: primeiro país, antes da França (e depois da Córsega) a ter uma Constituição em 3 de maio de 1791, o reino da Polônia seria riscado do mapa no ano seguinte e dividido entre a Áustria, a Rússia e a Prússia. No outono de 1806, graças ao avanço francês, oficiais poloneses alistados nos exércitos imperiais (a famosa legião Dombrowski) sublevaram as populações da parte prussiana do país, que servia então de base de retaguarda para o Grande Exército. No dia 4 de novembro, Napoleão pediu a Kosciuszko, o comandante-chefe da insurreição de 1794 contra os russos, para ir a seu encontro secretamente.[7] No dia 17 de novembro, escreveu aos poloneses: "Devo dizer-vos, e deveis comunicar que a intenção do imperador é de fato proclamar a independência da Polônia, se ela fornecer quarenta mil homens para a tropa, com os quais poderíamos contar como se tivéssemos um corpo de quarenta mil homens nas tropas regulares".[8] Aos prussianos, porém, com quem tentava fazer a paz, ele "deu a entender que, quanto à Polônia, desde que o imperador a conhece, não lhe atribuiu valor algum".[9]

---

* O marechalato, restabelecido em 1804, era uma instituição do Antigo Regime suprimida pela Revolução.

Na verdade, a Polônia estava no encontro dos caminhos, não apenas geograficamente, mas também por seu próprio destino político. Napoleão devolveria a liberdade a esse país mártir e retomaria o mito da grande nação libertadora, ou só levaria em conta sua ambição imperialista (a apreensão daqueles territórios lhe permitiria arbitrar os apetites que eles suscitavam em seus inimigos prussianos, austríacos e russos, e dividi-los)? Os poloneses, por sua vez, não podiam libertar-se sozinhos; eles precisavam de um apoio e esperavam a proteção de Napoleão para fazer seu país renascer. Eles sabiam que o que estava em jogo na ocasião era o grau de autonomia que o francês lhes concederia.

Os varsovianos receberam o imperador como libertador no dia 19 de dezembro; ele partiria no dia 23 de dezembro para combater os russos em Pultusk. Depois da vitória, pegaria a estrada para Varsóvia em 1º de janeiro.

No posto de muda de Blonie, enquanto esperava na carruagem que trocassem pela última vez os cavalos, Duroc levou à portinhola uma jovem e bela aristocrata loira, de grandes olhos azuis, ternos e ingênuos. Corada de emoção, ela exclamou com voz embargada: "Seja bem-vindo, mil vezes bem-vindo a nossas terras! Nada do que faremos poderá expressar o que sentimos pelo senhor, nem o prazer que temos de vê-lo pisar o solo desta pátria que o espera para se reerguer".[10] Impressionado com aquela aparição virginal, Napoleão mandou buscá-la. Os patriotas poloneses precisaram convencer a jovem assustada, em nome do interesse superior da pátria, a ir a um baile, depois a um jantar...

O parágrafo anterior é uma sequência do filme lançado nas telas de Hollywood em 1937.[11] Estrelando: Greta Garbo e Charles Boyer, as maiores estrelas da época. O roteiro havia sido escrito por Joseph Masson em 1893, sob o ditado de Alexandre Walewski.

Existe outra versão para os fatos: o príncipe Josef Poniatowski* e Talleyrand, presentes em Varsóvia, teriam

---

* Sobrinho do último rei da Polônia; ministro da Guerra do Grão-Ducado.

antecipado o desejo enunciado pelo imperador de ter entre suas conquistas uma polonesa. Eles teriam organizado um baile e depois um jantar e apresentado a Napoleão uma jovem "na medida, deliciosa na aparência e desprovida de inteligência", escreveu Talleyrand em suas *Mémoires*.* Este é o roteiro dos cínicos, dos hábeis, dos ardilosos (e dos misóginos), daqueles que Stefan Zweig chamava de "diplomatas" e que tanto foram admirados nos últimos dois séculos: convencidos de que os seres humanos são marionetes movidos por fios que bastam ser puxados.

A verdade está em algum lugar para além da pieguice de Hollywood e da hiper-racionalização grosseira e estreita das autoridades.

Em janeiro de 1807, Maria Laczinska não tinha vinte anos completos. Originária de uma família da pequena nobreza agrária, havia se casado dois anos antes com um septuagenário de uma das mais ilustres famílias da Polônia, Athanasius Walewski, de quem tinha um filho. Ela havia passado toda a sua infância com a mãe, os seis irmãos e irmãs, lembrando do pai, Maciej Laczynski, que morrera combatendo os russos durante a insurreição de 1794. Um dos companheiros de armas desse mártir da Polônia livre, o pai francês de Frédéric Chopin, havia sido contratado como preceptor pela condessa Eva Laczynska. Admirador das Luzes francesas, fervoroso militante da causa polonesa, Nicolas Chopin contribuíra para inculcar na jovem os vivos sentimentos patrióticos que ela compartilhava com os de seu meio. É pouco provável que ela tenha tomado a iniciativa de saudar o imperador em Blonie e menos ainda que a tenha tomado sozinha. Porém, no baile do palácio Brühl oferecido por Talleyrand, sua emoção e seu fervor não deixaram dúvidas quando foi apresentada àquele que seu círculo considerava o salvador da Polônia. Tímida e reservada, mesmo assim os deixou transparecer bastante.

---

* "Foi M. de Talleyrand quem me conseguiu Madame Walewska; ela não se negou", confirmará o imperador a Gourgaud, citado por "Walewska, Marie, comtesse (1786-1817), maîtresse de Napoléon", Guy Godlewski, *Revue du Souvenir Napoléonien*, n. 358, abr. 1988, p. 10-23.

Em contrapartida, parece que tinha um pouco mais de dificuldade em aceitar o papel que a seguir lhe quiseram designar. O imperador enviou-lhe um primeiro bilhete, escrito de próprio punho:

> Vi apenas a senhora, admirei apenas a senhora, desejo apenas a senhora. Uma resposta rápida para acalmar a impaciência de N.

Junto com a carta, enviou-lhe um grande buquê de rosas pálidas cercando uma rosa vermelha na qual estava espetado um convite para jantar naquela mesma noite, no palácio Zamek, com as seguintes palavras rabiscadas: "Sem joias para este jantar. Mas com esta rosa". Walewska foi ao jantar, mas recusou-se a usar a rosa. O imperador enviou um segundo bilhete:

> Desagradei-lhe, Madame? No entanto, eu tinha o direito de esperar o contrário. Enganei-me? Seu entusiasmo diminui, ao passo que o meu aumenta. A senhora me tira o sono. Oh! Dê um pouco de alegria, de felicidade, a um pobre coração pronto a adorá-la. Será tão difícil enviar-me uma resposta? A senhora me deve duas.[12]

Seu marido, sua mãe e as maiores autoridades polonesas precisaram interceder para que ela aceitasse ter uma audiência privada com Napoleão.

Contudo, logo cedeu. No dia 18 de janeiro, foi buscada e entrou no gabinete de trabalho do imperador por uma porta secreta do palácio Zamek. A jovem, com a cabeça cheia de ideias cavalheirescas, que não podia ignorar as intenções do imperador, pensava que bastaria expor seus motivos ao grande homem para que ele a respeitasse e "entregou-se a um longo monólogo político"[13] sobre o governo provisório.

Napoleão se dirigiu a ela na segunda pessoa, convencido de que ela é que o procurara e que só pensava nele. Um pouco decepcionado com sua acolhida fria durante o baile e o jantar, divertido por seu discurso ofegante, pensava estar lidando com uma coquete e, realmente encantado, ele se fez insistente.

Orgulho ou pudor, frieza real ou despeito de apaixonada idealista, ferida pelo tom cru e pelas maneiras brutais do soberano, Maria Walewska rebelou-se e chorou, tentando fugir. Ela não quisera aquilo: servir de moeda de troca em um negócio que a ultrajava. Melindrada em seu fervor pelo herói que sinceramente reverenciava, opôs a Napoleão uma resistência que ele nunca encontraria.

O imperador ficou surpreso: estaria enfim diante da nova Heloísa, a esparciata de coração grande, apaixonada pela virtude e por seu país mais do que por qualquer coisa no mundo? Ele não estava esperando por aquilo. A paixão duplicou, mas sua intuição lhe disse para afastar-se. Tinha início uma longa luta entre os dois.

Alternando entre o tom terno e as perguntas cruas e diretas, Napoleão sondou-a a fundo e acabou, dizem, deixando-a partir às quatro horas da manhã.

Quando enviou-lhe, no dia seguinte, flores e diamantes, ela atirou-os com toda a força para o outro canto do quarto, furiosa de que alguém pudesse pensar em comprá-la. Mas na mesma noite voltou a vê-lo. E no outro dia também, e todas as noites – até a partida do imperador, no dia 29 de janeiro, para o terrível campo de batalha de Eylau.

E ela cedeu. Houve violação? As opiniões divergem a esse respeito. É provável que não. Como resistir à lisonjeira insistência do "senhor do mundo": quem era ela para recusar? Diversos sentimentos a agitavam, oscilando entre uma compaixão dilacerante pela águia que se colocava de joelhos a seus pés, suplicante, e uma piedade por aquele homem de 37 anos (dez anos mais velho que ela), já um pouco encorpado e com os cabelos ameaçando rarear. Sua sensualidade difusa, pouco consciente de si, fora tocada, mas ainda não entendia como tirar prazer daquelas violências. No entanto, ela aceitava por inteiro aquele homem eminente que se dava ao trabalho de falar com ela, de ouvi-la, como ninguém nunca fizera. Ela o aceitou como o destino, como o inelutável. Ela não lhe pediu nada – apenas a liberdade para seu país. Ela aceitou a águia e o pardal que vieram comer em sua mão, e a longa ferida incurável do amor de ter sido escolhida pelo vencedor da Europa no auge da glória.

Para Napoleão, a partir daquele momento, a sorte estava lançada – pelo menos era o que ele pensava: restava-lhe apenas exibir a amante polonesa, alojada em um apartamento privado do palácio Zamek, e fazer dela um agradável agente de ligação aos patriotas daquele país que esperava demais dele. Ao partir, no dia 29 de janeiro, "confiou-lhe uma espécie de missão oficiosa: ela iria a Viena com a mãe e exporia nos salões a certeza de que a França nunca tiraria a Galícia polonesa da coroa da Áustria a fim de tranquilizar Metternich, cuja neutralidade continuava incerta".[14]

Alguns dias depois, prostrado em seu quarto da fazenda de Eylau, as narinas nauseadas pelo cheiro de cadáver no ar, o imperador pensava com amargura na ilusão que havia sido sua aventura com "Marie" (era assim que chamava Maria Walewska). Tudo o oprimia, o terror da derrota, o horror da vitória: nos dois casos, o desastre dos campos de batalha cheios de cadáveres. Fechado por seis semanas no gélido gabinete de Ordenschloss, sumiu momentaneamente de cena. Ele sabia que não faria o reino da Polônia renascer. O que restava dos sonhos que ele perseguia na idade de Marie, quando, jovem de dezenove anos, esperava com fervor, como ela, a primavera dos povos e a libertação de sua pátria – em 1788, longe dali, sob as laranjeiras e as oliveiras de Les Milelli? O que lhe restava esperar?

No vazio daquele tormento, a jovem aristocrata polonesa assombrava-o como um remorso e o distraía. Ela não seria o Amor em pessoa, um amor no qual ele não acreditava mais, uma mulher sobre a qual seria possível dizer, como ele escreveria ao irmão em 13 de dezembro de 1800, que "sua alma é tão bela quanto seu rosto"?[15] Quanto mais ele pensava em seus gestos e discursos inflamados sobre seu país mártir, mais ficava maravilhado. Deveria deixar-se levar por aquela fraqueza? No dia 9 de fevereiro, escreveu a Marie:

> A batalha durou dois dias e nos vimos senhores do terreno. Meu coração está contigo; se dependesse dele, serias cidadã de um país livre. Sofres como eu por nosso afastamento? Tenho o direito de pensar que sim; é tão verdade que desejo que voltes a Varsóvia ou a teu castelo, estás longe demais de mim. Ame-me, minha doce Marie, e tenha fé em teu N.[16]

Mas ele não era fraco de todo modo? Os poloneses pensavam que bastava estalar os dedos para fazer um país renascer? Acreditavam que um único homem poderia decretar a liberdade de todos os outros? O poder que ele personificava não seria, no fundo, escravo das circunstâncias? O que ele era, senão o árbitro de um jogo de forças que o ultrapassavam e condenavam a promessas vãs, quando afirmava favorecer os interesses dos povos? Que os poloneses parassem de ser esmagados pelos austríacos, pelos russos, pelos prussianos: sim. Mas como fazer, olhando o mapa, para garantir a independência desse reino convicto das ideias liberais contra o apetite dos impérios autocratas e das velhas monarquias que o rodeavam? A única solução não era tentar colocar o conjunto da Europa sob o jugo de uma única nação – o Império do Ocidente, garantindo os direitos dos povos e dos indivíduos, levando a eles a legislação do Código Napoleônico? Seria preciso resignar-se a lutar até a morte?

Aquele cheiro de cadáveres... o trazia de volta, apesar do *ayaloudjin* – que mandava queimar dia e noite...

Revisitado pela antiga melancolia que corroía seu estômago, vítima de uma total crise de incerteza que às vezes o invadia, sua "máquina parou":

> É, como diz o povo, *a fleuma*, uma inaptidão para qualquer trabalho, mesmo a qualquer divertimento, o repouso ao qual o cérebro sobrecarregado é obrigado por horas, como se, esgotado, ele não pudesse mais secretar seu pensamento. Então, sem nem mesmo sair de seu gabinete, ele vai, vem, vira, deita-se no canapé, dorme ou finge dormir, senta-se

na mesa de seu secretário, ou num dos braços da poltrona, balança-se, falando descompassadamente de seus projetos, de sua saúde, de suas manias, de seu passado. Esfrega as orelhas do secretário, bate suavemente em seu ombro ou bochechas, entediado de vê-lo continuando o trabalho. Ou então percorre as estantes da biblioteca, aprecia uns e outros volumes, detém-se em Corneille ou Voltaire, pega o volume, declama um monólogo – sobretudo de *A morte de César*. Ou, ainda, canta, com uma voz forte, em falsete. São fragmentos de romances, de óperas antigas, de *O adivinho da aldeia*, de bobagens sentimentais do *Almanach des Muses* e, quando seu espírito está sombrio, hinos da época da Revolução, estrofes do *Chant du départ*. Ele raramente acerta a melodia, repete por quinze minutos as mesmas palavras a plenos pulmões, com predileção para um romance do qual só sabe um verso: *Oui, c'en est fait, je me marie...*; depois de cansar, emenda no *Marat, du peuple vengeur...*, mas não conhece a continuação desse hino.[17]

Passou seis semanas inteiras viajando assim, ao redor de seu quarto, num impasse.

Quando se despedira de Joséphine em Mainz, no dia 28 de setembro de 1806, um estranho mal-estar o invadira; alguns médicos diziam que era epilepsia, mas ele acreditava tratar-se de um pressentimento, de um prelúdio da terrível incerteza que agora o siderava. No dia 2 de dezembro, escreveu à imperatriz: "Eu te amo e te desejo. As noites são longas sozinho".[18] Em 31 de dezembro, véspera do primeiro encontro com Maria Walewska, foi informado do nascimento de Charles-Léon, o filho que tivera com a dama de companhia de Caroline, Éléonore de La Plaigne. Depois disso, ficaria agitado pela ideia de divorciar-se para se casar com uma princesa europeia e misturar a nova dinastia ao sangue das monarquias antigas. Paparicado pelos poloneses ao longo de todo o mês de janeiro, passado no palácio Zamek, deixou esse desejo tomar forma e crescer... Foi quando outra paixão nasceu: seu amor por "Marie", a virtuosa, a casta patriota.

E então, de repente, no final do mês de março, uma iluminação: ele explicaria a Marie – ela era a mulher mais inteligente que ele havia conhecido; diria a ela: "Sou o mais escravo dos homens, obrigado a obedecer a um senhor que não tem coração: o cálculo dos acontecimentos e a natureza das coisas".[19] E ela compreenderia que era cedo demais para o renascimento da Polônia. Que ele precisava primeiro submeter a Europa inteira às novas leis. Sua decisão fora repentinamente tomada, sua casuística do poder fora definitivamente decidida. Ele não voltaria atrás.

Voltou a ser, e dessa vez para sempre, o imperador. Instalou-se em um castelo mais cômodo, mais aquecido: Finckenstein.

Ali, sua força voltou de repente: a força moral excepcional, forjada na melancolia, no retiro solitário absoluto onde às vezes se fechava e do qual poucos homens são capazes; mais uma vez, ela lhe foi útil.

Mas para pior.

Sua certeza tornou-se inabalável. Se era um escravo, era de sua "estrela". Ele precisava cumprir "as vontades do Destino": "Sinto-me levado a um alvo que não conheço. Quando o tiver atingido, bastará um átomo para me derrubar".[20] Ele se achava com razão em tudo e não tolerava nenhuma contestação. Ele obrigaria até mesmo o papa, por bem ou por mal, a reconhecer a justa dominação da Grande Nação, garantindo a todos a igualdade de direitos.

Os reis? Para tê-los nas mãos, se casaria com uma princesa de sangue real e o herdeiro que nasceria dessa união realizaria seu sistema de fusão.

A Polônia? Os russos seriam obrigados a aceitar a criação de um grão-ducado que seria anexado à Coroa da Saxônia e à Confederação do Reno, colocado sob seu protetorado. Não seria a independência, é verdade, mas um primeiro passo antes da vitória final, o apocalipse do mundo antigo em que ninguém precisaria de um "reino", nem mesmo constitucional.

Marie? Ela seria sua "esposa polonesa", o símbolo vivo de sua vontade de libertar os povos. Ela justamente acabara de pedir sua autorização para ir a seu encontro e apresentar-lhe seu irmão Teodor Laczynski e o general Zayonczek, que acabara de recrutar para ele seis mil poloneses[21]: ele aceitou recebê-los e decidiu manter a jovem a seu lado.

Maria Walewska não hesitou em dar início imediatamente a uma viagem perigosa para chegar ao quartel-general imperial: cinquenta léguas percorrendo "uma difícil região de florestas, lagos e pântanos, por estradas horríveis, em meio a movimentações de tropas".[22]

Na grande construção teutônica de Finckenstein, enquanto Marie, sempre discreta, lia em seu quarto, de onde não saía, ou fazia tapeçarias esperando a hora das refeições, que o imperador reservava para ela (dedicava-lhe pouquíssimo tempo), Napoleão demonstrava uma "energia milagrosa": "transtornado por um novo cataclismo de ideias"[23], ele se ocupava pessoalmente de tudo, "tanto passando instruções para a criação de uma cátedra no Collège de France quanto se intrometendo nas pequenas questões do Opéra, reorganizando o exército, enviando ordens a Dantzig e Varsóvia, fiscalizando os abastecimentos, concebendo novos planos militares e diplomáticos, recebendo os embaixadores da Pérsia e da Turquia, escrevendo mensagens gentis para Joséphine, passando tempo com Madame Walewska"[24], procurando nas cortes da Europa uma princesa com quem se casar. Inspirado por Marie, escreveu uma longa reflexão sobre a formação intelectual e moral das jovens moças da Legião de Honra; eis como todos deveriam ser: complacentes, dóceis com seus vencedores, unicamente preocupadas com a glória da pátria. No início de 1808, ele rabiscaria num pedaço de papel um belo retrato de Walewska: "Conheço tua vida até esse dia. Dela vem, em ti, essa singular mescla de independência, submissão, sensatez e leviandade, que te faz tão diferente de todas". Ele tinha grande consideração por essa mulher e entendia sua "independência" menos do que afirmava, assim como nunca teve uma ideia exata das aspirações democráticas que a Revolução havia despertado. Na verdade, era paradoxalmente seu instrumento: permitiria à jovem aristocrata polonesa desempenhar um papel político ao qual nenhuma mulher da época poderia aspirar sem ser rainha, se excetuarmos a excepcional Madame de Staël.

A fortaleza prussiana de Dantzig finalmente caiu nas mãos dos franceses: a rota para a Polônia estava aberta. Era chegado o momento de o Grande Exército retomar sua ofensiva contra os russos: Napoleão fez Marie voltar para suas terras e, debruçado sobre os mapas estendidos em uma grande mesa, elaborou um novo plano contra o czar.

Deixou Finckenstein no dia 6 de junho de 1807 e, no dia 12, estava novamente em Preussich-Eylau. Era o fim das ideias mórbidas: os mortos só precisavam esperar; os vivos, no fim das contas, não passavam de condenados à morte. Se fosse preciso sacrificar mais cinco mil homens, ele, Napoleão, deveria ter o sangue-frio necessário para sacrificá-los. Um bom negócio: aqueles, ao menos, não morreriam por nada, pois morreriam para a glória da Grande Nação. Ele escreveu a Marie uma carta imperiosa e ardente: "Tudo avança da maneira que previ; estamos no encalço do inimigo e a divisão polonesa está cheia de entusiasmo e coragem. Aproxima-se o dia de uma reunião que quero com todo o meu coração, quando poderemos viver um para o outro...".[25] Ele queria instalá-la em Paris assim que voltasse para as Tulherias.

Certa manhã, "fustigando e cortando o mato alto a golpes de chicote", perguntou a Berthier: "Que dia é hoje? – Dia 14 de junho, Sire. – Dia de Marengo, dia de vitória!".[26] À noite, quando foram informados da tomada de Kolberg, disse: "Eu hoje tomei tudo o que me detinha. Friedland [o nome da vitória do dia] equivalerá a Austerlitz, Iena e Marengo, cujo aniversário festejo".[27] "O imperador havia se transformado em um monarca de velha cepa que se atribuía tudo, que só falava de si", escreve Chateaubriand.[28]

A "esposa polonesa", única mulher com quem jamais aceitou falar de política, não tinha envergadura para fazê-lo entender que a liberdade da Europa não seria obtida a preço de despotismo ou de 3,5 milhões de mortos das chamadas guerras napoleônicas. Cegada por seu ódio aos russos, ela se sabia subjugada e aceitava sua derrota. Mesmo assim, insistiria em repetir-lhe, até a queda, a pequena cantilena da liberdade da Polônia: "És uma respondona", ele lhe escreveria em 14 de janeiro de 1809. Em 27 de julho de 1807, terminaria a carta que lhe escrevia de Saint-Cloud de maneira menos calorosa: "Adeus, minha doce amiga, virás a meu encontro. Será em breve, quando os negócios me permitirem a liberdade de te chamar. Acredite em minha inalterável afeição".

Maria Walewska não passava de mais um graveto que alimentara o fogo de poder que o queimava por dentro. O amor não teria "força verdadeira" sobre aquele "homem da morte".[29] Dali em diante, ele "seguirá até ter conquistado a última coroa, que determina o valor de todas as outras, a coroa da desgraça".[30]

No dia 25 de junho de 1807, Napoleão se encontrou com o czar Alexandre numa jangada no meio do rio Neman. Em 9 de julho, o tratado de Tilsit foi assinado: franceses e russos aliaram-se provisoriamente para dividir o mundo; na linha de mira, a potência britânica. O czar aceitou associar-se ao fechamento total do continente ao comércio inglês; as potências vencidas (Áustria, Prússia) e a Espanha, aliada da França e logo ocupada, foram obrigadas a participar do "bloqueio continental". As tergiversações de Portugal fizeram com que esse país fosse invadido pelas tropas de Junot em 21 de novembro de 1807. Napoleão deixou a Turquia aos russos, que reconheceram a Confederação do Reno, e se apropriou de duas penínsulas, a Ibérica e a Itálica. O grão-ducado de Varsóvia foi criado (22 de julho de 1807). O exército prussiano foi reduzido a 47 homens e a Prússia foi obrigada a reformas internas: autonomia das cidades e abolição da servidão. Era uma lembrança da missão revolucionária da Grande Nação, que havia desmentido furiosamente o escândalo do restabelecimento da escravidão em São Domingos em maio de 1802.*

---

* A escravidão havia sido abolida no dia 4 de fevereiro de 1794 pela Convenção montanhesa; Napoleão abolirá o tráfico de escravos em 1815, alinhando-se com o Congresso de Viena; a escravidão será abolida em definitivo na França em 1848, sob o impulso de Victor Schoelcher. São Domingos se tornará independente, com o nome de Haiti, em 1º de janeiro de 1804.

Era evidente que, uma vez realizado esse plano, bastaria a Napoleão, que se tornaria o senhor do continente até o rio Neman, voltar-se contra a Rússia e, por fim, vencer o inimigo absoluto, a Inglaterra.

Talleyrand, hostil à aliança com os russos, cansado de ser um ministro das Relações Exteriores "sem emprego", pediu dispensa de suas funções no dia 9 de agosto de 1807. Em setembro de 1808, em Erfurt, sabotou o encontro que o imperador teve com Alexandre, avisando o czar de que Napoleão só pensava em servir-se dele para enfraquecê-lo. A partir daquele momento, ele seria, ao lado de Fouché, com quem se aliou em 20 de dezembro de 1808, um dos artífices mais ferrenhos da queda de Napoleão e do retorno dos Bourbon.

Esses dois antigos membros da Convenção se tornariam os porta-vozes da burguesia revolucionária exasperada com a reinserção da antiga aristocracia e a instauração da nobreza do Império: temendo o retorno do feudalismo, "a partir de 1808, muitos denunciam em privado o despotismo imperial".[31] A destituição dos Bourbon de Nápoles, substituídos por Joseph em 1805, e depois a invasão e a partilha de Portugal, em outubro de 1807, haviam alarmado os notáveis, favoráveis à paz e pouco convencidos da necessidade das conquistas imperiais, que só serviam aos interesses da família Bonaparte. Eles entenderam menos ainda o sequestro da coroa espanhola, operado em condições dúbias em Baiona, em maio de 1808, graças a uma situação insurrecional.* Joseph, substituído por Murat em Nápoles, tornara-se rei da Espanha. Em 2 de maio de 1808, os espanhóis deram início a uma primeira revolta (imortalizada por Goya**) contra as pretensões francesas; ela

---

* O primeiro-ministro Godoy, que detinha o poder real de Carlos IV, obrigou o soberano a prender seu filho, o que levou aos primeiros motins de 17 de março de 1808. Napoleão convocou pai e filho em Baiona para servir de árbitro no conflito, provocando "a exasperação do sentimento nacional", pois os espanhóis não entendiam por que seus assuntos podiam ser regulados pelo francês (Tulard, p. 335-339).

** O *Dos de mayo* e o *Tres de mayo* (1814). A revolta visava a impedir a partida para Baiona do infante Francisco de Paula, último membro da família real ainda em Madri.

foi duramente reprimida e fez trezentos mortos. As tropas francesas conheceriam "o sol da Andaluzia, as palmeiras do Guadalquivir" e, "nas montanhas, as guerrilhas seminuas".[32] Revoltosos maltrapilhos resistiam aos franceses aguerridos, mas pouco preparados para aquele tipo de combate: os guerrilheiros foram vencedores em Bailén, em 22 de julho de 1808, provando à Europa que o Grande Exército não era invencível. Wellington desembarcou no dia 31 de julho de 1808, perto de Lisboa, e no dia 30 de agosto Napoleão decidiu desocupar Portugal.

Ele saiu de Paris no dia 29 de outubro de 1808 e, assim que chegou à Espanha, deparou-se com a insubordinação de seus soldados: foi obrigado a descer do cavalo na passagem da Sierra de Guadarrama para dar o exemplo e obrigar as tropas a avançar. No entanto, regressou a Paris no dia 3 de janeiro de 1809 convencido de ter conduzido o exército à vitória. Total erro de avaliação: custosa em capital e em homens, a guerra da Espanha chegaria ao fim para benefício da Inglaterra; as tropas francesas precisariam evacuar a península depois da derrota de Vitória, em 21 de junho de 1813.

A burguesia dos negócios havia desaprovado o que Stendhal chamava de "repugnantes questões da Espanha"[33] porque não podia esperar delas "nenhuma vantagem econômica".[34] O casamento de Napoleão com a filha do imperador da Áustria, Marie Louise, no dia 2 de abril de 1810, as crises econômicas de 1810 e 1813, e depois, coroando o todo, o desastre da campanha da Rússia consumaram a ruptura e privaram o regime napoleônico daquela que havia sido a sua base social.

A fusão com os aristocratas tampouco funcionava: a antiga nobreza católica ficara irritada com a anexação dos Estados Pontificais em 17 de maio de 1809 (Pio VII havia respondido com uma bula de excomunhão, no dia 18 de junho), e mais ainda com o sequestro do papa em 6 de julho, seguido de seu encarceramento (em Savona, até 1812, depois em Fontainebleau, até 1814). Dessa queda de braço com o papado romano, Napoleão sairia vencido.*

Junto ao povo, as aventuras do papa eram consideradas uma distração, porém o recrutamento militar era cada vez mais mal recebido: ninguém via as guerras imperais como guerras revolucionárias; os mais ricos pagavam substitutos para escapar do alistamento obrigatório e os pobres chegavam a se mutilar; ao final do Império, bandos de refratários passariam para a clandestinidade e semeariam o terror. Napoleão não era mais o Pequeno Caporal saído do povo; ele se tornara o "Ogro".

Ele não hesitou em ser um devorador de homens: em Friedland, havia ordenado que Ney atacasse "sem preocupar-se com as perdas".[35] Ele passara a contar mais com o número e a potência de fogo do que com o efeito surpresa ou os ardis aos quais o inimigo já se habituara e neutralizava: "Não obtínhamos mais sucessos sem que a veia francesa fosse amplamente aberta", resumiu Chateaubriand.[36] As guerras napoleônicas, primeiras "guerras totais", indubitavelmente abriram o caminho para o horror dos dois conflitos mundiais do século XX, alguns disseram. Quanto a Napoleão, ele se proibia qualquer sentimento, convencido de que "a frieza é a maior qualidade de um homem destinado a comandar".[37] Bastaria acrescentar o seguinte comentário do autor das *Memórias de além-túmulo*: "Se a virtude militar ensina algumas virtudes, ela enfraquece várias outras: o soldado humano demais não conseguiria cumprir seu dever; a visão do sangue e das lágrimas, os sofrimentos, os gritos de dor, interrompendo-o a cada passo, destruiriam dentro dele aquilo que faz os César, raça que, no fim das contas, dispensaríamos de bom grado".[38]

---

* Napoleão arrancou do papa a abdicação de sua soberania temporal na Concordata de Fontainebleau (25 de janeiro de 1813) e projetava instalá-lo na Île de la Cité, mas Pio VII se retratou em 24 de março de 1813. Ao imperador, que alternava lisonjas e ameaças, ele respondeu *"Commediante! Tragediante"*. Em 19 de janeiro de 1814, Napoleão, prestes a ser derrotado, foi obrigado a restituir os Estados Papais ao papa.

A quinta coalizão, formada em 9 de abril de 1809 por Inglaterra, Áustria e Espanha, obrigou o imperador a uma guerra que ele sabia que seria mal recebida na França. Em 10 de abril, a Baviera foi invadida pelas tropas austríacas: o escritor romântico Schlegel* escreveu um apelo à "nação alemã": "Combatamos para devolver à Alemanha sua independência e sua honra nacional".[39] "As nações começavam os levantes; elas anunciavam a Bonaparte inimigos mais poderosos que os reis."[40] Mesmo assim, as vitórias se acumulavam: Thann, Abensberg, Landshut, Eckmül, Regensburg, onde Napoleão foi ferido no pé. Em 13 de maio de 1809, ele voltou para Viena, onde a recepção foi glacial; a resistência encontrada em Essling surpreendeu os franceses, ao passo que na Alemanha eclodiam movimentos insurrecionais: "Do Tirol ao Báltico, despertava uma nova força da qual o filósofo Fichte se fez o porta-voz em seus catorze discursos à Nação alemã".**[41] No dia 14 de junho, porém, o exército da Itália, comandado pelo príncipe Eugène, uniu-se às tropas de Napoleão e, no dia 6 de julho, o Grande Exército obrigou o arquiduque Carlos a se curvar na Morávia: novamente em posição difícil em Znaim, os austríacos pediram um armistício no dia 12.

O imperador, voltando ao castelo de Schönbrunn, onde se instalou em 5 de junho de 1809, negociou a paz (assinada em 14 de outubro de 1809) e impôs a Francisco I da Áustria condições rigorosas (denunciadas por Talleyrand). Metternich, o brilhante ministro austríaco, compreendendo que uma aproximação da França aceleraria a ruptura de Napoleão com a Rússia, conseguiu fazer com que os Habsburgo aceitassem um mau casamento: conceder ao Cromwell francês a mão da filha mais velha de Francisco I da Áustria. Encantado por introduzir em sua família aquela "filha de Césares", que faria de seu filho um herdeiro do extinto Sacro Império Romano Germânico, Napoleão pediu oficialmente a mão de Marie

---

* Um dos fundadores do Círculo de Iena e do "romantismo" alemão.

** Filósofo da intersubjetividade e do idealismo transcendental, fundador da filosofia da educação moderna.

Louise no dia 6 de janeiro de 1810: a sobrinha-neta de Maria Antonieta* lhe seria concedida no dia seguinte. Ela faria dele, por aliança, o sobrinho-neto do rei decapitado pela Revolução.

Nem por isso ele deixou de levar Maria Walewska, a "esposa polonesa", para o castelo de Schönbrunn: ela não o via há dezesseis meses.

No outono de 1807, Joséphine, inquieta com a aventura polonesa da qual fora informada, apresentara um corta-fogo na pessoa de uma bela genovesa, Carlotta Gazzani, uma de suas leitoras: Napoleão se deixara tentar, sem atribuir importância alguma ao caso. Em janeiro de 1808, pedira a Teodor Laczynski que trouxesse Marie a Paris: ele ia de tempos em tempos, à noite, visitá-la na casa do irmão no Quai Voltaire. Contudo, o imperador partira para Baiona em 1º de abril de 1808 e Walewska voltara para as terras familiares em Kiernozia, onde, separada do marido desde a sua estada no palácio Zamek, em janeiro de 1807, vivia com a mãe.

Ao ser informada, em abril de 1809, de que Varsóvia fora tomada pelos austríacos, ela seguiu até o quartel-general polonês, em Thorn, onde censurou violentamente Poniatowski por sua incapacidade.[42] Mas a entrada de Napoleão na Áustria salvou o grão-ducado e o inimigo retrocedeu nas fronteiras: Maria enviou a Napoleão "verdadeiros relatórios aos quais ele responde de Viena por duas vezes com conselhos políticos".[43] Depois da vitória de Wagram, ele solicitou sua presença em Schönbrunn, onde colocou à sua disposição um aposento do castelo.

Foi ali que o filho deles, Alexandre Walewski, foi concebido. Durante as longas caminhadas que faziam pelos campos vienenses, o imperador regozijava-se do novo estado de Marie, mas a pressionava a voltar à Polônia; de seu lado, uma pesada tarefa o aguardava ao retornar à França: convencer Joséphine da necessidade do divórcio e preparar seu casamento imperial com Marie Louise... negociações delicadas que a presença de Marie em Paris, grávida, poderia colocar em risco.

---

* Maria Antonieta era irmã de Leopoldo II, pai de Francisco I da Áustria, de quem Marie Louise era a filha mais velha.

Ao voltar a Malmaison, ele anunciou sua decisão de divorciar-se de Joséphine no dia 30 de novembro e, no dia 14 de dezembro, a dissolução do casamento por consentimento mútuo foi pronunciada. No dia 25 de dezembro, jantou pela última vez com ela na presença de Hortense. Joséphine morreria de pneumonia em Malmaison no dia 29 de maio de 1814.*

Napoleão, de resto, distraía-se de suas preocupações matrimoniais com "uma jovem pessoa do séquito de Pauline, Christine de Mathis, que o fascinava com perfeito coquetismo", quando voltou para Paris no outono: "Existem 34 bilhetes de Napoleão à sua irmã Pauline, escritos entre novembro de 1809 e fevereiro de 1810, nos quais todas as nuanças da inquietude, da febre ou do ressentimento são expressas dia após dia, Pauline sendo encarregada de convocar, repreender, transmitir suas mensagens à rebelde. E isso até a véspera da chegada de Marie Louise a Compiègne!".[44]

Maria, por sua vez, tomara a iniciativa de desobedecer ao imperador e instalou-se em Paris no mês de dezembro no número 2 da Rue de la Houssaye (atual Rue Taitbout). Seria por amor? Por medo de que seu filho nunca conhecesse o pai? Para "evitar o escândalo com que sua gravidez macularia os Walewski"? Ela fora enviada pelo governo polonês para obter garantias de Napoleão?

O imperador ia vê-la, mas raramente, e naquela época a ligação dos dois pareceu chegar ao fim. Sensualmente distraído com outras, com certeza colérico em relação à incompreensível independência manifestada por Walewska, exasperado pelas exigências dos poloneses, de quem Maria se fazia defensora, ele simulava interessar-se apenas pela chegada do próximo filho – que o nascimento do rei de Roma não o faria esquecer.

No início de março, Walewska recebeu uma carta do marido: ele queria que ela desse à luz em Walewice, em suas

---

* Algumas semanas antes, ela quisera mostrar seu jardim, que ela adorava, ao czar Alexandre I, que fora visitá-la. Ela havia encorajado a introdução de inúmeras espécies florais, e suas estufas abrigavam plantas subtropicais até então desconhecidas na França.

terras. Delicadeza pessoal, remorso por ter contribuído para a situação em que a esposa se encontrava ou ordens recebidas de cima? Talvez um pouco de cada coisa: Athanasius Walewski, que estava com 73 anos, acolheu dignamente a jovem mulher. Quando Alexandre nasceu, no dia 4 de maio de 1810, ele mesmo o anunciou ao padre: o menino – e, mais tarde, o homem maduro – sempre teria orgulho de seu nome, um dos mais prestigiosos da Polônia; Maria o ensinaria a ser digno daquele homem magnânimo e cavalheiresco, morto quando ele tinha cinco anos. Isso com certeza explica por que o jovem nunca se prevaleceu de sua filiação com o imperador, da qual sempre soube.

O pai real, por sua vez, foi informado do nascimento de Alexandre Walewski na Bélgica, durante sua viagem de núpcias: enviou ao filho rendas e dinheiro (vinte mil francos em ouro) e a Maria uma edição de Corneille. Estava começando a pagar: sinal de que não havia mais amor.

Maria voltou a viver com o irmão no palacete parisiense mobiliado com sobriedade. No dia 30 de dezembro de 1810, a condessa Potocka e Madame Walewska foram apresentadas ao imperador no aposento interno das Tulherias por Madame Luçay[45]: era o início de um reconhecimento oficial.

Napoleão visitou Maria duas vezes em meados de fevereiro de 1811, e ela teria, dizem, repelido suas tentativas, chamando-o de "Vossa Majestade". "O prazer do amor dura apenas um instante", cantava-se na época.[46]

Napoleón François Charles Joseph Bonaparte, príncipe imperial titular, rei de Roma, nasceu no dia 20 de março de 1811. O parto foi doloroso e muito demorado: o imperador em pessoa assistiu Marie Louise; contou isso no *Memorial*. Foi um momento importante para ele. O menino foi batizado no dia 9 de junho em Notre-Dame; ao fim da cerimônia, ele pegou o filho para apresentá-lo ao povo: "Uma súbita emoção o invadiu, um brilho de alegria e orgulho o transfigurou".[47]

Maria mudou-se para uma casa de campo em Boulogne, no número 7 da Rue de Montmorency, no dia 15 de abril, bem perto do castelo de Saint-Cloud*: seria para obedecer a uma exigência de Napoleão, que queria poder visitar o filho Alexandre (com frequência o faria vir ao meio-dia para almoçar com ele)? Mas ele teria visitado aquela casa? Não se sabe.

Dizem que Maria, quase sempre vestida de seda cinza ou com cores muito apagadas (que o imperador detestava), parecia estar de luto; só recebia os amigos do governo polonês de passagem por Paris.

As notícias da Polônia e da Rússia eram ruins: o imperador ocupou-se delas nos dias 26 e 27 de abril de 1811. Desde 1809, os russos vinham flexibilizando sua participação no bloqueio continental, queixando-se de que cânhamo, madeira, sebo, alcatrão, potássio, cobre e ferro não encontravam mais escoamento. No dia 31 de dezembro de 1810, um decreto do czar havia atingido os produtos de luxo francês – decreto justificado em uma carta a Napoleão, de março de 1811, pela "dificuldade extrema do comércio marítimo e a baixa assustadora do câmbio".[48] A Turquia, que o tratado de Tilsit atribuía quase toda aos russos, ainda não havia sido dividida. A criação do grão-ducado da Varsóvia, sua anexação da Galícia em 1809 (tratado de Viena), a anexação pelo Império francês do ducado de Oldenburg e das cidades hanseáticas que lhe garantiam o controle da Báltica faziam os russos temerem o ressurgimento de um reino da Polônia – que eles não queriam de jeito nenhum e contra o qual exigiam garantias que o imperador se recusava a dar. Em 1811, ambos os lados se preparavam para a guerra. Napoleão, perseguindo seu grande desígnio de dominação europeia (e talvez até asiática: alguns afirmam que ele queria avançar até a Índia)[49], mais uma vez não levou em conta as reticências de seu círculo (inclusive o militar) e a dos notáveis; o mercado russo, cuja perda já estava consumada, na verdade nunca tivera grandes escoamentos comerciais.

---

* O imperador lá ficaria de 20 de abril a 12 de maio, de 5 a 8 de junho, de 10 a 15 de junho, de 17 a 31 de junho, 6 e 7 de julho, de 24 de julho a 4 de agosto, 13 e 14 de agosto, de 15 a 22 de agosto, de 11 a 29 de novembro, de 20 de março a 9 de maio de 1812.

No dia 15 de agosto, nas Tulherias, na audiência diplomática depois da missa, ele teve uma cena violenta com o príncipe Kurakin, o embaixador da Rússia. Em 19 de dezembro, Barbier, seu bibliotecário, passou-lhe obras sobre a Rússia, a Lituânica, sobre as campanhas de Carlos XII à Polônia e à Rússia[50], e o gabinete topográfico desenhou os mapas da futura campanha. Em 25 de fevereiro de 1812, ele recebeu o coronel Tchernitchev no Élysée (onde havia se instalado no dia 15 de fevereiro). No dia 24 de abril, Kurakin recebeu de São Petersburgo um ultimato do czar. Em 3 de maio, o imperador enviou a Alexandre uma carta amável, mas firme, antedatada do dia 25 de abril.[51]

Em 5 de maio, quatro dias antes de sua partida para Dresden, Napoleão recebeu Maria Walewska no gabinete dos fundos nas Tulherias no fim da tarde: como sempre, começaram falando apenas de política. A guerra contra a Rússia era iminente (os preparativos para a guerra teriam permanecido em segredo)? Se ganhasse a guerra contra os russos, o imperador finalmente concederia a independência à Polônia? Em vez de responder, Napoleão pediu a Maria que fosse imediatamente ao encontro de Poniatowski em Varsóvia: ela deveria passar-lhe instruções precisas sobre a mobilização de seu exército. Ao fim do encontro, ele estendeu à jovem mulher um pergaminho enrolado que tirou da escrivaninha: "Por decreto imperial, Alexandre Walewski foi dotado de 69 arrendamentos e lotes pertencentes à Coroa da França no reino de Nápoles. Até sua maioridade, Maria Walewska receberá a quantia que se eleva a 170 mil francos por ano. Depois disso, seu filho lhe passará uma pensão vitalícia de cinquenta mil francos. Se essas quantias forem convertidas para a moeda corrente, para nossa estimativa, trata-se de uma fortuna considerável que ele proporcionou à mãe e ao filho".[52]

No dia 9 de junho de 1812, de Dantzig, Napoleão escreveu a Marie Louise: "Apesar de minhas ocupações e do cansaço, sinto que algo está me faltando: o doce hábito de vê-la várias vezes por dia"[53]; e lamentou que ela não estivesse novamente grávida, como lhe haviam feito esperar. Ele apreciava o justo valor daquela dócil* flor de estufa, nova e agradável, e como "mercadoria política"[54] (a expressão é dele); entregue pela Áustria depois de Wagram, ela lhe parecia uma sólida garantia de sua aliança com Viena. Ele logo se desencantaria, mas do "abismo coberto de flores", do qual ele se queixaria no *Memorial*, por enquanto só via as flores:

> Ele tinha dentro de si sentimentos bastante burgueses a respeito das alianças: "A Áustria havia se tornado minha família; no entanto, aquele casamento foi minha perdição. Se não tivesse me acreditado tranquilo e mesmo apoiado nesse ponto, teria retardado por três anos a ressurreição da Polônia, teria esperado que a Espanha estivesse submissa e pacificada. Ousei colocar o pé num abismo coberto de flores...".[55]

Em junho, a sexta e fatal coalizão contra a França foi formada pela aliança da Rússia e da Inglaterra, que logo se uniriam à Áustria, à Prússia, à Suécia e a alguns estados alemães.

No dia 22 de junho de 1812, da Polônia, Napoleão declarou guerra à Rússia e fez a seguinte proclamação a seus soldados:

> Soldados, a segunda guerra da Polônia começou; a primeira terminou em Tilsit. Em Tilsit, a Rússia jurou aliança eterna com a França e guerra à Inglaterra. Ela hoje violou seu juramento [...]. Avancemos; cruzemos o Neman; levemos a guerra a seu território. A segunda guerra da Polônia será gloriosa para os exércitos franceses, como a primeira.[56]

Na quarta-feira, 24 de junho, o imperador atravessou o Neman no cavalo Friedland cantarolando "*Malbrough s'en va-t-en guerre*". Ele tinha certeza de que estaria de volta às Tulherias em três meses: tudo estaria decidido, pensava ele, depois que tivesse tomado "Moscou, a santa". Os 675 mil

---

* "O imperador perguntou-lhe que instruções ela havia recebido de seus avós. Ser dele totalmente e obedecer-lhe em todas as coisas foi sua resposta" (*Memorial*, p. 233; ver também *Memorial*, p. 1278).

homens que ele reuniu, suíços, poloneses, italianos, belgas, holandeses, prussianos e austríacos, toda a Europa dominada pelo Império francês, desfilaram sob seus olhos durante três dias para cruzar o imenso rio, fronteira natural entre a Polônia e a Rússia. Como duvidar do sucesso com um exército tão superior em número?

Em Vilna (Vilnius), ele parou por bastante tempo (de 28 de junho a 16 de julho): "Permanência longa demais que traria consequências fatais para a campanha", explicou Jean Tulard.[57] Os franceses entraram na cidade sem maiores dificuldades, mas os russos queimaram tudo – farinha, forragem, roupas – e atiraram as armas no rio. Nova grande crise de indecisão: Napoleão esperava um sinal de paz de Alexandre em resposta a suas propostas inadmissíveis. Ele estava decepcionado com a frieza da acolhida dos habitantes daquela cidade do antigo reino da Polônia. Deveria abrir mão do grão-ducado da Varsóvia para evitar uma guerra que seus próximos receavam? Deveria penetrar mais além naquele imenso território onde logo faltaria de tudo ao exército, atrás de um exército russo fantasma que evitava o combate e praticava a política da terra arrasada? Ele acertara em mandar embora os emissários dos camponeses russos revoltados contra o czar (a servidão não seria abolida na Rússia apenas em 1861)?

No entanto, aceitou receber Marie, que lhe apresentou uma delegação da Dieta polonesa, mas recusou-se a prometer a independência em caso de vitória.

Maria Walewska havia conhecido outro homem em Vilna: Philippe Antoine d'Ornano, um jovem e esplêndido cavaleiro dos dragões, feito conde do Império em 1808 por seus feitos de armas e general de brigada na Espanha. Corso de Ajaccio, como o imperador, e remotamente aparentado a ele, embora quinze anos mais novo, ele havia cortejado com assiduidade a jovem em janeiro de 1807 – até que fosse escondida no fundo do palácio Zamek (os dois tinham 20 e 22 anos). O encontro de Vilna, porém, não foi mais livre que os primeiros e resumiu-se, ou quase, a uma troca de olhares. Maria temia indispor o imperador (nele o ciúme sobrevivia ao amor) e comprometer suas relações políticas com ele, tanto quanto a carreira do jovem. Além disso, continuava sendo a mulher do conde Walewski e estava religiosamente presa ao respeito que lhe devia. Ao voltar para Varsóvia, no entanto, de onde veria a chegada dos russos, não deixou de temer pela vida do jovem conde d'Ornano, sobre um fundo de preocupações mais amplas quanto ao destino da Polônia ao fim de uma guerra que se anunciava terrível. Dizia-se que o imperador caíra do cavalo alguns dias antes de chegar em Vilna e que sua saúde não estava boa: não era um bom augúrio.

Em Smolensk, no dia 17 de agosto, os franceses entraram numa cidade em cinzas. O verdadeiro embate entre os dois exércitos ocorreu no dia 7 de setembro, na Moskova, perto da aldeia de Borodino, a 123 quilômetros de Moscou. A dita Batalha da Moskova ou de Borodino foi a mais sangrenta das guerras napoleônicas: os russos perderam 42 mil combatentes de 112 mil; o Grande Exército perdeu 58 mil homens de 130 mil.

Tolstói, em sua obra-prima *Guerra e paz* (1865-1869), narrou as guerras napoleônicas e a "guerra patriótica" de 1812 sob o ponto de vista russo; o relato da Batalha de Borodino foi ocasião para o escritor meditar sobre o sentido desses grandes enfrentamentos armados: o que era o "poder", por exemplo, do comandante-chefe de um exército – suas ações eram livres? O que era uma "vitória militar": "Os acontecimentos são governados por leis em parte desconhecidas, em parte pressentidas por nós. A descoberta dessas leis só será possível quando desistirmos completamente de buscar as causas desses acontecimentos na vontade de um único homem", afirmou ele.[58] E ele fez do general Kutuzov, o generalíssimo das tropas russas, um anti-Napoleão e um duplo de si mesmo, sem ilusões sobre o poder, adepto dos princípios enunciados mais tarde pelo teórico militar Clausewitz*, oficial prussiano que passou para o serviço do czar, também presente na Ba-

---

* Teórico militar prussiano (1780-1831), autor de um importante tratado de estratégia militar, *De la guerre*, e de vários relatórios da campanha da Rússia.

talha de Moskova, que deixaria um relato sobre a campanha da Rússia demonstrando a superioridade da guerra defensiva lenta sobre a obsessão napoleônica da ofensiva rápida. No entanto, os russos não tinham adotado a política da terra arrasada "por cálculo"[59], mas por medo de enfrentar o Grande Exército, muito superior em número. Kutuzov, que em 1805 havia se oposto à decisão do estado-maior russo de combater em Austerlitz, decidiu combater Napoleão em Borodino: era preciso ao menos simular uma defesa de Moscou. Contra todo o bom-senso, explicou Tolstói:

> Se os grandes capitães se deixam guiar pela razão, Napoleão deveria ter visto claramente que, ao combater correndo o risco de perder um quarto de seu exército a duas mil verstas de suas bases, caminhava para uma catástrofe evidente; e devia ser igualmente claro para Kutukov que, ao aceitar o combate também com risco da perda de um quarto de seu exército [na verdade, mais de um terço], a queda de Moscou seria irremediável. [...] Dando início à Batalha de Borodino, Kutuzov e Napoleão agiram sem querer e absurdamente. Mas os historiadores descobriram nos fatos consumados provas sutis do gênio e da clarividência dos chefes que, de todos os instrumentos inconscientes dos acontecimentos mundiais, foram os mais dóceis, os menos conscientes.[60]

Terrível batalha, de resultado incerto, a respeito da qual historiadores russos e franceses enfrentam-se há dois séculos, descrita por Tolstói em *Guerra e paz*: "Nas atitudes e nos uniformes mais diversos, algumas dezenas de milhares de homens jaziam mortos nos campos e pradarias dos Davydov e dos camponeses da Coroa [...]. Num raio de uma dessiatina [pouco mais de um hectare] em volta dos postos de socorro, a terra e a grama estavam empapadas de sangue. Multidões aterrorizadas de soldados feridos ou ilesos de várias unidades caminhavam lentamente para a retaguarda, alguns voltavam para Mojaisk, outros para Valuievo. [...] Outros ficavam no local e continuavam a atirar. [...] Os soldados extenuados dos dois exércitos, privados de alimento e sono, começavam a se perguntar se deviam realmente continuar a massacrar uns aos outros, e essa hesitação marcava todos os rostos [...]. No entanto, apesar de a batalha estar chegando ao fim, apesar de terem sentido todo o horror de seus atos e terem se sentido felizes de parar, não se sabe que força incompreensível, misteriosa, continuava a dominá-los, e, molhados de suor, em meio a pólvora e sangue, os artilheiros sobreviventes, um a cada três, mesmo que titubeantes e ofegantes de cansaço, traziam as cargas de pólvora, carregavam, apontavam, acendiam a chama, sempre rápidos e cruéis, e reduziam a uma papa os corpos dos homens".[61]

Enquanto o jovem general de brigada D'Ornano, irreconhecível no meio do tumulto, "distinguiu-se", dizem, na Batalha de Moskova e tornou-se general de divisão, Napoleão, enfatizou Tolstói, foi de uma assustadora passividade:

> Amarelo, inchado, pesado, os olhos turvos, o nariz vermelho e a voz rouca, ele estava sentado em seu catre e, com os olhos baixos, ouvia distraidamente o barulho das detonações. Esperava angustiado o fim daquela ação da qual acreditava estar participando, mas que não podia parar. Um sentimento humano, íntimo, sobressaiu-se por um momento sobre a miragem daquela existência artificial, fantasmática, sobre a fria mecânica do poder à qual ele estava subjugado há tanto tempo. Ele revia os sofrimentos e a morte que tinha visto no campo de batalha. A cabeça pesada e o peito constrito lembravam-lhe que também podia sofrer e morrer. Naquele minuto, não desejava mais Moscou, nem a vitória nem a glória (de quanta glória ele precisava!); ele agora não desejava nada além de descanso, calma, liberdade.[62]

De fato, a inércia do imperador foi incompreensível e estupefaciente ao longo de quase toda a campanha da Rússia, e surpreendeu seus generais, quase totalmente entregues a si mesmos.

Na segunda-feira, 14 de setembro, do alto da Colina dos Pardais, o exército descobriu a "Moscou das cúpulas douradas... suas 295 igrejas, seus 1,5 mil castelos, suas casas cinzeladas, pintadas de amarelo, verde e rosa".[63] Por volta das quinze horas, o imperador entrou na cidade deserta e silenciosa, mas intacta, evacuada pelos russos, a quem concedera uma trégua; por volta das dezessete horas, em um belo albergue de madeira do bairro de Dorogomilov, pediu que lhe trouxessem os boiardos: "Não há boiardos, só restaram os pobres, que se escondem"[64]; e prisioneiros comuns, que o conde Rostopchine, governador de Moscou, havia mandado libertar antes de sair da cidade e que passavam discretamente de um prédio a outro, sem ninguém para surpreender o objetivo suspeito de sua febril atividade. No dia seguinte, o imperador se instalou no Kremlin. Às quatro horas, foi acordado porque o perigo tornara-se premente: a cidade inteira estava em chamas. Aproximando-se de uma janela da fortaleza de Ivan, o Grande, exclamou maravilhado: "Que decisão extraordinária! Que homens! São citas".[65] No *Memorial*, Las Cases o fez dizer: "Nunca, nem mesmo na poesia, todas as ficções do incêndio de Troia igualarão a realidade do de Moscou".[66]

Refugiado no Palácio Petrovsky por dois dias, a duas léguas de Moscou, de onde via toda a cidade, resfriado e sufocado, Napoleão contemplou o braseiro gigante. No dia 18 de setembro, de volta ao Kremlin, subiu lentamente os degraus da torre de Ivan, que havia descido três dias antes e, abatido, procurou onde pousar os olhos naquele mar de cinzas e madeira enegrecida. Por mais de um mês, até o dia 19 de outubro, ficou ali, tergiversando, sem encontrar a energia necessária para convencer seu estado-maior de marchar sobre Petersburgo, ainda à espera de um sinal de Alexandre para fazer a paz, resignando-se a passar o inverno na cidade incendiada, procurando distrair-se da horrível ideia de ficar prisioneiro naquela terra hostil, redigindo um regulamento para a Comédie-Française, pretendendo, com forçado bom humor, mandar trazer até ali cantores italianos. Repentinamente tomado de pânico, no dia 13 de outubro, porque um pouco de neve havia recoberto a cidade, decidiu-se pela retirada e, invadido por uma cólera violenta, decidiu explodir Moscou. Chateaubriand escreveu:

Durante 35 dias, como formidáveis dragões da África que adormecem depois de comer, ele se descuidou [...]. Por fim acordou, premido entre o inverno e uma capital incendiada; passou pelos escombros: era tarde demais; cem mil homens estavam condenados.[67]

Nada estaria perdido naquele momento se o inimigo o tivesse deixado pegar o caminho mais rápido, onde as terras ainda intocadas pela guerra teriam permitido um reabastecimento. Como aquele homem, que diziam genial, pode ter pensado sequer por um segundo que Kutuzov o deixaria partir da maneira que havia chegado, deixando-o passar pelo país e correndo-lhe atrás para se enfrentarem em algumas batalhas? "Deixem chegar a neve"[68], explicou o generalíssimo russo a seu estado-maior, que o pressionava a intervir. Ele se limitou, em Malojaroslawetz, no dia 24 de outubro, a obrigar Napoleão a pegar a estrada de Smolensk e Vilna, por onde este tinha vindo: coberta de cadáveres "desigualmente consumidos"[69], devastada pelos incêndios e pelas batalhas, essa rota condenou o que restava do Grande Exército, já dizimado pelas longas marchas forçadas, antes mesmo de combater.

O retorno foi um apocalipse, cuja "amplidão", diz Jean Tulard, "foi útil à lenda de Napoleão".[70] Chateaubriand, cujo admirável relato da retirada precisa ser lido na íntegra, escreveu:

> No dia 6 de novembro, o termômetro desceu para dezoito graus abaixo de zero; tudo desapareceu na brancura universal. Os soldados sem calçados sentiam seus pés morrerem; os dedos violáceos e endurecidos deixavam cair o mosquete, cujo toque queimava; os cabelos se eriçavam de geada, suas barbas, de seu hálito congelado; suas roupas ruins se tornavam um casaco de gelo. Ele caíam, a neve os cobria; eles formavam no solo pequenos sulcos à guisa de túmulos. Não se sabia mais de que lado os rios corriam; era preciso quebrar o gelo para saber para que lado seguir. Perdidas na amplidão, as diversas unidades faziam fogueiras para se chamarem e se reconhecerem [...]. Os pinheiros transformados em cristais

imóveis se erguiam aqui e ali, como candelabros para aquelas pompas fúnebres. Corvos e matilhas de cães brancos sem donos seguiam à distância aquela retirada de cadáveres.[71]

Kutuzov, devotado à estratégia de insistência, deixou seu exército descansar, e os cossacos impacientes perguntavam: "Deixaremos esses esqueletos saírem de seus túmulos?".[72] Os mujiques, armados de estacas, comprando por dois rublos os prisioneiros que matariam, convencidos de estarem expulsando o Anticristo, perseguiam a coluna, logo reduzida a cinquenta mil agonizantes.

Impassível e imóvel, o imperador não se expunha nos combates, recusava-se a ceder sua guarda e só se recompôs tarde demais em Krasnoi, depois de Smolensk, sob uma temperatura de menos trinta graus, abalado pela notícia chegada de Paris sobre a conspiração de Malet.* Foi na Batalha de Krasnoi, em 17 de novembro, que o general conde d'Ornano, derrubado por uma bala de canhão, foi dado como morto: "Seu auxiliar de campo, sr. De Laberge, enterrou-o sumariamente pela neve; depois, tomado de remorso, desenterrou-o e colocou-o no cavalo, levando ao quartel-general o que acreditava ser um cadáver. Ornano abriu então os olhos e, ressuscitado, levantou-se".[73]

Contudo, a passagem de Berezina foi uma hecatombe de soldados, mulheres e crianças: os "carregadores" que seguiam as tropas foram engolidos pelo gelo, esmagados entre os veículos. A batalha que se seguiu foi o último reverso proverbial da desastrosa campanha da Rússia, "um dos maiores desastres da História"[74]: em 16 de dezembro, seriam apenas dezoito mil homens a voltar pelo Neman.

No dia 5, Napoleão havia decidido abandonar o que restava de seu exército e voltar incógnito para Paris. A embaixada da França em Vilna havia avisado Maria Walewska de que ele

---

* No dia 22 de outubro de 1812, o general Malet se apresentou vestindo seu uniforme de general de brigada à caserna da Guarda Nacional Popincourt, anunciando a morte do imperador. Ele e seus cúmplices se preparavam para formar um governo provisório quando foram presos. Eles seriam fuzilados uma semana depois. O imperador se queixará em especial de que ninguém tenha pensado em gritar: "Napoleão está morto, viva Napoleão II!".

passaria a noite em sua casa; na noite do dia 10, os sinos de um trenó anunciaram sua presença: "Marie conduziu-o a seu quarto. Ele se deitou todo vestido; ela se sentou perto dele e ele adormeceu, a mão na sua. Ela ficou imóvel por várias horas, contemplando-o. Antes da aurora, Duroc foi acordá-lo. Após breves despedidas, Napoleão aconselhou Marie a não se expor aos excessos dos cossacos, a voltar para a França o mais rápido possível".[75]

A mão que Maria segurou naquela noite, com estupor, foi a de um grande boneco imóvel e mole: o envelope externo, como um pano gasto, do vencedor que ela havia amado, abatido pelos assassinos de seu pai. Ela pressentiu que ele não se reergueria.

Para ela, foi o fim de tudo. Os russos preparavam-se para retomar Varsóvia, sua esperança foi extinta e restava aquele homem deitado em sua cama, encorpado e envelhecido. Ela teria razões para odiá-lo: milhares, talvez milhões de homens, alguns fervorosos, muitos desesperados, haviam morrido para realizar seu grande objetivo orgulhoso de dominar tudo e libertar todos. Contudo, essa audácia e essa coragem agora se apagavam como marcas efêmeras sobre a areia das praias. O reino da Polônia não renasceria. Mesmo assim, ela não o odiava; sentia antes uma infinita ternura pelo antigo frenesi imperioso agora perdido naquela carne um pouco inchada, abandonada, que parecia dirigir-se somente a ela e que ela nunca poderia trair.

A "grande mecânica do poder" voltou a se apoderar do imperador assim que ele voltou para as Tulherias no dia 19 de dezembro de 1812. A Cambacérès, Rovigo, Clarke, Montalivet, Decrès e Cessac, ele declarou em meio à pompa luís-catorze de seu Grande Aposento:

> Estive em Moscou, pensei que assinaria a paz. Lá fiquei por tempo demais. Cometi um grande erro, mas terei como repará-lo.[76]

Sempre reparar, consolidar o grande totem imperial da força e do sucesso que o defendia da angústia e da fraqueza:

era este o potente motor psicológico que o fazia cometer todos os seus erros, bem como o mais fatal de todos, talvez o maior, o último.

Em 28 de fevereiro de 1813, a Prússia aliou-se à sexta coalizão anglo-russa: a campanha da Saxônia, que Chateaubriand chamou de "Campanha dos poetas", foi para os alemães aliados aos prussianos e aos russos uma "guerra de libertação". O renovado vigor das forças prusso-russas, alimentadas pelo sentimento nacional dos voluntários, surpreendeu Napoleão, mas ele os venceu em Weissenfeld (1º de maio), Lützen (2 de maio), Bautzen (20 de maio) e Wurschen (21 de maio); um armistício de dois meses foi assinado no dia 4 de junho de 1813, em Pleswitz.[77]

Foi quando ele tomou a decisão fatal; Metternich lhe comunicara, no dia 26 de junho, em Dresden, as condições colocadas pela Áustria para obter dos russos e dos prussianos a paz no continente: "Restituição da Prússia e extinção da Confederação do Reno".[78] As fronteiras "naturais" da França (Reno, Alpes) seriam respeitadas. Napoleão recusou: "Meu domínio não sobreviverá a mim no dia em que eu tiver cessado de ser forte e, consequentemente, de ser temido". "Erro psicológico, na medida em que a França, cansada da guerra, teria admitido a restituição das províncias ilírias e o abandono da causa polonesa", comentou Tulard.[79] Novo erro psicológico, no sentido de que o imperador obedecia mais a motivações psíquicas pessoais (acreditando escapar à "fraqueza": amargo paradoxo) do que a uma análise lúcida da situação geopolítica. No dia 27 de junho, a Áustria se aliou de fato à sexta coalizão; no dia 12 de agosto, ela entrou na guerra. Vencedor em Dresden no dia 28 de agosto, Napoleão precisou se retirar para Leipzig depois das derrotas de Vandamme em Kulm, de Macdonald em Katzbach, de Oudinot em Grossbeeren e de Ney em Dennewitz.

De 16 a 19 de outubro de 1813, a Europa coalizada (320 mil soldados) avançou sobre os 160 mil franceses na chamada Batalha das Nações. No dia 18, os saxões de Reynier e a cavalaria wurtemburguesa passaram para o lado inimigo.

"Sintomas de desencorajamento" apareceram no rosto do imperador, até então sereno. No dia 19, os aliados entraram em Leipzig.[80]

A Confederação do Reno se desfez, a Holanda se sublevou no dia 15 de novembro; na Itália, Murat, que havia pedido demissão de seu posto de comandante-chefe do Grande Exército depois da campanha da Rússia e voltara a ser rei de Nápoles, passou para o lado do inimigo no dia 17 de janeiro de 1814 e fez seus exércitos marcharem para o norte; Eugène, entalado entre os austríacos, que cruzaram os Alpes, e os exércitos napolitanos, saiu da Itália no dia 17 de abril de 1814. Para prejudicar Murat, Napoleão libertara o papa no dia 21 de janeiro: era tarde demais.

Em 4 de dezembro de 1813, os aliados fizeram uma nova proposta de paz que respeitava as fronteiras "naturais" da França: Reno, Alpes, Pirineus. Os deputados do Corpo Legislativo pronunciaram-se a favor da paz por 229 votos a 31; o imperador adiou aquela assembleia e reiterou a recusa de junho a Metternich. Os aliados cruzaram o Reno no final de dezembro, e a França conheceu os horrores de uma guerra que até então havia ocorrido fora de suas fronteiras. Duzentos e cinquenta mil homens reunidos no Aube enfrentaram os oitenta mil recrutas que Napoleão conseguiu reunir.

A Campanha da França foi sua obra-prima militar: "Sete combates em oito dias, todos vencidos"[81] (como Champleury no dia 10 de fevereiro, Montmirail no dia 11, Montereau no dia 18) e os aliados foram empurrados para o outro lado do Aube. Contudo, o antigo inimigo corso, Pozzo di Borgo, aliado do czar, animou o moral dos aliados e encorajou-os a marchar sobre Paris, enquanto eles se preparavam para recuar para Metz. No dia 31 de março de 1814, o czar e o rei da Prússia entraram em Paris.

Talleyrand formou, no dia 1º de abril, um governo provisório composto por dois de seus amigos e por dois homens de Luís XVIII. No dia 3 de abril, o Senado pronunciou a destituição de Napoleão I, culpado "de ter violado seu juramento e atentado contra os direitos dos povos, recrutando homens e subindo os impostos contrariamente às constituições". "A burguesia dos notáveis significou sua exoneração do posto de 'salvador'", comentou Jean Tulard.[82] No mesmo dia, em Fontainebleau, onde o imperador havia se refugiado, os sessenta mil homens que lhe restavam gritavam: "Para Paris!". Napoleão continuava esperando que a Áustria interviesse a seu favor "por consideração a Marie Louise".[83] Todavia, os marechais Ney, Berthier e Lefebvre recusaram-se a voltar a combater. Bonaparte abdicou no dia 4 em favor do rei de Roma e, obrigado a obedecer às exigências de Alexandre, assinou no dia 6, "a tez lívida, os cabelos emaranhados, as roupas em desordem"[84], uma abdicação sem condições que lhe garantia a soberania da ilha de Elba.

No dia 8 de abril, Napoleão começou a ser atormentado por ideias de suicídio. Pediu que Cambronne fosse "a Orléans com dois batalhões da guarda" e trouxesse a imperatriz; quando Cambronne chegou a Orléans, Marie Louise havia partido. Informado disso na noite de 12 para 13, o imperador decaído passou à ação: o veneno conservado no invólucro sob a roupa só conseguiu deixá-lo doente.

No dia 20, aceitou partir e, às onze e meia, despediu-se da guarda que o esperava na Cour du Cheval Blanc. Ele desceu a famosa escadaria de ferro do castelo a cavalo e encerrou seu discurso com as seguintes palavras:

> Não lamentem minha sorte; se aceitei perpetuar-me, foi para servir de novo a vossa glória; quero escrever as grandes coisas que fizemos juntos! Adeus, meus filhos! Gostaria de cingi-los todos contra o meu peito; beijo ao menos vossa bandeira!... [Beija a bandeira.]
> Adeus mais uma vez, meus velhos companheiros! Que esse último beijo passe para vossos corações![85]

É bastante difícil escrever o romance de sua própria vida – sobretudo quando decidimos que se trata de "perpetuar" a si mesmo. Será grande a tentação de acrescentar um último capítulo *in vivo* ao *Requiem in pace* que dirigimos a nós mesmos.

A soberania da ilha de Elba, onde desembarcou no dia 4 de maio de 1814, mergulhou Napoleão em outra soberania que ele havia tentado apagar: a de sua infância córsica, na qual seu corpo reinava como o mestre, num banho morno de cheiros familiares de cipreste e mirto. As folhas prateadas das oliveiras recortavam-se sobre o azul cintilante do mar, como se a eternidade tivesse sido encontrada. Era como uma brincadeira de outros tempos, uma realeza de carnaval, paradas liliputianas, bailes de máscaras de bonecas e missas de brincadeira. Estradas a serem abertas e cidades a serem construídas em miniatura, pequeníssimos impostos a serem recolhidos (24 mil francos) – não era preciso forçar nenhum contribuinte. Um minúsculo palácio de açúcar: Les Mulini. Política de férias, em suma. O sol indulgente. A sesta depois do almoço. A visita das mulheres: Pauline, Madame Mère... e depois Marie.

Maria Walewska havia sido recebida nas Tulherias ao voltar da Alemanha, depois da Batalha de Leipzig. Só haviam falado da ocupação russa da Polônia e de comunicações a serem restabelecidas com os membros do antigo governo do grão-ducado (Poniatowski morrera afogado depois da Batalha de Leipzig); a entrevista havia sido interrompida pela chegada do rei de Roma, de dois anos e meio. Cinco meses depois, depois da abdicação, Maria, acompanhada do filho Alexandre, esperara ser recebida uma tarde inteira e metade de uma noite no castelo de Fontainebleau. O imperador não queria receber ninguém: dessa vez, ela viera por ele, por seu filho, por ela. Quando finalmente decidiu recebê-la, ela havia partido. "Pobre mulher! Ela se pensará esquecida", ele deixaria escapar.[86]

Assim que foi informada do exílio na ilha de Elba, pediu permissão para ir saudá-lo: passou por Nápoles para tentar recuperar os bens dados pelo imperador ao filho deles, que Murat havia confiscado. E desembarcou na noite de 1º de setembro em Portoferraio, segundo as instruções recebidas, onde Bertrand a aguardava para conduzi-la à montanha, ao eremitério da Madona. À luz do amanhecer, ela viu Napoleão ir a seu encontro, sorridente e descontraído.

Pai e filho voltaram a se conhecer, e os três juntos subiram a pé o pequeno caminho que conduzia ao velho monastério; instalados em volta de uma mesa posta para eles sob as laranjeiras, contemplaram por bastante tempo o sol nascendo sobre o mar e sobre o contraforte das colinas. O lugar que ele havia escolhido para o encontro era de grande beleza. O dia passou com suaves conversas risonhas e rememorações dos bons e dos maus tempos: Maria, ao cair da noite, feliz como raramente havia sido, pensou que seria fácil reviver suas piores dificuldades se lhe concedessem mais um dia como aquele.

Dizem (o mameluco Ali) que Napoleão cedeu-lhe sua cela de monge para a noite e que dormiu sob uma tenda. No dia seguinte, quando acordou muito cedo, seu tom havia mudado e ele parecia muito nervoso. A política voltara à tona, e Maria ficou estupefata: ele anunciou-lhe sua intenção de tentar um desembarque na França na primavera seguinte... Lançando-se com excitação crescente a grandes explicações detalhadas, ele concluiu abruptamente declarando que ela não podia ficar por mais tempo e que devia partir naquela mesma noite, com a ajuda da escuridão: ele estava sem notícias de Marie Louise, a quem não cessava de pedir que viesse a seu encontro, e temia que a presença de Maria Walewska, se divulgada, desse-lhe uma razão suplementar para se esquivar. Reconquistar Paris, com o filho nos braços e acompanhado de sua real esposa austríaca, fazia parte de seus planos. Tendo voltado para Schönbrunn com o rei de Roma, a filha de Francisco I da Áustria se consolava da perda do título de imperatriz com Neipperg, que "Metternich havia atirado em seus braços".[87]

Ao longo de todo aquele dia encantador que havia passado com Maria Walewska, ele estava sendo secretamente movido (senão, como poderia ter suportado a felicidade?) pela febre de reconquista do poder que o invadia de novo.

Maria sentiu um vazio abrir-se em seu ventre, mas calou-se e chorou por ele; ela propôs, por despeito e por generosidade, ou talvez por piedade, restituir-lhe o colar de pérolas que ele lhe oferecera em Paris em 1808. Ele não aceitou e a chuva começou a cair, abundante, abrupta: a tempestade era ameaçadora. Napoleão não prestou atenção: o clima, nem mesmo o da Rússia, jamais influenciou sua conduta. Ele não devia estar, e também os que o cercavam, "acima dos acontecimentos"? Maria embarcou com o pequeno Alexandre, em plena noite, sob rajadas turbilhonantes de água escura.

Quando chegou a Paris, reencontrou o conde d'Ornano, que seu irmão havia convidado para jantar no dia de Natal de 1812. O ressuscitado de Krasnoi mostrara-se mais insistente que nunca e depois seguira para a campanha da Alemanha. No dia 12 de maio de 1813, enviara o seguinte bilhete:

> Minha profunda gratidão não vos é devida apenas por ter-me recebido com tanta graça encantadora, por ter-me dedicado vosso tempo: o sentimento que inspirais em mim me faz ser mais ainda vosso devedor. Nunca dividais aquele que me daria horas de inefável doçura, que me parecem proibidas de ser pedidas novamente... Esperarei...

Maria havia respondido no dia 20 de junho:

> [...] Também tive a melhor lembrança daquelas semanas. Elas selam nossa amizade. A elas devo vossa bela carta e o prazer que me proporciona a que vos escrevo.[88]

De volta a Paris, ao fim de 1813, ele visitara a jovem todos os dias e a havia encorajado a comprar um pequeno palacete particular no número 48 da Rue de la Victoire, bem ao lado da casa onde Napoleão havia conhecido Joséphine. Mas ainda se tratava apenas de amizade: ela continuava sendo a esposa de Walewski e não escondia o laço especial e profundo que a ligava a Napoleão. Em Fontainebleau, em 1814, depois de metade daquela noite de espera, havia sido Philippe d'Ornano quem a havia levado de volta à Rue de la Victoire, em sua carruagem, e secado suas lágrimas.

Ao voltar da ilha de Elba, porém, mais uma vez sacrificada à política, ela se considerou livre daquele amor. Pouco depois, seria informada de que o conde Athanasius Walewski acabara de morrer em suas terras de Walewice. Ornano aliara-se aos Bourbon e Maria lhe fez críticas violentas; ele foi além e a pediu em casamento. Ela trouxe-lhe imediatamente, no salão da Rue de la Victoire, todas as cartas e bilhetes íntimos que retraçavam seu laço passional com o imperador e exigiu que ele levasse tudo para ler em casa. Ornano obedeceu e voltou depois de alguns dias: manteve seu pedido. O casamento aconteceu em fevereiro de 1815.[89]

No domingo, 26 de fevereiro, Napoleão embarcou no *Inconstant* com setecentos homens. No dia 1º de março, às treze horas, o navio entrou no Golfe Juan. A tenda de Napoleão foi erguida numa pradaria cercada por oliveiras; dois velhos ofereceram-lhe um buquê de violetas.[90] Durante a travessia, ele havia dito a seus oficiais: "Chegarei a Paris sem dar um tiro".[91] Em sua cabeça, a passagem mais incrível do romance de sua vida já havia sido escrita, o último capítulo; ele relataria a Las Cases no *Memorial* "toda a magia do retorno de 20 de março"[92], o "sucesso mágico que o acompanhou e do qual ele dizia não haver duvidado por um instante sequer".[93] A partir de Sisteron (5 de março de 1815), a população – os operários e principalmente os camponeses – fazia-lhe uma acolhida triunfal. Em 7 de março, "por fim encontrou um primeiro batalhão. O oficial que o comandava se recusou a negociar: o imperador não hesitou; avançou sozinho, cem de seus granadeiros o seguiam à distância, com as armas abaixadas. A visão de Napoleão, de seu traje, em especial a pequena casaca cinza, deixou os soldados estupefatos, imobilizados. Ele marchou reto na direção de um veterano com o braço cheio de galões e, pegando-o rudemente pelo bigode, perguntou-lhe se ele teria coragem de matar seu imperador. O soldado, com os olhos molhados, colocando uma varinha no fuzil para mostrar que não estava carregado, respondeu-lhe: 'Tome, veja se eu poderia fazer-te algum mal: todos os outros estão assim'. E gritos de viva o imperador partiram de todos os lados. Napoleão ordenou ao batalhão uma meia-volta à direita, e todos marcharam na direção de Paris".[94]

A partir daquele momento, as deserções dos soldados multiplicaram-se e provocaram a dos estados-maiores, a princípio reticentes. O marechal Ney, enviado por Luís XVIII para interromper o avanço de Bonaparte, aliou-se a ele no dia 18 de março em Auxerre.

Na noite de 20 de março, aniversário do rei de Roma, Napoleão dormiu nas Tulherias. "Paris foi governada, naquele dia, de comum acordo pelo espírito da opinião pública e pelo impulso das afeições privadas." A cidade, "sem polícia, sem autoridades", "nunca esteve tão tranquila", conclui curiosamente o relato do *Memorial*.[95] Luís XVIII havia saído da capital à noite; se não tivesse feito isso, afirmou Chateaubriand, "a legitimidade poderia ter durado mais um século".[96]

Assombrosa cavalgada de vinte dias do Golfe Juan às Tulherias, em que Bonaparte, aos 45 anos, refez o mesmo caminho de seu regresso do Egito, um mês antes do 18 brumário!

Ali tinha início a segunda lenda de um Napoleão "liberal" que Las Cases se dedicaria a edificar em Santa Helena, a do "pai dos povos".

Na verdade o imperador, nos Cem Dias, estava longe de entender "a irresistível ascendência das ideias liberais", segundo a célebre máxima do *Memorial*, e recusava apoiar-se nas classes mais humildes para governar. Ele não conseguiu restabelecer a confiança dos notáveis, preocupados com a volta da guerra e com a manutenção da "hereditariedade dos pares" (isto é, da nobreza do Império).[97] Confiando ao liberal Benjamin Constant o cuidado de redigir uma nova Constituição, Napoleão limitou seu alcance ao batizar esses novos escritos, autenticamente liberais*, de "atos adicionais" (às Constituições do Império): o plebiscito foi um fracasso e, no dia 6 de junho, os deputados recusaram-se a prestar juramento de obediência à antiga Constituição modificada.

Restava a Napoleão apoiar-se em outra força política ascendente: o "quarto estado", o dos proletários e pequenos

---

* Redução do censo, responsabilidade dos ministros diante das Câmaras (Tulard, p. 431).

camponeses, que faria as jornadas revolucionárias de 1830, de 1848 e de 1870. No caminho de volta, os camponeses tinham sido os primeiros a aclamá-lo e a querer escoltá-lo: ele havia recusado; em Lyon, os operários das fábricas de seda o haviam ovacionado; no sudeste, um verdadeiro "surto revolucionário"[98] havia acompanhado sua subida até Paris.

No oeste, onde a Guerra da Vendeia ameaçava recomeçar (recomeçou, de fato, no dia 15 de maio), a fratura revolucionária entre patriotas e monarquistas havia ressuscitado e nascia a ideia de fundar uma nova Federação: os patriotas queriam tomar as armas para a "defesa da pátria e a manutenção da ordem". Napoleão havia reintegrado os guardas nacionais e enviado comissários para os departamentos. No dia 14 de maio, uma grande festa da Federação fez desfilar diante do imperador doze mil operários e guardas nacionais: "Aquilo cheirava furiosamente a República", escreveu uma testemunha.[99] Porém, o novo governo (exceto Carnot) temia as Federações e as mantinha à distância: "Não quero ser um rei da Jacquerie", resumiu Bonaparte, que temia a guerra civil e não se decidia a aliar-se com o que chamava de "a canalha".

Essa repulsa pelo povo vinha de longe – de sua experiência córsica, da noite de 10 de agosto e, mais recentemente, do ferimento mortal recebido durante a abdicação: as mesmas multidões que o haviam aclamado em seu retorno à Provence o haviam amaldiçoado aos gritos de "Abaixo o tirano, o velhaco, o patife", enquanto ele, escondido no fundo de uma carruagem apedrejada pela multidão, disfarçado de oficial austríaco e usando um manto russo, ia para a ilha de Elba.[100] Ele poderia ter dito, como Cromwell na peça de Hugo: "Sim! Esse povo numeroso, feliz, embriagado de amor,/ Que de meu elevado destino parecia um poderoso cúmplice,/ Não deixaria de aplaudir se eu estivesse indo para o suplício".[101] Seu medo da multidão linchadora e inconstante era visceral e estava acima de qualquer consideração: ele não confiaria nela.

A última chance de consolidar seu poder lhe escapou, portanto, por sua própria culpa, enquanto a sexta coalizão, novamente formada, a partir de 13 de março de 1815, colocava-o, numa declaração solene, "à margem das nações".[102]

Para Davout, ele esboçou um quadro lúcido de sua completa solidão:

> Vou falar-lhe de coração aberto, dizer-lhe tudo. Deixei e devo deixar acreditarem que ajo em comum acordo com meu sogro, o imperador da Áustria. Anunciam de todos os lados que a imperatriz está a caminho com o rei de Roma, que ela chegará de um momento a outro. A verdade é que não é nada disso; estou sozinho diante da Europa. Esta é minha situação.[103]

Maria Walewska visitou-o no Élysée, sempre acompanhada do filho Alexandre, logo antes de sua partida para a última batalha: ele já sabia que seu retorno estava fadado ao fracasso? Por que tentou seguir em frente se ao mesmo tempo se recusava a assumir as consequências políticas desse ato? Não se sabe se a jovem fez essas perguntas ao "eterno jogador" à sua frente, como diria Chateaubriand; no entanto, no mínimo desde seu retorno da Rússia, ela o sabia impelido por essa paixão do fracasso que, dizem, é a motivação secreta do jogo. O medo horrorizado do povo e de amar deviam-se definitivamente à mesma fantasia: ele havia desejado acima de tudo, tanto no amor quanto na política, tornar-se o senhor das imaginações, e esse amor imaginário e essa política imaginária, que todo despotismo definitivamente é, prefeririam a morte à realidade. Porque se tratava de colocar fora de todo alcance – sob o risco e o desejo de morrer, se deixasse de ser possível – aquilo que Freud chamaria mais tarde de Sua Majestade o Ego: como se sabe, essa divindade tem tudo a temer do "inferno dos outros" e da abnegação amorosa.

Em contrapartida, a morte gloriosa, a morte do guerreiro valoroso no campo de batalha, é uma apoteose.

Às oito e quinze da noite, no dia 18 de junho, ao sul da cidade de Waterloo, cercado pelos exércitos da sexta coalizão, esmagadores em número, cuja junção não pudera ser impedida, quando Napoleão lançou-se desesperado à batalha com os dois esquadrões de sua Velha Guarda, foi para morrer. Foi detido e levado para a Ferme du Caillou.

Com Las Cases, em Santa Helena, ele se perguntaria se não teria sido melhor ter morrido em Moscou ou Waterloo.[104]

Em 19 de junho de 1815, ao parar numa clareira perto de uma fogueira a caminho de Paris, ele chorou.

"O golpe que recebi é mortal"[105], explicou ele a Caulaincourt, no dia 21 de junho, no Élysée. O povo amontoado na frente do palácio o aclamava, "um único gesto bastaria", explicou Jean Tulard, "mas ele se recusou pela última vez a ser o 'imperador da canalha'".[106] O golpe de Estado parlamentar elaborado por Fouché confirmou seu sentimento de derrota.

Ele abdicaria pela segunda vez no dia 22 de junho, depois de um último discurso a seus ministros: Carnot, o velho revolucionário, único fiel, caiu em prantos.[107]

Davout pediu-lhe que se afastasse de Paris: ele se deixou convencer e instalou-se em Malmaison, assombrada pela falecida Joséphine e atual residência da rainha Hortense – primeiro sinal da passividade e da atonia tão características de sua atitude a partir daquele momento.

No dia 26 de junho, Marie e o filho o visitaram pela última vez. Ele recusou sua oferta de ser acompanhado no exílio; não queria colocá-los em perigo (a cavalaria prussiana aproximava-se) – e ainda esperava um sinal da imperatriz (esperaria até o fim e, em Santa Helena, se contentaria com as raras cartas ou presentes enviados de Viena, como o busto do rei de Roma: aquilo lhe bastaria para sustentar a piedosa mentira que contava para si mesmo e para a posteridade sobre ter tido uma mulher irrepreensível).

Ele sabia que Maria estava noiva, convencido de que aquele casamento não ocorreria porque mais uma vez ela estava ali com ele, fiel. Estava satisfeito, feliz por ela e por ele: poderia continuar mantendo na imaginação aquele amor fora do comum e consolar-se com ele por outras desilusões.

Ele seria informado em Santa Helena, no dia 18 de janeiro de 1817, pelos jornais, da notícia do casamento de Marie com o conde d'Ornano: seria celebrado no dia 17 de setembro de 1816 na Saint-Michel-et-Gudule de Bruxelas (a alguns quilômetros de Waterloo). Segundo Gourgaud, Napoleão comentara, então, num acesso de grosseria amargurada: "Ela é rica e deve ter reservas; além disso, dei muito para seus dois filhos".[108]

O casal se instalaria em Liège e, em 9 de junho de 1817, teria um filho: Rodolphe-Auguste. Contudo, a jovem não resistiria ao parto: prostrada por uma febre puerperal complicada por nefrite, morreria no dia 11 de dezembro na Rue de la Victoire, formulando o desejo de que seu coração fosse enterrado em Paris e seu corpo na Polônia. Tinha 31 anos.[109]

Sobrevivendo-lhe pouco mais de três anos, já bastante doente, Napoleão nunca mais pronunciaria seu nome: Marie havia morrido para ele no dia em que se casara com outro homem.*

---

* No entanto, em 1821, ele não esqueceria de seu filho Walewski no testamento, declarando temer que tivesse sido desfavorecido pela mãe em proveito de seus dois outros irmãos (os dois outros filhos de Maria Walewska); pensava que Marie ainda estava viva: aparentemente, ninguém o havia informado de sua morte.

Epílogo: o messias moderno da política

"Nada mais poderá destruir ou apagar os grandes princípios de nossa Revolução. Essas grandes e belas verdades precisam continuar para sempre, tanto as cobrimos de lustro, monumentos, prodígios [...]. Eis o tripé de onde sairá a luz do mundo. Elas o regerão; elas serão a fé, a religião, a moral de todos os povos, e essa época memorável estará ligada, não importa o que digam, à minha pessoa, porque no fim das contas fiz brilhar sua chama, consagrei seus princípios, e hoje a perseguição acabou de tornar-me seu Messias."

EMMANUEL DE LAS CASES
Memorial de Santa Helena[1]

Foi um homem que perpetuava a si mesmo que os ingleses detiveram ardilosamente na aurora do dia 15 de julho de 1815 em Île-d'Aix; Napoleão, vestindo o uniforme verde de coronel dos caçadores da Guarda e usando o pequeno chapéu de insígnia tricolor, subiu a bordo do navio *Bellérophon* e declarou ao capitão Maitland: "Vim colocar-me sob a proteção de vosso príncipe e de vossas leis".[2] Alguns dias antes, Savary e Las Cases pensavam ter obtido do oficial inglês garantias suficientes para que o imperador aceitasse pedir asilo à Inglaterra – sua velha inimiga, pelo menos desde Toulon. No entanto, ao subir no navio, Napoleão objetou ao oficial francês que queria acompanhá-lo: "Não, general Becker*, não devemos deixar que digam que a França me entregou aos ingleses".[3]

Ele teria consciência de estar se atirando na boca do lobo? Será que, lembrando-se do exílio de Pasquale Paoli ou do rei da Córsega, de fato confiava nos ingleses?

---

* Becker fora encarregado de conduzir Napoleão de Malmaison à Île-d'Aix.

No dia 25 de julho, os jornais anunciaram que o general Bonaparte seria enviado a Santa Helena, uma ilha perdida no meio do Atlântico sul que servia de base de abastecimento aos barcos da Companhia das Índias. A deportação seria oficializada no dia 31 de julho.

Napoleão declarou preferir a morte e conversou por muito tempo com Las Cases a respeito do suicídio:

> Meu caro, ele continuou, às vezes tenho vontade de deixar--vos, e isso não é muito difícil; basta deixar-se levar, e logo eu vos escaparia, tudo teria terminado, e iríeis para junto de vossa família. Ainda mais porque meus princípios pessoais não me perturbam; sou daqueles que acreditam que os sofrimentos do outro mundo foram imaginados como suplemento para os insuficientes atrativos que nos são apresentados.[4]

No dia 7 de agosto, diante de Torbay, ele foi transferido com seus companheiros de cativeiro a bordo do *Northumberland*, onde não lhe manifestaram nenhuma consideração; havia sido expressamente recomendado que só o chamassem de *general Bonaparte*.

A cólera seguiu-se à crise suicida e, conta Las Cases, "num momento de humor, o imperador dizia de maneira bastante enérgica (ou seja, bastante grosseira): 'Que me chamem como quiserem, não me impedirão de ser *eu*'".[5]

Nesse meio-tempo, Las Cases convenceu-o a "perpetuar-se" contando o romance de sua vida. Para não causar ciúme, Napoleão se dedicaria a fazer ditados sobre as diferentes épocas de sua vida a seus vários companheiros de viagem: o general Bertrand, o general Montholon, o general Gourgaud e Las Cases, antigo emigrado aliado do Império e referendário do Conselho de Estado.

Esse trabalho continuaria a manter a pequena tropa animada a bordo do *Northumberland* durante a longuíssima viagem de mais de dois meses (eles chegaram a Santa Helena no dia 16 de outubro de 1816) e depois em Longwood, na

residência onde Napoleão se instalou em dezembro de 1816*
e onde viveria por quatro longos anos de intermináveis dias
de tédio taciturno até a morte.

A obra mais notável, de longe, é a de Las Cases, o *Memorial*. Autor de um *Atlas* que Napoleão admirava, ele não se contentou em escrever sob seu ditado: queria, conforme sua própria explicação, fazer uma coletânea em que "houvesse de tudo" e onde "não houvesse nada", porque nela seria encontrado "um grande número de traços sobre as qualidades pessoais, as disposições naturais, o coração e a alma do homem extraordinário ao qual essa obra é dedicada; tanto que se tornará impossível a qualquer homem de boa-fé que busque a verdade não conseguir se fixar em seu caráter".[6]

Obra extraordinária, de fato, que pretendia nada menos que renovar o gênero do relato messiânico: porque é disso que se trata. Napoleão Bonaparte, transfigurado sob o nome eterno de "o imperador", que lhe fora recusado, opera sob nossos olhos sua transmutação em messias da política moderna.

Ele finalmente se tornaria, com a cumplicidade amorosa de Las Cases, seu melhor "apóstolo", o Ego imaginário que ele precisava ser. Por um golpe de gênio de autoria dos dois homens, "Napoleão confiscou para seu proveito as duas forças ascendentes do século XIX, o nacionalismo e o liberalismo"[7], aos quais poderíamos acrescentar o socialismo nascente** e o romantismo.

"Eu sou a Revolução", não cessava de proclamar o exilado de Santa Helena, e "eu represento as palavras mágicas de liberdade e igualdade"[8], que acabariam por triunfar.

Na verdade, prestidigitação ou "magia" – palavra que Las Cases e Napoleão repetem à exaustão. E cálculo político a curto e

---

* Depois de passar dois meses em uma residência provisória, o Pavillon des Briars.

** Os operários, submetidos ao desemprego e a condições de trabalho que pioraram sob a Restauração e sob Luís Filipe com o fim do artesanato e com a mecanização industrial, estavam nostálgicos do Império, considerado como a idade de ouro do pleno emprego, dos altos salários e do pão abundante a baixo preço (Tulard, p. 447).

longo prazo: seduzir os liberais ingleses com o objetivo de aliviar as condições de detenção draconianas de Napoleão; inventar o "bonapartismo" que disseminaria sua sombra imperial por toda a história política futura para além do Segundo Império: Jean Tulard lembrou o quanto, com obras como *L'Aiglon*, de Rostand, o personagem do imperador e as guerras napoleônicas seriam a referência maior do espírito de revanche que precipitaria a III República na carnificina de 1914-1918.[9] "Em breve não haverá nada de mais interessante na Europa do que fazer-me justiça"[10], profetizou Napoleão, e a profecia se realizou.

Cálculo, portanto, mas também infinita delicadeza do sensível Las Cases, verdadeiras qualidades literárias, apesar de uma composição bastante barroca, que hoje agrada a nosso gosto pela literatura pessoal. O *Memorial* encerra, como as *Memórias de além-túmulo*, dois retratos que se entrecruzam e duas temporalidades muito "modernas": a da escrita do diário dialogado no exílio – onde são ouvidas duas vozes, a do narrador e a de seu personagem glorioso – e a do duplo relato de vida paralela, a do obscuro aristocrata emigrado, Las Cases, e a do imperador – ambos saídos da Escola Militar de Paris...

Mesclando o sublime romântico à atenção quase materna por seu grande doente – Napoleão logo ficaria seriamente adoentado –, Las Cases contou a luta passo a passo contra a melancolia e a morte, cujo primeiro assalto ele havia vencido estimulando o desejo de narrar – o seu e o do imperador destituído, que no entanto lhe disse: "Nós já somos do outro mundo, conversamos nos Campos Elísios: o senhor é sem interesse, e eu, sem perigo".[11] Esse diálogo de mortos, tão hábil porque nos convence de estarmos lidando com dois espíritos desligados dos interesses deste mundo, é ao mesmo tempo, para além da intenção hagiográfica, um relato de terapia que quer "mostrar o homem a nu", "pegando a natureza em flagrante".[12] Las Cases ama tanto seu homem e é tão incansavelmente curioso a seu respeito que a sublimação romântica não lhe basta. Ele não deixa de colocá-lo em cena "num pedestal, no meio das ruínas"[13], mas a "ternura"[14] que sente o leva a uma profundidade em que cessam todos os pudores. Ele não recolhe as palavras apenas para a posteridade, mas toma nota de seus mínimos mal-estares, de cada um de seus humores ou do menor de seus resfriados, de seu regime alimentar e até mesmo de seus vômitos.

"Tendo restado apenas nós dois"[15], ele nos faz voyeurs das cenas mais íntimas e, em especial, dos banhos cada vez mais longos em que Napoleão tentava vencer sua terrível tristeza e os primeiros sintomas do câncer do estômago que o venceria. Podemos ter certeza de que nenhuma reportagem atual jamais atingirá o grau de indiscrição dessas cenas, em que se revela a crueldade canibal da veneração do grande homem, chegando ao cúmulo do refinamento: "Ele é bastante gordo, pouco peludo, a pele branca, e tem uma certa rotundidade que não é do nosso sexo, o que ele às vezes observa alegremente" (2 de abril de 1816).[16] Fetichista (o círculo de Napoleão não deixa de compartilhar os "restos do seu poder"), a idolatria política definitivamente se assemelha à paixão amorosa: ela insiste no corpo singular como enigma supremo.

O que é amar? Algum dia conhecemos aquele que amamos? Podemos julgá-lo? – pergunta-se Las Cases. E ele ouvia com avidez Napoleão responder-lhe, despojando-se com surpreendente humildade de sua carapaça racionalista: "Ainda dizem que, *quando conhecemos o caráter de um homem, temos a chave de sua conduta*; isso não é verdade: um sujeito comete uma má ação, mas é fundamentalmente um homem honesto; outro faz uma maldade sem ser mau. Porque quase nunca o homem age por ação natural de seu caráter, mas por uma paixão secreta do momento, escondida, oculta nos profundos recantos de seu coração. Outro erro é quando dizem que *o rosto é o espelho da alma*. Na verdade, o homem é muito difícil de ser conhecido e, para não se enganar, é preciso julgar apenas as suas ações [...]. Os homens não são nem geralmente bons, nem geralmente maus, mas eles possuem e exercem tudo o que há de bom e de ruim neste mundo; eis o princípio: depois, o temperamento, a educação e os acidentes fazem as utilizações. Fora disso, tudo é teoria, tudo é erro".[17] Seguimos aqui essa lição de apresentar um Napoleão nem bom nem ruim, grande e pequeno, e de julgar apenas as suas ações.

"Ele estava no banho", escreveu Las Cases no dia 3 de novembro de 1816. "Depois de alguns momentos de silêncio, como se despertasse e com um esforço para se distrair: 'Vamos, *minha irmã Dinarzade*'*, ele disse, se não dormires, conta-me uma dessas histórias que sabes tão bem. Faz tempo, meu caro, que não me contas de teus amigos do *faubourg* Saint-Germain; comecemos'."[18]

A morte, suspensa o máximo de tempo possível e mantida na expectativa pelo romance, no fim acaba sempre vencendo, como sabemos. A demissão de Las Cases pelo governador Hudson Lowe (personagem estranho, também tomado de paixão por seu prisioneiro, mas de uma paixão inteiramente negativa) aceleraria o progresso da doença. A bile negra, que os antigos teriam afirmado ser seu mal secreto, acabou de fato sendo vomitada por Napoleão. Saindo de sua prostração apenas para chamar o médico Antonmarchi de "grande velhaco" e "grande malandro"**, ele deu seus três últimos suspiros (segundo Bertrand) no dia 5 de maio de 1821 às 17h49.

No dia 15 de outubro de 1840, uma expedição ordenada por Luís Filipe levou as cinzas do mártir de Santa Helena para as margens do Sena. No dia 15 de dezembro, o caixão foi colocado, ao som do *Requiem* de Mozart, numa capela do Palácio dos Inválidos: um público prestigioso composto por todos os pintores, músicos, poetas e romancistas do romantismo francês ficou siderado tanto pelo frio daquele dia quanto pelas "forças do espírito" – como diria em sua despedida televisionada, muito mais perto de nós, um presidente agoni-

---

* A irmã de Scheherazade em *As mil e uma noites*.

** Napoleão estava convencido de que os médicos não entendiam nada de seu mal. Lembramos a citação de Tolstói (*Guerra e paz*, 2, p. 69): "Cada homem tem suas particularidades e sempre sofre de sua própria doença, singular, nova, complicada e ignorada pela medicina, e não de uma doença dos pulmões, do fígado, da pele, do coração, dos nervos etc., que a medicina classificou, mas de uma doença resultante de uma das inúmeras combinações das afecções desses órgãos". Tentamos aqui nos aproximar da singularidade psicofisiológica do homem Napoleão Bonaparte.

zante.* Nada se tornara mais premente do que fazer justiça a Napoleão Bonaparte: "Monarquista no início, o romantismo oscilou para um bonapartismo poético que forneceu à lenda napoleônica o suporte literário sem o qual ela não teria obtido um sucesso tão estrondoso",[19] escreveu Jean Tulard.

Se um gênio é um homem que nega o tempo e dá um jeito de fazê-lo agir a seu favor, então Napoleão Bonaparte é genial. Colocando-se no tempo longo da história romana ou na de Carlos Magno, ele retornou como um fantasma eterno e poderoso: a Europa imperial negava o tempo histórico das particularidades nacionais. A multiplicidade contraditória das ações humanas, recusando-se a entrar no grande plano do ditador, o expulsou do trono. Depois a multidão, descobrindo-se como multidão, ficou impressionada com a história que seria contada: antiquíssimo combate de Deus com o caos, ou o mais moderno da Ideia, do cálculo e da estatística vencidos pelo acidente, pelo aleatório e pelo acaso, ou então a luta do Tempo íntimo, individual e imaginário devorado pela confusa temporalidade social dos interesses contraditórios. Nem todos exclamam, como Raskolnikov: "Sim, eu queria tornar-me Napoleão, foi por isso que matei". Mas todos querem ter um destino: por isso o sucesso de sua lenda. Ela precisava ser contada no retiro solitário, no martírio de Santa Helena. O gênio de Bonaparte (amplamente assistido por Las Cases) foi, definitivamente, um gênio literário.

Contudo, ele só se tornou poderoso porque contrastava com um fundo mais poderoso ainda: a instigação social generalizada, depois da Revolução, à humildade e à injunção de fusão no comum – e os dirigentes políticos, depois de Bonaparte, deram o exemplo de uma falsa familiaridade prosaica mais ou menos pronunciada, que seria a nova máscara do poder. Chateaubriand afirmou que Napoleão foi a "última das grandes existências individuais"[20]; diremos, em vez disso, que foi a pri-

---

* Quando desses últimos votos televisivos, em 31 de dezembro de 1994, François Mitterand pronunciou a seguinte frase: "Acredito nas forças do espírito e não os abandonarei".

meira das existências modernas: das que precisaram forjar por si mesmas seu destino, sem dever nada ao nascimento. A lenda é duradoura porque, no fundo, "tornar-se Napoleão" continua sendo o problema: é importante distinguir, nessa aspiração, o desejo individual de reconhecimento e a constituição narcísica e autista de um Ego ideal reinando sobre todos, ou, quando não pode sê-lo (por falta de "poder"), projetando-o sobre outro, adulado por vários como gostaríamos de ser adulados sozinhos. Por um lado, a busca do amor (do acolhimento incondicional da singularidade); por outro, a busca do poder e, quando ele não está disponível, a loucura criminosa individual (Raskolnikov) ou o delírio coletivo tendencioso fascista que diviniza indivíduos "supermidiatizados". O futuro democrático da política não depende da capacidade de resistência dos indivíduos à paixão narcísica? Aprender a amar singularidades complexas, de preferência a adular indivíduos idealizados pelo remoto da imagem-clichê ou do segredo, esta não seria, no fim das contas, a ética literária democrática que poderíamos contrapor aos cantores românticos do "grande homem"?

Tentei demonstrar, através da história da condessa Walewska ou da figura de Las Cases, que era possível "amar" o vencido que dormia nos braços de uma ou que tomava banho nu sob os olhos do outro, mas que esse amor não poderia em nada mascarar ou desculpar os erros criminosos* cometidos pelo personagem público – enquanto ele mesmo se confundia com a mecânica do poder absoluto que o dominava.

Mas deixemos a palavra final para o historiador Jules Michelet:

> Napoleão Bonaparte tem a horrível honra de ter confirmado e aumentado um mal muito natural ao homem, a adoração da força brutal e a idolatria do sucesso.[21]

---

* Lembremos aqui especialmente os mais incontestáveis: os quatro mil prisioneiros otomanos degolados em Gaza, a incompreensível aventura espanhola, os cem mil mortos (no mínimo) na retirada da Rússia, que poderiam ter sido evitados com um regresso menos tardio, os mortos de Fleurus ou de Waterloo, preço a ser pago pela "aventura" romanesca dos Cem Dias.

ANEXOS

Cronologia

séc. XVI. Francesco Buonaparte, mercenário do Ufficio di San Giorgio, originário de Sarzana, chega à colônia genovesa de Ajaccio.

1729. Primeira guerra de independência da Córsega.

1736. Thédore de Neuhoff, rei da Córsega.

1746. *27 de março*: nascimento de Carlo Buonaparte.

1750. *24 de agosto*: nascimento de Letizia Ramolino.

1755. *Novembro*: Constituição da Córsega.

1769. *9 de maio*: Batalha de Ponte Novu (conquista da Córsega pela monarquia francesa).

15 de agosto: nascimento de Napoleone Buonaparte.

1771. *Setembro*: nobreza dos Buonaparte oficialmente confirmada.

1772. Carlo Buonaparte, deputado da nobreza nos Estados Gerais da Córsega, e novamente em 1777 e em 1781

1779. *Janeiro*: N. entra no colégio em Autun.

Maio: N. entra na Escola Militar de Brienne.

1784. *Setembro*: N. escreve ao pai para pedir-lhe que "envie a *Histoire de Corse*, de Boswell".

Outubro (a outubro de 1785): N. na Escola Militar de Paris.

1785. *24 de fevereiro*: morte do pai, Carlo Buonaparte.

1º de setembro: N. é promovido ao grau de segundo-tenente.

1786. *15 de setembro*: retorno a Ajaccio.

1787. *12 de setembro*: estada em Paris.

22 de novembro: encontro com a prostituta do Palais-Royal.

1788. *Janeiro*: retorno a Ajaccio.

9 de maio: dia em que começa o primeiro capítulo deste livro.

Junho: N. volta para o seu regimento, acantonado em Auxonne.

1789. *1º de maio*: convocação dos Estados Gerais.

12 de junho: o Terceiro Estado se autoproclama assembleia do povo; carta de N. a Paoli.

20 de junho: juramento do Jeu de Paume.

11 de julho: demissão de Necker.

14 de julho: tomada da Bastilha.

Noite de 4 de agosto: abolição dos privilégios feudais.

Fim de setembro: retorno à Córsega.

5 de outubro: o povo vai buscar o rei em Versalhes e leva-o para Paris.

1790. *9-10 de maio e 25 de junho*: motins em Ajaccio.

12 de julho: Constituição Civil do Clero.

14 de julho: Festa da Federação; juramento do rei à Nação e à Lei.

17 de julho: chegada de Paoli a Bastia.

5 de agosto: N. encontra Paoli.

1791. *23 de janeiro*: N. lê sua *Lettre à Matteo Buttafoco* (primeiro escrito político, publicado em março de 1791) para a Sociedade dos Amigos da Constituição de Ajaccio, à qual acaba de aderir.

31 de janeiro: N. une-se a seu regimento em Auxonne e depois em Valence (junho).

25 de fevereiro: supressão dos direitos comunais em Ajaccio.

18 de abril: Luís XVI é obrigado a permanecer nas Tulherias.

1º de junho: N. é nomeado primeiro-tenente.

20 de junho: fuga do rei para Varennes.

Junho: N. secretário da Sociedade dos Amigos da Constituição de Valence; recebe favoravelmente a petição das sociedades do sul pedindo "que o rei seja julgado".

14 de julho: N. presta juramento, com todo o seu regimento, à Nação e à Lei.

17 de julho: La Fayette massacra os cordeliers no Champ-de--Mars.

25 de agosto: N. apresenta no concurso da Academia de Lyon seu "Discours sur le Bonheur".

13 de setembro: juramento do rei à nova Constituição.

Setembro: retorno à Córsega.

Outubro: morte do tio arcediago Lucciano.

13 de dezembro: N. compra bens nacionais que pertenceram ao clero.

1792. *Fevereiro*: N. é desligado por ausência quando de uma revista.

1º de abril: N. é eleito segundo-tenente-coronel do segundo batalhão de voluntários nacionais de Ajaccio e Tallano.

8-9 de abril: motins em Ajaccio.

20 de abril: declaração de guerra à Áustria.

20 de junho: manifestação insurrecional contra a demissão dos ministros girondinos Roland, Clavière e Servan.

21 de junho: N. é reintegrado e nomeado capitão.

28 de junho: discurso de La Fayette na Assembleia.

28 de junho: difusão em Paris do "Manifesto de Brunswick".

11 de julho: a Assembleia decreta a "Pátria em perigo".

10 de agosto: segunda Revolução; situamos na noite de 10 de agosto as meditações de Napoleão relatadas em nossos capítulos sobre a Revolução Francesa.

19 de agosto: prussianos e emigrados cruzam a fronteira.

30 de agosto: Luís XVI, "suspenso" e preso no Templo, assina de próprio punho o brevê de capitão de N.; este foi um dos últimos atos legais do monarca.

20 de setembro: vitória de Valmy; a invasão é rechaçada.

21 de setembro: proclamação da República "una e indivisa".

15 de outubro: N. retorna a Ajaccio.

1793. *10 de janeiro-24 de fevereiro*: N. participa da expedição da Sardenha.

21 de janeiro: Luís XVI é guilhotinado.

21 de abril: prisão de Paoli decretada pela Convenção.

3-5 de maio: o diretório paolista quer prender N.; ele foge.

24 de maio-3 de junho: N. participa da tentativa dos jacobinos pró-franceses de retomar Ajaccio.

31 de maio e 2 de junho: Danton e Robespierre tomam o poder em Paris.

11 de junho: N. foge da Córsega com toda a família a bordo do *Prosélyte*.

29 de julho: N. publica *Le Souper de Beaucaire*.

3 de setembro: N. é nomeado comandante da artilharia de Carteaux.

18 de dezembro: os ingleses evacuam Toulon.

22 de dezembro: N. é nomeado general de brigada.

1794. *Janeiro*: N. conhece Désirée Clary.

Janeiro-fevereiro: Barras confia a N. uma missão de inspeção do litoral da Provence.

24 de fevereiro: eliminação dos hebertistas; início do refluxo revolucionário.

29 de julho: 9 termidor; queda de Robespierre.

9 a 20 de agosto: N. é designado para detenção em Nice.

13 de setembro: Cairo, Piemonte: N. conhece Madame Turreau.

1795. *21 de abril*: N. pede a mão de Désirée Clary.

7 de maio: N. é eliminado dos quadros da artilharia, degradado e nomeado "ao comando de uma brigada de infantaria na Vendeia"; depois é nomeado general de brigada de infantaria no exército do oeste.

28 de maio: chegada em Paris.

15 de agosto-15 de setembro: *Eugénie et Clisson*.

18 de agosto: N. entra para o Bureau Topographique do Ministério da Guerra.

15 de setembro: N. é novamente eliminado da lista dos generais por ter-se recusado a comparecer ao exército do oeste.

23 de setembro: a Constituição do Ano III é adotada.

2 de outubro: revolta das seções monarquistas em Paris.

5 de outubro: 13 vendemiário: N., segundo-comandante de Paris, abafa a insurreição monarquista.

15 de outubro: primeira visita à casa de Joséphine.

28 de outubro: primeiro bilhete de Joséphine.

31 de outubro: Barras diretor.

Dezembro: primeiro bilhete de amor de N. a Joséphine.

1796. *2 de março*: N. é nomeado comandante-chefe do exército da Itália.

9 de março: N. casa-se com Joséphine.

11 de março: partida para o exército da Itália.

27 de março: N. une-se ao exército da Itália em Nice.

12 de abril: vitória de Montenotte.

13 de abril: vitória de Millesimo.

14 de abril: vitória de Dego.

21 de abril: vitória de Mondovi.

10 de maio: vitória de Lodi.

16 de maio: entrada triunfal em Milão.

3 de agosto: vitória de Lonato.

5 de agosto: vitória de Castiglione.

15-17 de novembro: vitória de Arcole.

1797. *14 de janeiro*: vitória de Rivoli.

2 de fevereiro: capitulação de Mântua.

18 de abril: preliminares de paz assinadas em Leoben com os austríacos.

15 de maio: queda de Veneza.

29 de junho: criação da República Cisalpina.

1º de outubro: paz de Campoformio.

5 de dezembro: retorno a Paris.

1798. *19 de maio*: N. embarca em Toulon para o Egito.

21 de julho: Batalha das Pirâmides.

1º e 2 de agosto: desastre de Abukir (Nelson aniquila a frota francesa: N. é informado em setembro).

1799. *25 de fevereiro*: queda de Gaza.

7 de março: queda de Jafa.

20 de março-17 de maio: cerco a Saint-Jean-d'Acre e, depois, retirada.

25 de julho: vitória de Abukir contra os turcos.

23 de agosto: N. deixa o Egito.

16 de outubro: retorno a Paris.

18 de outubro: reconciliação com Joséphine.

9 de novembro: golpe de Estado de 18 brumário.

25 de dezembro: promulgação da Constituição do Ano VIII.

1800. *13 de fevereiro*: criação da Banque de France.

19 de fevereiro: o primeiro-cônsul instala-se nas Tulherias.

6 de maio: partida para a Itália.

21 de maio: passagem dos Alpes.

2 de junho: entrada em Milão.

14 de junho: vitória de Marengo.

2 de julho: retorno às Tulherias.

24 de dezembro: atentado da Rue Saint-Nicaise.

1801. *9 de fevereiro*: tratado de Lunéville.

15 de agosto: assinatura da Concordata.

1802. *27 de março*: paz de Amiens com a Inglaterra.

26 de abril: anistia geral decretada para os emigrados.

2 de agosto: N. é cônsul vitalício.

20 de setembro: instalação no castelo de Saint-Cloud.

1804. *21 de março*: execução do duque d'Enghien. Promulgação do Código Civil.

22 de novembro: instalação no castelo de Fontainebleau.

2 de dezembro: sagração do imperador e da imperatriz em Notre-Dame de Paris.

1805. *24 de setembro*: partida de Saint-Cloud.

7 de outubro: vitória de Elchingen.

14 de outubro: capitulação de Ulm.

15 de novembro: entrada em Viena.

2 de dezembro: vitória de Austerlitz (Batalha dos Três Imperadores).

1806. *1º de janeiro*: abolição do calendário republicano.

6 de agosto: Francisco II abdica; fim do sacro Império Romano Germânico.

25 de setembro: partida de Saint-Cloud.

14 de outubro: vitória de Iena.

28 de outubro: entrada em Berlim.

Novembro: bloqueio continental.

19 de dezembro: entrada em Varsóvia.

1807. *Janeiro*: N. conhece Maria Walewska.

8 de fevereiro: Batalha de Eylau.

21 de fevereiro: Osterode, velho castelo de Ordenschloss (a trinta quilômetros de Eylau).

31 de março: castelo de Finckenstein.

6 de junho: partida de Finckenstein.

14 de junho: vitória de Friedland.

25 de junho: N. encontra Alexandre no Neman.

22 de julho: criação do Grão-Ducado de Varsóvia.

9 de agosto: Talleyrand abandona suas funções de ministro dos Negócios Estrangeiros.

31 de dezembro: N. é informado do nascimento de seu filho Charles-Léon.

1808. *1º de abril*: ida de N. para Baiona, onde encontra-se com o rei da Espanha.

29 de outubro: N. sai de Paris rumo à Espanha.

20 de dezembro: aliança Fouché-Talleyrand

1809. *3 de janeiro*: retorno a Paris.

9 de abril: formação da quinta coalizão.

13 de maio: entrada em Viena.

17 de maio: anexação dos Estados Pontificais.

5 de junho: N. se instala no castelo de Schönbrunn. Manda buscar Maria Walewska.

18 de junho: bula de excomunhão.

6 de julho: sequestro do papa.

14 de dezembro: N. e Joséphine se divorciam.

1810. *2 de abril*: casamento com Marie Louise.

4 de maio: nascimento de seu filho Alexandre Walewski.

1811. *20 de março*: nascimento de seu filho Napoléon-François, rei de Roma.

1812. *9 de maio*: partida para a campanha da Rússia.

22 de junho: declaração de guerra à Rússia.

7 de setembro: Batalha de Borodino (Batalha de Moskova).

14 de setembro: entrada em Moscou.

16 de setembro: incêndio de Moscou.

17 de novembro: Batalha de Krasnoi.

27-28 de novembro: Batalha de Berezina.

5 de dezembro: N. abandona seu exército e volta para Paris.

1813. *28 de fevereiro*: os prussianos unem-se à sexta coalizão anglo-russa.

1º de maio: vitória de Weissenfeld.

2 de maio: vitória de Lützen.

20 de maio: vitória de Bautzen.

21 de maio: vitória de Wurschen.

4 de junho: armistício de dois meses assinado em Pleswitz.

21 de junho: derrota de Vitória; as tropas francesas evacuam a Espanha.

12 de agosto: declaração de guerra à Áustria.

28 de agosto: vitória de Dresden.

16 a 19 de outubro: derrota de Leipzig na Batalha das Nações.

4 de dezembro: N. recusa a proposta dos aliados de respeitar as "fronteiras naturais" francesas em troca de uma capitulação.

1814. *17 de janeiro*: Murat, rei de Nápoles, passa para o inimigo.

10-18 de fevereiro: campanha da França; vitórias de Champaubert, Montmirail, Montereau.

31 de março: russos e prussianos entram em Paris.

6 de abril: abdicação de N. sem condições.

Noite de 12 para 13 de abril: tentativa de suicídio.

20 de abril: adeus à Guarda.

4 de maio: chegada à ilha de Elba.

1-2 de setembro: visita de Maria Walewska e de seu filho.

1815. *1º de março*: desembarque em Golfe Juan.

20 de março: N. dorme nas Tulherias.

18 de junho: derrota de Waterloo.

22 de junho: segunda abdicação.

26 de junho: adeus a Maria Walewska e ao filho Alexandre.

15 de julho: Île-d'Aix: N. sobe a bordo do navio *Bellérophon*; a partir de então, é prisioneiro dos ingleses.

31 de julho: confirmação oficial de sua deportação para a ilha de Santa Helena.

1816. *7 de agosto-16 de outubro*: viagem a bordo do *Northumberland*.

1821. *5 de maio*: morte de Napoleão Bonaparte às 17h49.

1840. *15 de dezembro*: transferência das cinzas para o Palácio dos Inválidos.

Referências

OBRAS E PALAVRAS DE NAPOLEÃO BONAPARTE

TULARD, Jean; TCHOU, Claude (edição, notas e prefácio). *Oeuvres littéraires et écrits militaires*. Três volumes. Paris: Bibliothèque des Introuvables, 2001.

LENTZ, Thierry (ed.). *Mémoires de Napoléon. I. La Campagne d'Italie, II. La Campagne d'Égypte*. Paris: Tallandier, 2010-2011.

Correspondance générale. Tomo 1. Paris: Fondation Napoléon, 2004.

REGENBOGEN, Lucian (org.). *Napoléon a dit, Aphorismes, citations et opinions*. Paris: Les Belles Lettres, 1998-2002.

OBRAS E ARTIGOS SOBRE NAPOLEÃO BONAPARTE

ANCEAU, Éric. *Napoléon. L'homme qui a changé le monde*. Paris: J'ai lu, 2004. (col. Librio.)

BARTEL, Paul. *La Jeunesse inédite de Napoléon*. Paris: Amiot Dumont, 1954.

BERTRAND. *Cahiers de Sainte-Hélène*, abril de 1818.

TULARD, Jean (org.). *Dictionnaire Napoléon*, verbete "Charles Bonaparte", por Jean De Franceschi. Paris: Librairie Arthème Fayard, 1987.

FRANCESCHI, Jean de. *La Jeunesse de Napoléon*. Paris: Lettrage, 2001.

GODLEWSKI, Guy. "Walewska, Marie, comtesse (1786-1817), maîtresse de Napoléon", *Revue du souvenir napoléonien*, n. 358, abr. 1988, p. 10-23.

GOURGAUD. *Journal de Sainte-Hélène, 1815-1818*. Paris: Octave Aubry, 1947.

LAS CASES, Emmanuel de. *Mémorial de Sainte-Hélène*. 2 vol. Paris: Seuil. (col. Points.)

LENTZ, Thierry. *Napoléon*. Paris: PUF, 2003. (col. Que sais-je?)

MARCAGGI, Jean-Baptiste. *La Genèse de Napoléon*. Paris: Perrin, 1902.

Masson, Frédéric. *Napoléon dans sa jeunesse*. Paris: Albin Michel, 1922.

_____. *Napoléon et les femmes*. Genebra: Famot, 1974.

_____. *Napoléon intime* (1893). Paris: Tallandier, 1977, 2004.

Paoli, François. *La Jeunesse de Napoléon*. Paris: Tallandier, 2005.

Petiteau, Nathalie. *Napoléon, de la mythologie à l'histoire*. Paris: Seuil, 1999, 2004. (col. Points Histoire.)

Roederer, Pierre-Louis. *Mémoires sur la Révolution, le Consulat et l'Empire*. Textos escolhidos e apresentados por Octave Aubry. Paris: Plon, 1942.

Talleyrand. *Mémoires*. Edição estabelecida por Emmanuel de Waresquiel. Paris: Fayard, 2007.

Tulard, Jean. *Napoléon*. Paris: Pluriel, Hachette Littératures, Fayard, 1987.

_____. "Napoléon ou le mythe littéraire par excellence", *ENA mensuel, la Revue des anciens élèves de l'École normale d'administration*, n. hors-série "Politique et litrérature", dez. 2003.

Tulard, Jean; Garros, Louis. *Napoléon au jour le jour, 1769-1821*. Paris: Tallandier, 2002.

Obras literárias gerais sobre o período

Balzac, Honoré de. *Une ténébreuse affaire* (1841). Paris: Gallimard, 1982. (col. Folio.)

Chateaubriand, François-René de. *Mémoires d'outre-tombe*, XXIX, 12, 2 vol. Paris: Gallimard, 1950. (col. Bibliothèque de la Pléiade.)

Stendhal. *Vie de Napoléon*. Paris: Payot, 2007. (col. Petite Bibliothèque Payot.)

Tolstoi, Léon. *La Guerre et la Paix* (1867). 2 vol. Tradução do russo de Boris de Schloezer. Paris: Gallimard, 2002. (col. Folio.)

Outras obras

Barthes, Roland. *La Préparation du roman*. 2 vol. Paris: Seuil-Imec, 2003.

Cervantes, Miguel de. *Don Quichotte*. Tradução de César Oudin, revista por Jean Cassou (1949). Paris: Gallimard, 1988. (col. Folio classique.)

DOSTOIEVSKI, Fédor. *Crime et Châtiment* (1866). Paris: Gallimard, 1995. (col. Folio classique.)

HUGO, Victor. "À la colonne de la place Vendôme" (1827), in *Odes et Ballades*. Paris: Gallimard, 1980. (col. Poésie/Gallimard.)

_____. *Cromwell* (1827). Paris: Flammarion, 1999.

LE TASSE. *La Jérusalem délivrée (La Gerusalemme liberata)*, 1581. Paris: Lgf, 1996.

MACHIAVEL, Nicolas. "La vie de Castruccio Castracani da Lucca", in *Oeuvres complètes*. Paris: Gallimard, 1952. (col. Bibliothèque de la Pléiade.)

MUSSET, Alfred de. *La Confession d'un enfant du siècle* (1836). Paris: Gallimard, 1973. (col. Folio.)

ROUSSEAU, Jean-Jacques. *La Nouvelle Héloïse* (1761). Paris: Gallimard, 1973. (col. Folio classique.)

_____. *Du Contrat social* (1762). Paris: Flammarion, 2001.

_____. "Lettres sur la législation de la Corse", in *Projet de constitution pour la Corse* (1764). Paris: Nautilus, 2000.

SAINT-PIERRE, Bernardin de. *Paul et Virginie* (1787). Paris: Gallimard, 1999. (col. Folio classique.)

STENDHAL. *Le Rouge et le Noir* (1830), in *Roman et nouvelles, I*. Paris: Gallimard, 1947. (col. Bibliothèque de la Pléiade.)

_____. *La Chartreuse de Parme* (1839). Paris: Gallimard, 1992. (col. Folio classique.)

SARTRE, Jean-Paul. *Les Mots* (1964). Paris: Gallimard, 1972. (col. Folio.)

FILMOGRAFIA

GANCE, Abel. *Napoléon* (1927-1935-1971).

GUITRY, Sacha. *Napoléon* (1955). DVD René Château vidéo.

BROWN, Clarence. *Maria Walewska (Conquest*, 1937). Prod. MGM. DVD Warner Bros. Col. "Légendes du cinéma", seleção Greta Garbo, 2006.

Notas

Epígrafe

1. Emmanuel de Las Cases, *Mémorial de Sainte-Hélène*. Paris: Seuil, 1999, p. 254. Coleção "Points". De agora em diante, a referência a essa edição será apenas *Memorial*, seguido do número da página.

Prólogo

1. *Memorial*, p. 896.
2. Jacques Prévert, "Le grand Homme", in *Paroles* (1949). Paris: Gallimard, 2004 (coleção Folio).
3. Ver Jean Tulard, "Napoléon ou le mythe littéraire par excellence", *ENA mensuel, La Revue des anciens élèves de l'École normale d'administration*, número fora de série "Politique et littérature", dezembro de 2003; e Jean Tulard, *Napoléon*. Paris: Hachette Littératures; Fayard, 1987 (coleção Pluriel) [de agora em diante referido apenas como Tulard, seguido do número da página]. Ver também Thierry Lentz, *Napoléon*. Paris: PUF, p. 113, 115, 118-119 (coleção "Que sais-je?") [de agora em diante referido como Lentz, seguido do número da página].
4. François-René de Chateaubriand, *Mémoires d'outre-tombe*, vol. I. Paris: Gallimard, p. 995, Livro XXIX, capítulo 12 (coleção "Bibliothèque de la Pléiade") [referido como Chateaubriand MOT, seguido do número do livro, do número do capítulo e do número da página].
5. Chateaubriand MOT XXIV, 13, p. 1025.
6. *Memorial*, p. 896.
7. *Ibid.*, p. 476.
8. *Ibid.*, p. 896.
9. *Ibid.*, p. 513.
10. *Ibid.*, p. 435.
11. *Ibid.*, p. 764.
12. *Ibid.*, p. 428.
13. *Ibid.*, p. 764, ver também p. 694 e p. 792.
14. Marc Fumaroli, em seu admirável prefácio à *Vie de Napoléon*, de Stendhal, "Le poète et l'empereur" (Paris: Livre de poche, 1999, p. 49) [de agora em diante referido como Stendhal, VN, seguido do número da página].
15. *Memorial*, p. 336.

Napoleone Buonaparte, ou como ser corso

1. Stendhal. *Le Rouge et le Noir*. Paris: Gallimard, 1948, p. 231 (coleção Bibliothèque de la Pléiade, t. 2).
2. *Memorial*, p. 1312.

3. Napoleão Bonaparte, notas retiradas da *Géographie* de Lacroix (c. 1789), *Oeuvres littéraires et écrits militaires*, tomo 2, edição estabelecida, anotada e prefaciada por Jean Tulard, Claude Tchou para a Bibliothèque des Introuvables, p. 42-43 e p. 46 [de agora em diante referido como OLEM, seguido do número do tomo e da página].

4. Carta de Napoleone Buonaparte a Filippo Antonio Pasquale de Paoli, 12 de junho de 1789, *Correspondance générale*, publicada pela Fondation Napoléon, t. 1, p. 76 [de agora em diante referido como *Corr.*, seguido do número do tomo e da página].

5. "Théodore à Milord Walpole" (c. 1788), OLEM, t. 1, p. 74-75.

6. *Memorial*, p. 1038.

7. Stendhal. *Le Rouge et le Noir* (1830), in *Romans et Nouvelles I*. Paris: Gallimard, 1947, p. 231 (coleção Bibliothèque de la Pléiade).

8. PAOLI, François. *La Jeunesse de Napoléon*. Paris: Tallendier, p. 18 [referido a partir de agora como Paoli, seguido do número da página].

9. *Memorial*, p. 110-111.

10. ROUSSEAU, Jean-Jacques. *O contrato social*, livro II, cap. X [trad. Paulo Neves. Porto Alegre: L&PM, 2007, p. 66-67].

11. Paoli, p. 37-38.

12. OLEM 2, p. 65-66: *Lettres sur la Corse*.

13. *Ibid.*, p. 66.

14. *Ibid.*, p. 81.

15. *Ibid.*, p. 86.

16. *Ibid.*, p. 92.

17. OLEM 1, p. 72: "Sur l'amour de la Patrie".

18. *Ibid.*, p. 40: "Sur la Corse".

19. *Ibid.*

20. Paoli, p. 12.

21. *Ibid.*

22. *Ibid.*

23. Paoli, p. 12.

24. *Ibid.*, p. 12-13.

25. *Memorial*, p. 110.

26. OLEM 2, p. 60, *Lettres sur la Corse*.

27. Paoli, p. 132.

28. OLEM 2, p. 68, *Lettres sur la Corse*.

29. *Ibid.*, p. 102.

30. OLEM 1, p. 121.

31. *Ibid.*, p. 312, "Notes tirées de *La République* de Platon".

32. *Ibid.*, p. 116, "Notes tirées de l'*Histoire ancienne* de Rollin".

33. OLEM 2, p. 103, *Lettres sur la Corse*.

34. *Memorial*, p. 154.

35. "Notes tirées du *Voyage en Suisse* de M. William Coxe", OLEM 2, p. 137-153.

36. "Notes tirées des *Mémoires* du baron de Tott", OLEM 1, p. 230.
37. Ver "Notes tirées de l'*Histoire des Arabes* de l'abbé Marigny", OLEM 1, p. 355.
38. *Memorial*, p. 691.
39. *Ibid.*, p. 184.
40. Paoli, p. 149.
41. *Memorial*, p. 112.
42. MASSON, Frédéric. *Napoléon dans sa jeunesse*. Paris: Albin Michel, p. 35 [de agora em diante referido como Masson, seguido do número da página]. Masson retoma Antonmarchi e as conversas do barão Larrey com Madame Mère, bem como Lee, *The Life of the Emperor Napoléon* (Londres, 1834).
43. *Memorial*, p. 118.
44. Masson, p. 38: retoma Lee, *op. cit.*
45. *Memorial*, p. 121.
46. *Ibid.*
47. *Ibid.*
48. *Corr.* I, carta 2, p. 45.
49. *Ibid.*, p. 44.
50. Masson, p. 166.
51. Paoli, p. 130.
52. *Memorial*, p. 113.
53. Masson, p. 11, nota 1.
54. *Memorial*, p. 1001.
55. *Corr.* I, carta 10, 1º de abril de 1787, p. 52.
56. *Ibid.*, carta 13, para Loménie de Brienne, ministro das Finanças, p. 56.
57. Paoli, p. 137.
58. *Corr.* I, p. 57.
59. Este é o argumento de Masson, que é convincente: Masson, p. 80.
60. OLEM 2, p. 19 e Paoli, p. 139.
61. *Ibid.*, p. 159, "Notes tirées de l'*Histoire de la noblesse* de Dulaure".
62. OLEM 1, p. 237, "Notes tirées des Lettres de cachet par le comte de Mirabeau".
63. Paoli, p. 47.
64. *Memorial*, p. 118.
65. Masson, p. 99.
66. *Ibid.*, p. 99.
67. *Ibid.*, p. 93.
68. *Ibid.*
69. *Ibid.*, p. 99.
70. *Ibid.*, p. 116.
71. "Mémoire sur les écoles militaires", OLEM 1, p. 35-36: esse memorando crítico sobre os costumes da Escola Militar de Paris, que Napoleone teria escrito em 1785, "parece de duvidosa autenticidade" para Jean Tulard; porém, as mesmas ideias podem ser encontradas no *Memorial*.

72. *Memorial*, p. 176.
73. Paoli, p. 49.
74. *Ibid.*, p. 118.
75. *Ibid.*
76. Masson, p. 65, segundo uma carta a Montholon.
77. Sobre a cólera: *Memorial*, p. 703, 1091, 1107, 1141.
78. *Memorial*, p. 119.
79. Masson, p. 80.
80. *Memorial*, p. 119.
81. Carta de 12 ou 13 de setembro de 1784, *Corr.* I, p. 45.
82. Masson, p. 37, *Souvenirs de Madame Mère, dictés par elle à Mlle Rosa Mellini*, publicados pelo barão Larrey, *Madame Mère*, apêndice II, 528 sq.
83. Masson, p. 38.
84. *Memorial*, p. 692-693.
85. OLEM 1, p. 315, "Notes tirées de l'abbé Raynal".
86. *Corr.* I, carta 17, p. 60.
87. *Ibid.*, carta 1, p. 43.
88. Masson, p. 109.
89. Paoli, p. 131.
90. *Memorial*, p. 1308.
91. *Ibid.*, p. 367 e p. 1308.
92. *Ibid.*, p. 1308.
93. Masson, p. 128.
94. *Ibid.*, p. 135.
95. Paoli, p. 161.
96. Masson, p. 26.
97. *Memorial*, p. 317.
98. Masson, p. 154.
99. *Ibid.*, p. 142.
100. *Memorial*, p. 1094.
101. *Ibid.*, p. 784.
102. *Memorial*, p. 112 e nota 2 para a correção do cardeal Fesch.
103. OLEM 2, p. 60, *Lettres sur la Corse*.
104. OLEM 1, p. 49.
105. OLEM 2, p. 161, ver as "Notes tirées de l'*Esprit de Gerson*".
106. *Ibid.*, p. 105, *Lettres sur la Corse*.
107. OLEM 1, p. 42, "Sur la Corse".
108. Masson, p. 25.
109. *Dictionnaire Napoléon* [referido a partir de agora como DN, seguido do número da página], verbete "Charles Bonaparte", Jean De Franceschi (Paris: Fayard, 1987, p. 259).
110. Conforme ele afirma no *Memorial*, p. 111.

111. Masson, p. 16 e p. 25.
112. *Ibid.*, p. 25.
113. DN, p. 259.
114. Paoli, p. 17-31.
115. *Ibid.*, p. 32.
116. DN, p. 259.
117. Paoli, p. 105.
118. DN, p. 259.
119. Paoli, p. 55.
120. Masson, p. 26, *Mémoires* de Joseph.
121. Paoli, p. 151.
122. *Memorial*, p. 619. Ver também p. 320.
123. OLEM 1, todas as citações dessa passagem foram tiradas do mesmo texto, "Sur le suicide", 3 de maio de 1786 (OLEM 1, p. 49).
124. OLEM 1, p. 46.
125. *Ibid.*
126. Paoli, p. 59.
127. OLEM 1, p. 46, "Sur le suicide", 3 de maio de 1786.
128. *Ibid.*, p. 45-47.
129. *Memorial*, p. 177.
130. *Ibid.*, p. 530.
131. Paoli, p. 108 e p. 111.
132. *Ibid.*, p. 123.
133. *Ibid.*
134. Paoli, p. 124.
135. OLEM 1, p. 67-74 para todas as citações desse parágrafo.
136. *Ibid.*, p. 67-74, "Parallèle entre l'amour de la patrie et l'amour de la gloire".
137. *Ibid.*, p. 68.
138. OLEM 1, p. 73.
139. *Ibid,*, p. 62, "Une rencontre au Palais-Royal".
140. *Ibid.*, p. 65.
141. OLEM 2, p. 95-96.
142. *Memorial*, p. 457.
143. *Ibid.*, p. 989.
144. *Ibid.*, p. 283.
145. *Ibid.*, p. 658.
146. Masson, p. 30.
147. *Ibid.*, p. 37, *Souvenirs de Madame Mère, dictés par elle à Mlle Rosa Mellini*, publicados pelo barão Larrey, *Madame Mère*, apêndice II, 528 sq.
148. Paoli, p. 46.
149. Masson, p. 37, Antonmarchi.
150. *Ibid.*, p. 39.

151. *Memorial*, p. 1429: "Quanto à minha mãe, ela é digna de todos os tipos de veneração".
152. *Ibid.*, p. 113.
153. Paoli, p. 106.
154. *Memorial*, p. 114.
155. *Ibid.*
156. *Ibid.*, p. 751.
157. *Ibid.*, p. 117.
158. Paoli, p. 33.
159. *Memorial*, p. 117-118.
160. OLEM 2, p. 63, *Lettres sur la Corse*.
161. OLEM 1, p. 46, "Sur le suicide", 3 de março de 1786.
162. *Memorial*, p. 266.
163. *Ibid.*, p. 119.
164. *Memorial*, p. 1113.
165. *Ibid.*, p. 1042.
166. OLEM 1, p. 65, "Introduction à une histoire de la Corse".
167. Masson, p. 32-34.
168. Lucian Regenbogen, *Napoléon a dit*, aforismos, citações e opiniões (Paris: Les Belles Lettres, 1998, 2002, p. 42) [de agora em diante referido como Regenbogen, seguido do número da página].
169. Regenbogen, p. 43.
170. Paoli, p. 26.
171. *Memorial*, p. 671-672.
172. Stendhal, VN, p. 252.
173. Paoli, p. 120-121.
174. Masson, p. 142.
175. Paoli, p. 120-121.

A Revolução Francesa: amputação córsica e conversão à nação revolucionária

1. *Memorial*, p. 1202.
2. Michelet, *Histoire de la Révolution française* [*História da Revolução francesa*], Bibliothèque de la Pléiade, 1952, t. I, p. 966 [a partir de agora referido como Michelet, HRF, seguido do número da página].
3. Ele fecha "as venezianas de seu quarto a fim de ficar mais recolhido": A. des Mazis, *in* P. Bartel, *La Jeunesse inédite de Napoléon* (Paris: Amiot Dumont, 1954, citado por Paoli, p. 172).
4. *Corr.* I, p. 116.
5. *Ibid.*, p. 113.
6. *Corr.* I, p. 113.

7. *Corr.* I, p. 112.
8. *Ibid.*, p. 113.
9. *Ibid.*
10. *Corr.* I, p. 114.
11. *Memorial*, p. 614.
12. Michelet, HRF, p. 971.
13. *Ibid.*, p. 969.
14. *Ibid.*, p. 976.
15. Paoli, p. 118: Paoli segue J.-B. Marcaggi, *Genèse de Napoléon* (Paris: Perrin, 1902), retomado por Masson, p. 149.
16. *Corr.* I, p. 72.
17. Thiard, *Mémoires*, p. 14, citado por Jean Tulard e Louis Garros, *Napoléon au jour le jour*, Paris, Tallandier, p. 36.
18. *Corr.* I, p. 78.
19. *Corr.* I, p. 79.
20. *Ibid.*, p. 81.
21. *Ibid.*, p. 81.
22. Paoli, p. 178, que segue A. Chuquet, *La Jeunesse de Napoléon*, t. I, p. 358.
23. Masson, p. 198.
24. *Corr.* I, p. 115; há um erro de datas na edição da *Correspondance*; essa carta de Napoleão Bonaparte para Jean-Marie Naudin data de 27 de julho de 1791, e não de 1792 (Napoleão se pergunta se havera guerra).
25. *Memorial*, p. 1015.
26. *Corr.* I, p. 116.
27. Paoli, p. 242.
28. *Corr.* I, p. 111.
29. *Ibid.*, I, p. 113.
30. *Ibid.*, p. 116.
31. *Ibid.*, I, p. 76.
32. *Ibid.*, p. 75.
33. Masson, p. 215.
34. Paoli, p. 182.
35. Masson, p. 216.
36. Tulard, p. 49.
37. Paoli, p. 183.
38. *Ibid.*, p. 183.
39. *Ibid.*, p. 186.
40. *Ibid.*
41. Paoli, p. 207.
42. Paoli, p. 188 e p. 193.
43. Masson, p. 217.
44. *Ibid.*, p. 224.
45. *Ibid.*, p. 225.

46. *Ibid.*, p. 226-227.
47. Tulard, p. 50.
48. Masson, p. 229.
49. Paoli, p. 196.
50. *Ibid.*, p. 199.
51. Paoli, p. 200; Masson, p. 232.
52. Masson, p. 238, que apresenta o texto completo desse memorando.
53. Paoli, p. 205.
54. Masson, p. 239: essa informação está no texto do memorando.
55. *Ibid.*, p. 233.
56. Paoli, p. 206.
57. Masson, p. 220.
58. Paoli, p. 221, segundo De Franceschi, *La Jeunesse de Napoléon* (Paris: Letrage, 2001, p. 146).
59. Paoli, p. 236, segundo De Franceschi, *op. cit.*, p. 146.
60. Paoli, p. 204.
61. *Ibid.*, p. 202-203.
62. Tulard, p. 50.
63. Paoli, p. 204.
64. *Ibid.*
65. Masson, p. 232.
66. Tulard, p. 50.
67. Paoli, p. 210.
68. *Ibid.*, p. 217.
69. *Ibid.*, p. 217-218.
70. *Corr.* I, p. 87.
71. *Ibid*, p. 88.
72. Paoli, p. 214.
73. *Ibid.*, p. 213.
74. Masson, p. 231 e p. 255.
75. *Memorial*, p. 691.
76. Paoli, p. 222.
77. Masson, p. 242.
78. *Ibid.*, p. 241.
79. *Ibid.*
80. *Ibid.*, p. 242.
81. *Ibid.*, p. 241.
82. *Ibid.*, p. 242.
83. *Ibid.*, p. 274.
84. Paoli, p. 214.
85. Tulard, p. 50.
86. *Ibid.*, p. 51.

87. *Ibid.*
88. Tulard, p. 51.
89. Masson, p. 258, que apresenta o texto na íntegra.
90. Ver também OLEM 2, p. 182.
91. OLEM 2, p. 126.
92. *Ibid.*
93. OLEM 2, p. 184.
94. *Ibid.*
95. OLEM 2, p. 126, p. 180, p. 193, p. 194, p. 202.
96. *Ibid.*, p. 194.
97. *Ibid.*, p. 198.
98. *Ibid.*, p. 199.
99. *Ibid.*, p. 200.
100. *Ibid.*, p. 202.
101. *Ibid.*, p. 202.
102. *Ibid.*, p. 203.
103. *Ibid.*, p. 230.
104. *Ibid.*, p. 231.
105. *Ibid.*, p. 227.
106. *Ibid.*, p. 227.
107. *Ibid.*, p. 213.
108. *Ibid.*, p. 223.
109. *Ibid.*, p. 224.
110. *Ibid.*, p. 225.
111. *Ibid.*, p. 207.
112. *Ibid.*
113. Masson, p. 270.
114. Paoli, p. 254.
115. Lentz, p. 19.
116. Masson, p. 280.
117. Paoli, p. 266
118. Masson, p. 285.
119. Paoli, p. 262, para todo o parágrafo.
120. Masson, p. 285; Paoli, p. 263 para todo o parágrafo.
121. Paoli, p. 263.
122. *Ibid.*
123. *Ibid.*
124. *Corr.*I, p. 106.
125. Paoli, p. 269.
126. Paoli, p. 268-169 para toda essa passagem, bem como Masson, p. 288-289, e Tulard, p. 53.
127. Masson, p. 292.

128. *Ibid.*, p. 293-294 refere a carta na íntegra.
129. J. De Franceschi, *La Jeunesse de Napoléon* (Paris: Lettrage, 2001), retomado por Paoli, p. 272.
130. Carta de Paoli de 21 de abril, citada por Paoli, p. 272.
131. *Corr.* I, p. 109.
132. *Ibid.*, p. 114.
133. *Ibid.*
134. *Ibid.*
135. *Memorial*, p. 1015-1017.
136. *Ibid.*, p. 1199.
137. *Ibid.*
138. Citado por Masson, p. 314.
139. Stendhal, VN, p. p. 251.
140. Masson, p. 305-306.
141. OLEM 2, p. 202.
142. Rousseau, *Du Contrat social, op. cit.*, livro IV, cap. VIII.
143. *Corr.* I, p. 117.
144. Masson, p. 322-323.
145. Paoli, p. 310.
146. Tulard, p. 55.
147. Paoli, p. 310.
148. *Ibid.*
149. *Ibid.*
150. *Ibid.*, p. 327.
151. *Ibid.*, p. 326.
152. *Ibid.*
153. *Ibid.*
154. Masson, p. 331.
155. Paoli, p. 312; Tulard, p. 56; Masson, p. 326-327; para todo esse parágrafo.
156. Tulard, p. 55; Masson, p. 326.
157. Paoli, p. 312-313.
158. *Corr.* I, p. 122.
159. OLEM 2, p. 263, p. 283, e *Corr.* I, p. 122.
160. Paoli, p. 308-310.
161. Paoli, p. 331; Masson, p. 333.
162. Masson, p. 334.
163. *Ibid.*
164. Paoli, p. 335.
165. *Ibid.*, p. 336.
166. *Ibid.*
167. Paoli, p. 342; Masson, p. 339.
168. Paoli, p. 346; Masson, p. 340 para todo esse parágrafo.
169. Masson, p. 345 e p. 359-360 para todo esse parágrafo.

170. Paoli, p. 352.
171. *Ibid.*
172. *Ibid.*, p. 353.
173. Antonmarchi, citado por Paoli, p. 355.
174. Tulard, p. 59, segundo a tese de De Franceschi, *La Corse française*.
175. *Ibid.*, p. 59.
176. *Ibid.*, p. 57.

DE ROBESPIERRE A BARRAS, DE TOULON AO 13 VENDEMIÁRIO

1. OLEM 2, p. 301.
2. *Ibid.*, p. 295.
3. *Ibid.*, p. 303.
4. *Ibid.*, p. 304.
5. *Ibid.*, p. 300.
6. *Ibid.*, p. 302.
7. *Ibid.*, p. 306.
8. *Ibid.*, p. 305.
9. *Ibid.*, p. 307.
10. *Ibid.*, p. 292.
11. *Ibid.*, p. 296.
12. *Memorial*, p. 130.
13. *Ibid.*, p. 265-266.
14. Citado por Tulard, p. 65.
15. *Ibid.*
16. *Memorial*, p. 522.
17. *Ibid.*, p. 279.
18. *Corr.* I, p. 131-134, cartas 94, 95, 96, 97 etc.
19. Tulard, p. 65.
20. *Corr.* I, p. 139.
21. Tulard, p. 66.
22. *Memorial*, p. 315.
23. *Ibid.*, p. 130.
24. OLEM 2, p. 312.
25. Tulard, p. 67, cita o capitão Colin.
26. *Corr.* I, p. 196: carta de autenticidade duvidosa, segundo Tulard, p. 68.
27. *Memorial*, p. 252.
28. *Ibid.*, p. 815.
29. *Corr.* I, p. 196.
30. Tulard, p. 67.
31. *Ibid.*, p. 68.

32. *Ibid.*
33. *Ibid.*, p. 72.
34. *Ibid.*, p. 74.
35. *Ibid.*, p. 69.
36. *Ibid.*
37. Citado por Tulard, p. 69-70.
38. Masson, NF, p. 39-42, para todo esse parágrafo.
39. OLEM 2, p. 333.
40. *Ibid.*, p. 334-335.
41. *Ibid.*, p. 337.
42. *Ibid.*
43. *Ibid.*, p. 339.
44. *Ibid.*, p. 341.
45. *Ibid.*, p. 341.
46. *Ibid.*, p. 342.
47. *Ibid.*, p. 343.
48. *Corr.* I, p. 254.
49. *Ibid.*, p. 243.
50. *Ibid.*, p. 252.
51. *Ibid.*, p. 259.
52. *Ibid.*, p. 243.
53. *Ibid.*, p. 236.
54. *Ibid.*, p. 243.
55. *Ibid.*, p. 246.
56. *Ibid.*, p. 231.
57. *Ibid.*, p. 250.
58. *Ibid.*, p. 250.
59. *Memorial*, p. 921.
60. *Corr.* I, p. 247.
61. *Ibid.*, p. 247.
62. *Ibid.*, p. 260.
63. *Ibid.*, p. 260.
64. *Ibid.*, p. 260.
65. Masson, NF, p. 52.
66. *Corr.* I, p. 269.
67. Tulard, p. 77.
68. *Ibid.*
69. *Corr.* I, p. 300.
70. Citado por Tulard-Garros, *Napoléon au jour le jour*. Paris: Tallandier, 2002, p. 84 [referido a partir de agora como Tulard-Garros, seguido do número da página].
71. *Corr.* I, p. 285.

72. *Ibid.*, p. 296-297.
73. *Ibid.*, p. 435.
74. *Ibid.*, p. 441.
75. *Ibid.*, p. 435.
76. *Ibid.*, p. 397.
77. *Ibid.*, p. 318.
78. *Memorial*, p. 147.
79. *Ibid.*, p. 383.
80. *Ibid.*, p. 621.
81. *Corr.* I, p. 472.
82. *Memorial*, p. 456.
83. *Ibid.*, p. 456.
84. *Ibid.*, p. 557.
85. *Ibid.*, p. 143.
86. Masson, NF, p. 87.

O GENERAL BONAPARTE

1. Stendhal, *La Chartreuse de Parme* [*A cartuxa de Parma*, 1839]. Paris: Gallimard, 1992, p. 63.
2. *Memorial*, p. 392.
3. *Ibid.*, p. 137.
4. *Corr.* I, p. 397.
5. Tulard, p. 85.
6. *Memorial*, p. 926.
7. Tulard-Garros, p. 97.
8. Tulard, p. 81.
9. *Memorial*, p. 464.
10. *Ibid.*, p. 846.
11. *Ibid.*, p. 276, p. 500 etc.
12. *Ibid.*, p. 493.
13. Tulard, p. 95.
14. *Ibid.*, p. 96.
15. *Memorial*, p. 1314.
16. *Ibid.*, p. 772-773 e p. 632.
17. *Ibid.*, p. 1314.
18. *Ibid.*, p. 487.

O 18 BRUMÁRIO DE NAPOLEÃO BONAPARTE

1. Chateaubriand, MOT, XIX, 18, p. 739.
2. Tulard, p. 99-100.

3. *Ibid.*, p. 22.
4. Masson, NF, p. 83.
5. *Memorial*, p. 228.
6. Masson, NF, p. 70.
7. *Memorial*, p. 613.

O MOMENTO CROMWELL, OU AS LOUCURAS IMPERIAIS: AUSTERLITZ!

1. Stendhal, VN, p. 51.
2. *Memorial*, p. 1181.
3. OLEM 2, p. 155.
4. Masson, *Napoléon intime* (1892), Tallandier, 1977/2004, p. 39 [a partir de agora referido como Masson, NI, seguido do número da página].
5. Masson, NI, p. 91-92.
6. *Ibid.*, p. 203.
7. *Ibid.*, p. 110.
8. *Ibid.*, p. 203.
9. *Ibid.*, p. 101.
10. *Ibid.*, p. 198.
11. Tulard, p. 117.
12. Citado por Stendhal, VN, p. 60.
13. *Ibid.*, p. 59.
14. *Ibid.*, p. 60.
15. Tulard-Garros, p. 191.
16. Tulard, p. 148.
17. Tulard-Garros, p. 175.
18. Lentz, p. 22.
19. *Memorial*, p. 664.
20. Masson, NI, p. 65.
21. *Ibid.*, p. 67.
22. *Ibid.*, p. 69-74 para toda essa passagem.
23. *Ibid.*, p. 80-86 para toda essa passagem.
24. *Ibid.*, p. 104.
25. Tulard, p. 137.
26. Stendhal, VN, p. 64.
27. *Memorial*, p. 269.
28. Tulard-Garros, p. 205.
29. Stendhal, VN, p. 139.
30. Tulard, p. 158.
31. Lentz, p. 55.
32. Tulard, p. 159.

33. Masson, NI, p. 113.
34. *Ibid.*
35. *Ibid.*, p. 189.
36. *Ibid.*, p. 191.
37. *Ibid.*, p. 125.
38. *Ibid.*, p. 97.
39. Chateaubriand, MOT, XX, 2, p. 746.
40. Masson, NI, p. 104.
41. *Ibid.*, p. 127 e p. 125-127 para a descrição do gabinete.
42. *Ibid.*, p. 177.
43. *Ibid.*, p. 129.
44. PETITEAU, Nathalie. *Napoléon, de la mythologie à l'histoire.* Paris: Seuil, 2004, p. 184.
45. Em 4 de março de 1806, Tulard-Garros, p. 302.
46. Regenbogen, p. 103.
47. Chateaubriand, MOT, XX, 4, p. 748.
48. Tulard, p. 140.
49. *Ibid.*, p. 142.
50. *Ibid.*
51. Chateaubriand, MOT, XX, 3, p. 746.
52. Citado por Tulard, p. 166.
53. *Ibid.*, p. 157.
54. *Ibid.*, p. 109-111.
55. *Ibid.*, p. 125.
56. Stendhal, VN, p. 53.
57. Chateaubriand, MOT, XX, 3, p. 747.
58. ANCEAU, Éric. *Napoléon, l'homme qui a changé le monde.* Paris: J'ai lu, 2004, p. 48 [referido como Anceau, seguido do número de página].
59. Tulard, p. 167.
60. *Ibid.*
61. Masson, NI, p. 170.
62. Lentz, p. 93.
63. Tulard, p. 167.
64. Tular-Garros, p. 180.
65. Tulard, p. 125.
66. *Ibid.*
67. Tulard, p. 167.
68. *Ibid.*, p. 149.
69. *Ibid.*, p. 150.
70. Chateaubriand, MOT, XX, 3, p. 747.
71. *Memorial*, p. 554.
72. Tulard, p. 171.

73. Tulard-Garros, p. 268.
74. *Memorial*, p. 157, p. 767.
75. Anceau, p. 53.
76. Tulard-Garros, p. 258.
77. Lentz, p. 73.
78. Anceau, p. 40.
79. Regenbogen, p. 30.
80. Tulard, p. 180.
81. *Ibid.*, p. 206.
82. Tulard, p. 181.
83. *Ibid.*
84. *Memorial*, p. 943.
85. Tulard, p. 183.
86. *Ibid.*
87. *Ibid.*, p. 185.
88. Anceau, p. 59.
89. Tulard, p. 186.
90. Anceau, p. 59; Tulard, p. 187.
91. Citado por Tulard-Garros, p. 310.

Waterloo, triste planície

1. Chateaubriand, MOT, XX, 3, p. 748.
2. Tulard, p. 192.
3. Percy, cirurgião do Grande Exército, citado por Tulard, p. 192.
4. Tulard-Garros, p. 328.
5. Citado por Tulard, p. 193.
6. Citado por Tulard-Garros, p. 328.
7. Tulard-Garros, p. 316.
8. Mathier-Dulas, XVII, p. 386, citado por Tulard-Garros, p. 317-318.
9. Em 13 de janeiro de 1806: *Corr*, 11810, carta citada por Tulard-Garros, p. 325.
10. Masson, NF, p. 158.
11. *Conquest* (*Maria Walewska*), 1937, dir. Clarence Brown, prod. MGM.
12. Guy Godlewski, "Walewska, Marie, comtesse (1786-1817), maîtresse de Napoléon", *Revue du Souvenir Napoléonien*, n. 358, abr. 1988.
13. *Ibid.*
14. *Ibid.*
15. *Mémoires* de Lucien, citadas por Guy Godlewski, *op. cit.*
16. Guy Godlewski, *op. cit.*
17. Masson, NI, p. 172.
18. Citado por Tulard-Garros, p. 319-320.
19. Regenbobgen, p. 46.

20. Chateaubriand, MOT, XX, 12, p. 780-781.
21. Guy Godlewski, *op. cit.*
22. *Ibid.*
23. Chateaubriand, MOT, XX, 11, p. 778.
24. C. Hendelsman, *Napoléon et la Pologne*, citado por Tulard-Garros, p. 329.
25. Tulard, p. 193.
26. Norvins, *Mémorial*, II, p. 205, citado por Tulard-Garros, p. 332-333.
27. *Mémoires du baron Lejeune*, publicadas por G. Bapst, I, 76, citado por Tulard-Garros, p. 333.
28. Chateaubriand, MOT, XX, 11, p. 779.
29. *Ibid.*, XX, 2, p. 745.
30. *Ibid.*, XX, 10, p. 776.
31. Tulard, p. 303.
32. Chateaubriand, MOT, XX, 7, p. 756.
33. Stendhal, VN, p. 112.
34. Tulard, p. 304.
35. *Ibid.*, p. 193.
36. Chateaubriand, MOT, XX, 6, p. 755.
37. Regenbogen, p. 9.
38. Chateaubriand, MOT, XX, 10, p. 774.
39. Citado por Tular, p. 354.
40. Chateaubriand, MOT, XX, 10, p. 775.
41. Tulard, p. 356.
42. Guy Godlewski, *op. cit.*
43. *Ibid.*
44. *Ibid.*
45. Tulard-Garros, p. 425.
46. Tulard, p. 292.
47. Tulard-Garros, p. 434.
48. Citado por Tular, p. 388.
49. Tulard, p. 390.
50. Tulard-Garros, p. 445.
51. *Ibid.*, p. 449.
52. Guy Godlewski, *op. cit.*
53. Tulard-Garros, p. 459.
54. Regenbogen, p. 38.
55. *Memorial*, p. 555 e também p. 665, p. 895.
56. OLEM 2, p. 122.
57. Tulard-Garros, p. 467.
58. Tolstói, Leon. *Guerra e paz*. Tomo 2. Traduzido do russo por Boris de Schloecher. Paris: Gallimard, 2002, p. 462 [a partir de agora referido com Tolstói, seguido do número do volume e do número da página].

59. Tulard, p. 392.
60. Tolstói, 2, p. 188-189.
61. *Ibid.*, p. 265-266.
62. *Ibid.*, p. 262.
63. Chateaubriand, MOT, XXI, 4, p. 804.
64. *Ibid.*, p. 805.
65. *Ibid.*, p. 806.
66. Citado por Chateaubriand, *ibid.*, p. 804.
67. Citado por Chateaubriand, *ibid.*, p. 813.
68. *Ibid.*, p. 816.
69. *Ibid.*
70. Tulard, p. 394.
71. Chateaubriand, MOT, XXI, 5, p. 818-819.
72. *Ibid.*, p. 824.
73. Guy Godlewski, *op. cit.*
74. Tulard, p. 394.
75. Guy Godlewski, *op. cit.*
76. Caulaincourt, II, p. 373, citado por Tulard-Garros, p. 492.
77. Tulard, p. 397.
78. *Ibid.*
79. *Ibid.*
80. Tulard, p. 398 para toda essa passagem.
81. Tulard, p. 416 e para todo esse parágrafo, p. 415-418.
82. Tulard, p. 419 e 418-419 para esse parágrafo.
83. Tulard, p. 419.
84. Tulard-Garros, p. 550.
85. OLEM 3, p. 425.
86. Masson, NF, p. 186.
87. Tulard, p. 427.
88. Guy Godlewski, *op. cit.*
89. *Ibid.* para alguns elementos desse parágrafo e do anterior.
90. Tulard-Garros, p. 566.
91. *Ibid.*, p. 562.
92. *Memorial*, p. 1234.
93. *Ibid.*, p. 1243.
94. *Ibid.*, p. 1248.
95. *Ibid.*, p. 1253-1254.
96. Chateaubriand, MOT, XXIII, 3, p. 925.
97. Tulard, p. 431.
98. *Ibid.*, p. 432.
99. *Ibid.*, p. 433.
100. Chateaubriand, MOT, p. 324-326, Tulard-Garros, p. 556.

101. Victor Hugo, *Cromwell*, V, p. 12, GF-Flammarion 186, p. 447.
102. Tulard, p. 434.
103. Citado por Tulard, p. 428.
104. *Memorial*, p. 1428.
105. Tulard-Garros, p. 583.
106. Tulard, p. 436.
107. *Memorial*, p. 687.
108. Guy Godlewski, *op. cit.*
109. *Ibid.*

Epílogo: o messias moderno da política

1. *Memorial*, p. 511.
2. Tulard-Garros, p. 592.
3. *Ibid.*, p. 587.
4. *Memorial*, p. 82.
5. *Ibid.*, p. 92.
6. *Ibid.*, p. 900.
7. Tulard, p. 449.
8. *Memorial*, p. 435.
9. Tulard, p. 449.
10. *Memorial*, p. 326.
11. *Ibid.*, p. 558.
12. *Ibid.*, p. 509.
13. *Ibid.*, p. 368.
14. *Ibid.*, p. 368.
15. *Ibid.*, p. 314.
16. *Ibid.*, p. 497.
17. *Ibid.*, p. 675.
18. *Ibid.*, p. 1424-1425.
19. Tulard, p. 449.
20. Chateaubriand, MOT, XXIV, 13, p. 1025.
21. MICHELET, Jules. *Oeuvres complètes*. Tomo XXI. Paris: Flammarion, 1982, p. 638.

Sobre a autora

Doutora em letras modernas, Pascale Fautrier é integrante do ITEM-CNRS e do Groupe d'Études Sartriennes. Especialista em Nathalie Sarraute (objeto de estudo de sua tese de doutorado, defendida em 1997 sob a orientação de Julia Kristeva), publicou uma edição comentada de sua peça *Pour un oui ou pour un non* (Paris: Gallimard, 2006). Diretora de dois documentários sobre Simone de Beauvoir (*Un siècle d'écrivains*, France 2, 1999, e *Je veux tout de la vie, la liberté selon Simone de Beauvoir*, LCP-AN, 2008), também organizou as atas do colóquio *(Re-)découvrir l'oeuvre de Simone de Beauvoir* (Paris: Le Bord de l'eau, 2008) e publicou uma antologia comentada sobre os grandes manifestos literários (*Grands manifestes littéraires*. Paris: Gallimard, 2009. Coleção Folio Plus).

lepmeditores
www.lpm.com.br
o site que conta tudo

IMPRESSÃO:

PALLOTTI
GRÁFICA

Santa Maria - RS | Fone: (55) 3220.4500
www.graficapallotti.com.br